KB236991

名^명堂^당

金^김聖^성洙^수 지음

名堂 _{명당}

名堂 명당

신아출판사

나는 애국하는 마음으로 이 책을 만들었다

나는 이 책을 두 가지 목적을 달성해 보려는 뜻에서 만들었다. 첫째, 나는 2천여 년을 내려온 풍수지리사상의 근본 줄기를 가감 없이 기술해서 교과서처럼 후대에 남기고 싶은 생각이 간절했다. 둘째, 나는 감히 말하지만 이 책을 통해서 우리나라의 무궁한 발전을 도모하고 싶었다.

풍수지리는 중국에서 1천여 년 동안 발전을 거듭하여 이어오다가 우리나라에 와서 또 1천여 년을 전승해 왔다. 풍수지리에는 분명한 원칙과 줄기가 있었음에도 우리나라에 들어와서 전해 내려오는 동안, 곁가지가 본줄기처럼 된 것도 있고, 사소한 것이 커다란 원칙이 돼버린 것도 있고, 거짓이 진실인 것처럼 뒤바뀐 것도 있어서, 이제 와서 보면 어느 것이 옳은 것이고 어느 것이 그른 것인지, 어느 것이 무겁고 어느 것이 가벼운 것인지 분간하기 어렵게 돼 있다. 이러는 사이 제대로 풍수를 이해하지 못하는 사이비 풍수들이 범람해서 혼란이 더욱 가중되고 있는 것이다.

나는 이러한 혼란상을 보다 못해 내 능력이 미치지 못하는 것도 잠시 잊고 책 쓰는 일을 시작하게 된 것이다. 이러한 혼란을 바로잡기 위해 나는 이 책에 본론이라고 할 명당(名堂)과 옥룡선사(玉龍禪師)의 답산가(踏山歌)를 부록 삼아 넣었다. 누구든지 이 부분을 잘 연구하고 익히면 기본을 확실히 알게 되어 실수를 범하지 않을 것으로 생각한다.

어쭙잖은 생각이지만 나는 풍수지리를 잘 익혀서 양택(陽宅)과 음택(陰宅)을 잘 잡고, 가로(街路)와 건물을 제 자리에 잘 앉히고, 땅의 기운을 잘 이용하게 하는 것만으로도 우리나라를 위해 애국하는 일이라고 생각한다. 아니 이보다 더 큰 애국은 없다고 생각한다.

서울 강남에 테헤란로가 있는데 건설된 지 얼마 되지 않아 십수 년 사이에 가로변 큰 건물의 주인들이 대부분 바뀌었다. 큰 건물의 소유권이 자주 넘어갔다는 것은 사업이 잘 되지 않았다는 것을 의미한다. 나는 이렇게 된 원인이 가로를 팔방위(八方位)에 맞도록 반듯반듯하게 배치하지 않고, 땅의 형상에 따라 아무렇게나 삐뚤빼뚤 불배합(不配合)으로 냈기 때문이라고 생각한다. 일본 사람들이 우리나라에 들어와 종로와 을지로를 바로잡은 것을 보면, 그때도 팔방위에 맞게, 다시 말해 풍수에 맞게 배치한 것을 알 수 있다. 그 결과 종로와 을지로는 지금까지도 변함없이 번성하고 있다.

지금 정부가 공주와 연기에 행정중심 복합도시를 만든다고 한다. 들리는 말로는 가로를 방사형으로, 아주 이상적으로 만든다고 하는데, 만일 팔방위에 맞게 길을 반듯반듯 내지 않으면 행복도시는 잘못될 게 불보듯하다. 테헤란로가 이를 증명해 주고 있다.

아파트 건설업자들의 애기도 교훈이 된다. 우리나라에는 과거 30여 년 사이에 수많은 아파트가 들어섰다. 지금 살고 있는 유명한 아파트 이름을 대보면 금방 알 수 있다. 지금 그 아파트 회사가 살아있는가 잠시 생각해 보자. 대부분 사라졌다. 혹 살아있다고 해도, 껍데기일 뿐인 경우도 많다. 이름만 살아 있을 뿐 주인이 바뀐 경우도 많다.

그러면 왜 그 기라성 같던 기업들이 이렇게 전락하게 됐는가. 나는 아파트 건설업자들이, 땅의 모양과 형편에 따라 더 많은 아파트를 지어 더 많은 돈을 벌려는 욕심으로, 땅을 조각조각 갈라놓고, 팔방위에 맞지 않게 아무렇게나 집을 짓고, 아무렇게나 문을 내서, 수많은 흉가를 만들어냈기 때문이라고 말하고 싶다. 요즘 혁신이란 이름 아래 기성파괴가 유행하고 있는데 참으로 위험한 일이다. 집도 새로운 개념으로 짓겠다고 한다. 그런 사람들을 보면, 지붕도 여러 부분으로 쪼개고, 집도 쪼개고, 그러면서 향도 맞지 않게 짓는다. 이런 사람들도 다 흉가를 만드는 사람들이다.

나는 또 나라를 위해 큰일을 한 위인이나 명사, 또 나라의 부를 일으키는데 기여한 큰 기업가들도 보호하고 싶다. 그분들을 도와주는 것이 나라를 위하는 것이라고 생각하기 때문이다. 충신 열사 위인의 후손들을 보면 대가 끊긴 경우도 있고, 선조의 명망과는 달리 곤궁하게 사는 경우도 허다하다. 그 명망가의 묘 자리를 보면 대개 흉지에 모셔진 경우가 많다. 그 묘를 쓸 당시에도 상당한 풍수가 자리를 잡았을 것이다. 그러나 당대에 유명했을 그 풍수는 엉터리였음이 분명하다.

요즘 우리나라 경제를 이끌고 있는 재벌들이 대단히 힘들어하고 있다. 그분들의 양택과 음택을 살펴보면 다 그만한 이유가 있다. 조금만 도와주면 다시 살아나서 우리나라 경제를 위해서, 나아가 세계경제를 위해서 큰일을 할 것 같다. 그러나 항용 잘 나가는 사람들은 교만기가 끼어서 좋은 말을 귀찮게 듣는 일이 많아 탈이다.

훌륭한 사람들은 대부분 기가 넘치는 곳에서 태어난다. 박정희 전 대통령, 노태우 전 대통령, 김영삼 전 대통령, 노무현 대통령, 이분들이 다 기가 철철 넘치는 집에서 태어났다. 그리고 우리나라를 좌지우지하는 재벌가의 주인공들도, 또 국내외적으로 이름을 떨치는 문화예술인들도 모두 기가 하늘로 뻗치는 집에서 태어났다. 그런데 그런 훌륭한 분들의 생가에 가보면 지금 십중팔구가 비어 있다. 아무도 살고 있지 않은 것이다. 그런 집에선 아무런 보탬도 주지 못하는 기만 하릴없이 하늘로 뻗치고 있다. 너무나도 안타까운 일이다.

나는 이분들의 생가를 신혼부부들에게 빌려주는 사업을 누군가가 해줬으면 한다. 그러면 그 좋은 기를 담뿍 받은 아이들이 많이 태어나게 되고, 그러면 그 아이들이 자라서 우리나라를 일으킬 동량이 될 것이 아닌가.

이 책의 목적대로만 된다면 앞으로 우리나라는 더욱 부강해질 것이다. 풍수를 제대로 이해하는 사람들이 많이 나와서 명당을 찾으면 그 자리에 음택과 양택이 들어설 것이고, 그들과 그들의 후손들은 복을 받아 행복해질 것이다.

다행스러운 일은 아직도 우리나라에는 명당이 많다는 것이다. 명문 집안이나 유명인사들의 묘역에 가보면 바로 근처의 명당을 비워놓고 엉뚱한 자리에 묘를 쓴 걸 자주 보게 되는데 참으로 안타까운 일이다. 명당을 찾는 눈만 뜬다면 명당은 도처에 깔려 있다.

또 이 책대로만 된다면 도시를 건설하는 사람들이나 아파트를 건설하는 사람들이 땅에 대한 경외심을 갖고 바른 방위를 찾아 바르게 가로를 내고 좋은 집을 짓게 될 것이다. 이렇게만 되면 국민도 복을 받고, 업자도 복을 받고, 입주자도 복을 받게 될 것이다.

그리고 명문대가의 후예들도 조상을 다시 잘 모시면 빛나는 과거처럼 미래도 빛나는 삶을 살게 될 것이다. 그보다 더한 축복은 왕후장상(王侯將相) 같은 위인들이 무더기로 쏟아져 나와서, 우리 대한민국(大韓民國)을 문자 그대로 위대한 한민족(韓民族)의 나라로 만들어 세계를 이끌게 하는 일이다.

작고 볼품없는 이 책에 이렇게 원대한 꿈이 담겨 있다는 점을 독자 여러분이 헤아려 주실 것을 소망하면서, 일상생활에 다소나마 도움이 됐으면 한다.

2006년 6월 30일

仁旺山 아래
名堂尋穴研究所에서 金聖洙 삼가

차례

양택 — 집

명당으로 세상이 바뀐 이야기

부록

명당(名堂)은 왜 있는가

땅에는 기(氣)가 흐른다.

지각운동이 이룩한 가장 장대한 소산인 산(山)은 수 세기에 걸쳐 극히 불가해(不可解)한 수수께끼였다. 지구의 표면을 이처럼 극적으로 비틀어 놓을 수 있었던 힘의 정체를 알아내기 위해 과거 여러 세대에 걸쳐 과학자들은 많은 노력을 기울였다. 과학자들은 이 큰 의문 이외에도 산에 관하여 수많은 이상한 현상에 부닥쳤다.

예컨대 산의 정상을 분쇄하는 화산의 분화를 비롯하여, 산이 멋대로 아무렇게나 늘어선 것이 아니라 길게 띠 모양으로 이어져 있다는 사실 등이다. 또한 해양 생물의 화석이 높은 산의 땅 속에서 발견되었기 때문에 어떤 산들은 태고의 해저가 융기해서 생겨난 것이 아닐까라는 생각도 하게 되었다.

최근까지만 해도 산의 기원은 여전히 베일에 싸여 있었다. 지질학자 중에는 가까운 장래에 그 답을 얻기를 기대하기는 어려울 것으로 절망한 사람도 적지 않았다. 그러나 지구에 관한 혁명적인 이론이 나옴으로써 산은 그와 관련된 모든 수수께끼와 더불어 충분히 설명이 가능한 것이 되었다.

판구조론(플레이트 텍토닉스 ; plate tectonics)이라 불리는 통합된 지구의 현상에 관한 이 새로운 지식은 평소에 낯익은 산맥을 연구함으로써 갑자기 얻어진 것은 아니다. 그것은 화석분포 상태의 연구, 과거 각 시대에 있어서의 자극(磁極)의 위치를 가르쳐주는 암석 속의 지자기(地磁氣)의 측정, 해저의 과학조사 등 다른 갖가지 분야에 있어서의 연구가 결집된 것에서 얻어진 것이다. 확실히 이 새로운 이론의 정당성을 뒷받침하는 가장 유력한 증거는 산맥이다. 그러나 그 산맥도 우리 눈에 확인된 것은 아니다. 보고 싶어도 볼 수 없는 바닷속에 존재하기 때문이다. 그래서 우리에게 더욱 생소한 지구의 해저에 분포하는 약 65,000km에 이르는 긴 해저산맥, 이를 염두에 두고 산을 바라보면 일찍이 느껴보지 못했던 경외의 마음에 사로잡힌다.

그 이론에 의하면 산들이란 지구 표면을 덮은 거대한 판자가 극히 완만하게 이동하고 있다는 것을 구체적으로 나타내 보여주는 증거라고 한다. 이 유구한 작용은 상상을 초월한 힘의 충돌에 의해 산을 융기시킬 뿐 아니라, 해양을 출현 시키거나 소멸시키기도 하고, 혹은 대륙을 부수어서 개조하기도 하는 것이다.

다시 말해 지상의 높고 거대한 산은 물론이고, 작은 동산까지도 저 혼자 불쑥 튀어나와 자태를 뽐낸 것은 없다는 얘기다. 하나같이 해저에서부터 시작한 대지의 맥에 의해 그것도 질서와 균형을 잡아가며 자연스럽게 자리 잡기 시작했다고 해야 옳은 것이다.

그러니까 거대한 지자기, 이른바 강력한 전류 같은 기운은 방향 없이 난무하는 것이 아니라 산맥이라는 긴 터널, 그리고 사방팔방 나누어지는 또 다른 구릉의 작은 파이프를 통해 흘러오거나 밀려와서 그 끝자락 쯤에 터를 잡고 있는 것이다. 우리는 그 거대한 지자기를 생명력이라고 부른다. 물론 하늘에 예측할 수 없는 한서풍우(寒暑風雨)와 같은 혼이 있듯이 땅에도 혼이 있는데, 토질 · 기운 · 지신 세 가지 요소로 구성된 살아있는 생명체가 그것이다.

토질은 우리가 잘 아는 바와 같이 모래·진흙·바위 같은 지면을 이루고 있는 여러 가지 광물질이고, 땅의 기운이란 전기·자기·지열·수기를 말한다. 그 모든 것 다시 말해 토질과 기운과 지신이 통합하여 생명체를 창조하는 것이다. 우리는 흔히 그것을 오행(五行)의 기(氣)라고 하는데, 그것이 바로 인간을 비롯한 세상의 만물을 태어나게 하고 번성케 하는 것이다.

명당(名堂)의 발복(發福)이란 무엇인가

우주에는 음과 양의 기운이 내재(內在)한다. 그 기운을 우리는 대생명력(大生命力)이라고 부른다. 그 가운데 금목수화토(金木水火土) 오행(五行)으로 그 형상을 이루고, 수(數)로써 형량(形量)을 표하고 음양으로 운행(運行)의 법칙이 정해져 있다. 지구 내에도 이 원리가 자수적(自受的)으로 존재한다. 하늘(天)에서 음양기의 운행에 따라 그 형상이 지구에 직접 영향을 준 것이다. 산은 평지보다 강한 기운을 갖고 있어서 지세를 분석하고 터를 결정하는데 있어 가장 중요한 요인이 된다.

풍수지리상의 해석은 평지보다 조금만 높아도 산으로 간주한다. 손바닥만큼만 차이가 나도 발산하는 힘이 다르고, 그 높이에 따라 물 흐르는 방향이 달라지고, 바람의 길이 바뀌기 때문이다. 더 자세히 말해 수억 년 사이에 이루어진 판구조론에 따라 융기된 산과 산맥에는 하늘의 양전기와 지상의 음전기라는 양극의 인력에 따라 기를 흐르게도 하고 머금게도 하는데, 그것이 바로 그 지역을 대표하는 기운인 것이다.

그래서 우리는 산이 살아있는 생명체와 동일한 능력을 갖고 있다고 말한다. 세상만물의 이치가 그러하듯 세상의 모든 산의 생동력(生動力)도 생명에 유익한 것도 있고 그렇지 못한 것도 있기 마련이다.

토양의 성질이나 미생물의 종류에 따라 식물들의 성장이나 결실 내용에 큰 격차를 보이듯 유익한 기운이 흐르는 곳과 해로운 기운이 더 많은 곳의 차이로 인하여, 편하고 아름답게 사는 사람이 있는가 하면 늘 불안과 초조 속에서 바쁘게 사는 사람이 있기도 한 것이다.

명산이 있는 곳, 다시 말해 좋은 기운이 넘치는 곳에서 큰 인물이 태어나는 것도 바로 그런 이치 탓이다. 그러므로 아름답고 편한 기운이 있는 명산 지세에서는 개인이나 단체가 융성할 수 있지만, 흉한 산이 있는 곳에서는 어느 누구도 발전을 기대하기 어려운 것이다.

장묘문화(葬墓文化)와 민족번영(民族繁榮)

인간의 태어남이란 부모의 정혈(精血)과 우주의 대생명력에서 혼을 받았음을 의미한다. 사람이 죽으면 선천의 혼은 없어지고 육신만 남는다. 예로부터 시신을 땅에 묻는 것이 인류 공통의 관습이고 문화였다. 물론 땅에 묻지 않고 아예 불에 태워 허공에 날리는 식의 화장(火葬)을 고집하는 민족도 있고, 흔치는 않지만 시신을 산야에 던져 새가 쪼아 먹게 하는 조장(鳥葬), 시신을 물속에 버리는 수장(水葬) 등등 다양한 형식이 존재했다. 생각해 보면 땅에 묻어주지 않고 새의 먹이로, 혹은 물고기에게 봉양하는 식의 장례 문화를 갖고 있는 민족치고 융성한 세력으로 타민족을 좌지우지한 경우는 없었다.

알기 쉽게, 중국에게 주권을 빼앗기고 갈팡질팡하는 티베트가 그러하고, 왕위계승권을 갖고 있던 왕자가 왕과 왕비와 가족을 몰살시킴으로써 세계의 이목을 집중시킨 네팔 등이 그러하다. 어디 티베트와 네팔뿐인가. 수천 년을 종교적 관습 때문에 화장으로 일관해온 인도 역시 큰 틀에서 벗어나지 못한다.

반대로 햇빛 좋고 물 좋은 땅에 묘지를 만들어 시신을 안치하는 국가

치고 번영하지 않는 나라가 없다는 사실, 예컨대 독일, 프랑스를 중심으로 한 유럽, 그리고 미국, 호주 등이 그렇다. 물론 꼭 그런 장묘 문화 때문에 선진국의 위치를 더 굳히거나, 아무리 기를 쓰고 노력해도 후진국의 틀을 벗어나지 못한다고 막말 할 수는 없다. 하지만 어떤 연유든 간에 세상 질서가 그렇게 세워졌다거나 또 그렇게 세워지고 있다면 일방적으로 묵살할 문제가 아님이 분명하다.

또 있다. 민족 번영 문제가 아닌 자연 생태를 연구하는 학자들의 견해도 마찬가지다. 그 분야의 모든 학자들이 한결같이 주장하는 것은 아니지만, 일부 자연친화적인 생태를 연구하는 학자들의 견해에 의하면 사람은 죽어서 반드시 흙으로 돌아가야 한다는 것이다.

인간의 수명이 80세라면 그 80년 동안 땅에서 거둔 곡물이며 채소며, 가축이며 물이며, 한 사람 분량의 그것들은 덤프트럭에 실으면 열세 트럭분의 양이라고 한다. 그 많은 에너지를 땅에서 끈덕지게 빨아올렸으므로, 인간의 육체를 불에 태워 허공에 날릴 것이 아니라 태어난 곳에 되돌려, 땅이 그 양분을 먹고 비옥해져야 한다는 주장도 그리 엉뚱한 것 같지는 않다.

어쨌거나 사람이 죽어 기왕 시신을 땅에 묻는 바에야 길지명당(吉地名堂)에 입묘(入墓)시킬 필요가 있다는 사실을 부인하는 사람은 없다. 더구나 시신은 유주무령(有主無靈)이요, 산천은 무주유령(無主有靈)이라, 무령(無靈)의 시신을 입묘시키면 유령(有靈)한 산천의 영기가 시신에 배합하게 되어 있다. 이것이 후천혼(後天魂)이다. 이 혼은 시신을 활동하도록 하지는 못하는 제2의 인간혼(人間魂)이다. 그렇다면 활동을 못하는 부모의 시신이 어떻게 그 자손을 도와줄 수 있을까.

영(靈)이라 함은 무소부재(無所不在), 무소부지(無所不知), 무소불능(無所不能), 무소불섭(無所不涉)한 것이다. 그러므로 이 산천(山川)의 영기(靈氣)와 묘지의 길한 기운이 자손의 거리 원근(遠近)을 막론하고 생리적 인과(因果)로 그 집에 가서 항상 충만함으로써 그 집안에 거처하는 사람은 만사가 형통하고, 출생하는 자녀(子女)도 묘지가 대지(大地)이면 대인(大人)이 나오고 소지(小地)이면 소인(小人)이 나온다. 이것이 대 생명력의 유도력(誘導力)인데, 즉 묘지의 발음(發蔭)이라 하겠다.

동기감응론(同氣感應論)의 정체(正體)

풍수지리의 핵심(核心)은 동기감응 이론이다. 조상의 유골에서 나온 기(氣)와 그 후손의 기(氣)가 같기 때문에 서로 상응(相應)해서 그 후손에게 복(福)이나 화(禍)가 미친다는 이론이다.

부산(釜山) 동의대학 이상명(李相明) 교수는 이와 관련된 재미있는 실험을 하여 TV로 소개한 바 있다.

성인 남자 3인의 정액(精液)을 채취하여 3개의 시험관에 넣고 정밀한 '전압계'를 설치했다. 그 다음 이들 남자 3인을 옆방으로 데려가 차례로 '전기 쇼크'를 가하자 정액에 부착된 시험관의 바늘도 동일한 시각에 움직였으며 미세한 '전위차'가 나타났다. 이와 같은 현상은 피실험자(被實驗者)의 몸 밖으로 배출된 정자는 피실험자와 동일한 '전자 스핀(spin)'을 갖고 있는데 이 때문에 '전자기적' 공명현상이 일어난 것으로 해석할 수 있다고 말했다.

학자들은 이러한 반응을 '동기감응'이라고 말한다. 이것을 확대해서 말하자면 조상의 정자가 자라서 후손이라고 볼 때, 풍수에서 논하는 동기감응론은 어느 정도 일리가 있다 할 것이다. 즉 풍수의 착상이 전혀 '근거' 없는 것이 아니었기 때문에 풍수학이 발생한 지 2천년이 지난 오늘날까지 영향을 미치고 있다는 것이다.

곽공(郭公)의 장경(葬經)에 보면, 동학사(東鶴寺)의 종(鐘)이 서동산(西銅山)에서 나온 동으로 주조되었는데 서동산(西銅山)에서 채동작업(採銅作業)을 했더니 동학사의 종이 자명진동(自鳴振動)했다고 한다. 이것을 학자들은 동기감응이라 한다.

풍수지리의 선각자들

예(古代)부터 지리(地理)의 산기지설(山氣之說)이 있어서 역대 지리 선사(先師)로는 제1대에 대화선(大華仙)이요, 제2대는 구천현녀(九天玄女)요, 제6대는 청오선(靑烏仙)이요, 제8대는 한(漢)나라 장량선(張良仙)이요, 제17대는 양구빈선사(楊救貧先師)요, 제18대는 증문천(曾文遄)이요, 제19대는 요금정(廖金精)이요, 제20대는 뇌포의(賴布衣)다.

그 외에도 주자(朱子), 채목당(蔡牧堂), 곽박(郭璞), 오경란(吳景鸞) 등 풍수지리에 달통한 명현도사(名賢道師)들이 많다. 이상은 중국의 명사(名師)들이다.

우리나라 명사로는 신라(新羅) 문무왕(文武王) 때 의상대사(義湘大師 ; 625~702年)가 661년 당(唐)나라에 들어가 지엄(智儼) 문하에서 화엄종(華嚴宗)을 공부하는 한편 풍수학을 배워 671년 귀국하여 부석사(浮石寺)를 비롯하여 전국에 10개 사찰을 창건했다.

신라말 고려초에 왕건(王建)이 고려를 건국할 적에 옥룡자(玉龍子 ; 870년)가 국사로서 전국 요처에 사찰을 건립하고 평산신씨 시조 신숭겸(申崇謙) 묘를 춘천 옥등괘벽형(玉燈掛壁形)에 써주어 지금까지 자손을 수호(守護)하고 있다. 우리나라 풍수지리의 비조(鼻祖)다.

고려말 조선조초에 무학대사는 이태조 성계(成桂)의 국사로 삼봉 정도전과 함께 한양 도읍터를 잡았다. 명종(明宗 ; 1534~1567) 때 남사고(南師古)는 국풍으로서 유명한 풍수지리의 영웅자였다.

선조(宣祖 ; 1552~1608) 때는 주부 박상의(朴尙宜)가 국풍으로서 유명하였다.

광해군(光海君 ; 1575~1641) 때 이의신(李懿信)은 국풍으로서 교하(交河)로 천도하자고 주청했다. 그는 고산 윤선도(孤山 尹善道)의 당고숙이다. 고산은 정치가요 문장가일 뿐 아니라 당대 사격론(砂格論)에 있어서는 제일인자(第一人者)였다.

그 외에 정북창(鄭北窓), 이토정(李土亭), 이금헌(李琴軒), 이강산(李薑山), 나봉안(羅鳳眼), 성거사(成居士), 갈처사(葛處士), 정만인(鄭萬仁), 일지대사(一指大師), 일이대사(一耳大師), 법품대사(法品大師), 율봉대사(栗峰大師), 홍성문대사(洪成文大師) 등은 우리나라 풍수계의 대가(大家)들이다.

경(經)에 이르기를 '조지장식 필택기림 인지거처 기불택지호(鳥之將息 必擇其林 人之居處 豈不擇地乎 ; 새도 수풀을 가려 쉬는데 어찌 사람이 땅을 가리지 않을손가)' 하였고, 맹자가 말하기를 '양생송사 왕도지시(養生送死 王道之始 ; 부모 생존시는 봉양을 잘 하고 작고하면 길지에 잘 모셔야 한다) 하였다. 이것이 효도다. 효도는 백행지원(百行之源)이다.

풍수지리(風水地理)와 과학(科學)

지리는 천지인(天地人) 삼재지도(三才之道)를 밝힌 역학의 한 분야(一分野)이므로 역학과 과학의 연관관계를 찾아야 할 것이다. 역학은 위로 천문(天文)을 보고 아래로 지리를 살펴 천지 자연의 법칙을 탐구하고 중(中)으로는 인간과 만물의 생성과정을 살펴 길흉화복이 자연법칙에 어긋나지 않고 그 법칙에 부합해야 한다는 철학이다.

우주를 하나의 생명체로 간주하는 태극설이 주역(周易)의 근본(根

本) 사상이다.

과학의 기원은 우리 인간이 자연을 활용하기 위하여 그들의 생활에 유익한 이기(利器)를 만들기 시작한 데서 찾을 수 있다. 과학은 유구한 역사의 발전을 거쳐서야 우주가 하나의 생명체임을 증명하였다. 역학(易學)은 이기(利器)가 작용하는 원리를 논한 형이상학(形而上學)이고, 과학은 그들의 육감으로 감촉할 수 있는 생명체가 작용하는 원리를 논하는 형이하학(形而下學)이다.

풍수지리학에는 천조지설(天造地設)한 용혈사수(龍穴砂水)의 형상을 우리 눈으로 보아 그 생사와 길흉을 논하는 상지법(相地法)과, 용혈사수가 암장(暗藏)하고 있는 음양오행을 구명(究明)하여 그 생사(生死)를 판별하고 다시 각기 소관에 따르는 천성(天星)에 부합시켜 그 길흉을 판단하는 이기설(理氣說)이 있다.

상지법은 용혈사수의 구조적인 조화와 형상을 논함으로써 형이하학(形而下學)의 범주(範疇)에 속하여 철저한 과학이라 할 수 있고, 이기설은 음양오행과 천성(天星)의 길흉을 지리에 응용하는 법(法)이니 천문(天文)과 일맥상통(一脈相通)함을 알 수 있다.

풍수지리는 그 목적이 명당(名堂)을 구하는 데 있다. 명당은 생기(生氣)가 왕성하고 길성(吉星)이 조림(照臨)하여 부귀영화와 자손의 학문지해에 이르기까지 생산 못하는 것이 없는 전지전능(全知全能)자가 되는 것이다. 따라서 부모의 영혼이 생기에 감응하면 그 부모의 생기의 소산물인 부귀영화와 자손의 학문지해를 품수(稟受)하게 되는 것이며 나아가 자기 아이들에게 전수되는 것이다. 나를 생(生)한 부모가 사망하였다 함은 부모의 신체를 구성하고 있던 기(氣)의 원소(元素)가 분해(分解)되는 것을 뜻할 뿐, 그 원소(元素)가 멸망하는 것이 아니다. 그러므로 부모의 영혼은 영생불멸하는 것이어서 살아있는 자식과의 관계도 생존시와 다름없이 영원히 계속하게 된다. 이것을 인맥(人脈)이라 하는데 다만 부모의 영혼이 기(氣)의 상태에 있으므로 우리 육안에 보이지 않을 뿐이다. 그러하니 부모가 지중의 생기에 감응하여 원기(元氣)를 얻고 길성의 복록을 향유(享有)하였다면 그 자식에게 복록을 내려주지 않겠는가. 원소는 그 질(質)과 양(量)이 영원히 불변하여 영생불멸한다는 과학 사상과 다를 것이 어디 있는가.

인류의 역사는 발전을 거듭하고 있다. 그들의 두뇌(頭腦)를 대신하는 '컴퓨터'가 등장한 오늘의 과학이 미래에는 더욱 발달하여 영혼의 존재를 입증할 날도 멀지 않았다. 이른바 우주가 하나의 생명체임을 입증하는 일에 역학인과 과학자와의 격차가 오천년(五千年)이라고 하는데, 그렇게 본다면 인간 영혼의 실체를 입증하는데 아직도 몇 천 년 더 기다려야 한다는 계산이 나온다. 어쨌거나 역술은 허무맹랑하다느니, 미신이라느니, 의심하기에 앞서 풍수지리학이 무엇인가를 과학적으로 규명하는데 더 힘써야 할 것이다. 더불어 이 세상의 모든 원리 중에 풍수지리만큼 과학적인 이론이 없다는 사실을 깨달아야 할 것이다.

봉건사회(封建社會)는 양반(兩班)과 상민(常民)의 두 계급사회(階級社會)였다. 양반은 특권 지배계급이요, 상민은 하등(下等) 피지배계급이다. 문과급제하면 양반으로 벼슬길에 오르고, 무과급제하면 장군이 되어 양반이 되었다. 아전(衙前), 이방(吏房), 호장(戶長), 통인(通引) 등 서리(胥吏)는 사또의 사무보조원으로 상민이었다. 그러나 하등계급 상민이라도 문무과에 합격하면 양반이 되었다. 하지만 상민이 문무과에 합격하여 양반이 되는 일은 지극히 드문 일이었다.

상민 계급이나 무명 집안에서 명당 쓰고 문무겸전하고 부귀하여 천년(千年) 전부터 금일에 이르기까지 행세하는 훌륭한 집안은 다음과 같다.

동래(東萊) 화지산하(華池山下) 야자형(也字形) 명당에 호장 정문도(戶長 鄭文道)를 쓰고 정승 17명 대제학 2명 문과급제 198명이 나왔다.

서천군 한산면 금계포란형(金鷄抱卵形)에 명사 김인서(金仁西)가 이윤경(李允卿) 호장을 써주고 정승 4명, 대제학 2명, 청백리 5명, 공신 12명, 문과급제 195명이 나왔다.

의왕시 고천동 금계포란형에 이기승(二奇僧)이 청풍김씨 인백(淸風金氏 仁伯)의 부인 안동권씨를 써주고 정승 8명, 대제학 3명, 왕비 2명, 문과급제 110명이 나왔다.

나주시 반남면 봉현 봉형(蜂形)명당에 명사가 호장 박응주(戶長 朴應柱)를 써주고 정승 7명, 대제학 2명, 문과급제 215명이 나왔다.

영천 야자형(永川 也字形) 명당에 이당(李唐)을 쓰고 광주이씨(廣州李氏) 집에서 정승 5명, 대제학 2명, 문과급제 188명이 나왔다.

덕소(德沼) 석실 옥호저수형(玉壺貯水形)에 안동김씨 연번(安東金氏 卨璠)을 쓰고 정승 19명, 대제학 6명, 왕비 3명, 문과급제 315명이 나왔으며, 조선조말 66년간 세도정치를 한 집안이다.

그 외에도 명당 쓰고 잘된 집안이 부지기수다. 그러나 명당은 분명히 있으나 보통 사람 눈에는 보이지 않는다. 그래서 선인들은 여러 해 풍수공부를 한 사람들을 통해 명당을 찾으려고 노력해 왔다. 최근 학술적으로 풍수지리를 강의하는 '서울대'를 비롯하여 한양대 · 고려대 등 수 많은 대학이 있고 매년 풍수지리와 관련학 박사 · 석사학위 연구논문이 쏟아져 나오고 있다. 이 모든 것이 학문적으로 보아야 한다는 원칙(原則)을 제시한 징표라 할 것이다. 지금은 만민평등의 시대이다. 지금 우리에게 보다 중대한 것은 남녀노소, 지위고하, 선인 악인을 막론하고 누구나 자유로이 명당을 쓸 수 있으며, 또한 좋은 곳에 터를 얻을 경우 아무런 차별 없이 부귀영화를 누릴 수 있다는 사실이다.

그래서 인인효자(仁人孝子)들의 위선대사(爲先大事)에 지로(指路)가 되었으면 하는 마음으로 이 책을 펴내고자 하는 것이다.

　이 책은 크게 볼 때 세 부분으로 구성돼 있다. 1부는 풍수에 관한 본격적인 이론으로서, 내가 교과서로 삼았던 내용을 다소 가려 뽑고 쉽게 풀어 쓴 것인데, 이 부분에는 이규상(李奎尙)의 '天下名堂 여기 있다'를 참고한 곳이 적지 않다. 2부는 '나의 풍수수업기'를 비롯하여 주로 풍수에 관한 공부를 하면서 보고 겪은 나의 체험담으로 짜여 있다. 3부는 풍수에 관한 기본적인 용어해설과 답산가(踏山歌) 등인데, 특히 말미에 실은 도선국사(道詵國師)의 옥룡선사답산가(玉龍禪師踏山歌)는 중요한 자료인 만큼 관심 있는 분들에게 많은 도움이 됐으면 한다.

풍수지리(風水地理)와 체용론(體用論)

풍수지리에 있어서 체(體)는 주인(主人)이요, 용(用)은 객(客)이다. 체용겸비(體用兼備)하면 상길(上吉)하다. 다시 말하면 가옥(家屋)은 체(體)요, 장원(墻垣)은 용(用)이요, 인체(人體)에 비(比)하면 오장육부(五臟六腑)는 체(體)요, 수족(手足)은 용(用)이요, 명당(名堂)은 체(體)요, 사수(砂水)는 용(用)이다.

택일(擇日)도 조명택(造命擇)은 체(體)요, 삼기팔문구자 귀인녹마 삼덕(三奇八門九紫 貴人祿馬 三德) 등 길성(吉星)은 용(用)이다.

아무리 봉만사격(峰巒砂格)이 방(方)하고 원(圓)하고 첨(尖)하고 좋은 방위에 나열하고 물(水)이 생왕방(生旺方)에서 오고 사절방(死絶方)으로 거(去)하고 구곡수(九曲水)가 조당(朝堂)하고 만궁수(彎弓水)로 환포(環抱)하였다 할지라도 용혈(龍穴)이 진정(眞正)치 못하면 아무 소용이 없다.

일산(一山)에 십분(十墳)이 있는데 일분(一墳)은 대발부귀(大發富貴)하고 백자천손(百子千孫)이나 구분(九墳)은 패망(敗亡)한다. 십분(十墳)이 동일한 사수(砂水)요, 방위임에도 말이다. 그것은 일분(一墳)은 용진혈정(龍眞穴正)한 태교혈(胎交穴)인 소치(所致)요, 구분(九墳)은 혈(穴)이 부정(不正)하고 가국허화(假局虛花)이기 때문이다. 그뿐인가 용진혈정(龍眞穴正)한 명당(名堂)이 분명함에도 장후

(葬後) 화선발(禍先發)하고 복불래(福不來)한 것은 무슨 까닭인가. 그것은 장법(葬法)이 잘못된 것이기 때문이다. 장법(葬法)이란 분금(分金)과 투지(透地)와 장택(葬擇)을 말하는 것이다. 병정경신생왕분금(丙丁庚辛生旺分金)이라도 좌우 선룡(左右 旋龍)에 따라 다른 것인데 병정분금(丙丁分金)을 쓸 데를 경신분금(庚辛分金)을 쓰면 번관복시(飜棺覆屍)한 것이요, 투지(透地)도 병자기(丙子氣)와 경자기투지(庚子氣透地)를 써야 하는데 임자 갑자 무자기 귀갑공망 투지(壬子 甲子 戊子氣 龜甲空亡 透地)를 쓰면 화다백출(禍多百出)한 것이요, 하지절(夏至節)에 써야 할 명당(名堂)을 동지절(冬至節)에 쓰면 극살택(克煞擇)이니 어찌 복록(福祿)을 바랄 수 있겠는가 말이다. 천리(天理)는 소소(昭昭)하고 인리(人理)는 명명(明明)하거늘 지리(地理)는 밀밀(密密)이라. 개천명(改天命)의 도수가 있기 때문이다. 명당은 덕을 쌓고 가탈신공(可奪神功)의 묘법(妙法)을 아는 명사(名師)를 만나야 쓰는 것이다.

용맥(龍脈)과 혈법(穴法)

용맥(龍脈)은 조산(祖山)에서 묘를 쓸 혈(穴)까지의 산맥을 말하는 것인데 기복, 굴곡, 방, 원, 첨(起伏, 屈曲, 方, 圓, 尖) 변화무쌍한 용(龍)의 조화와 같기로 용맥이라 칭한다.

조종산(祖宗山)은 용발(聳拔)의 세(勢)가 있어야 하고 낙맥(落脈)은 강하지세(降下之勢)요, 출신(出身)은 병장(屏障)과 같고 과협(過峽)은 돈질지세(頓跌之勢)요, 행도(行度)는 기복굴곡지세(起伏屈曲之勢)요, 전신(轉身)은 후탱전추지세(後撑前趨之勢)가 있어야 한다.

이런 기세로 내려오면 진룡(眞龍)이다. 그런 기세가 없으면 가룡(假龍)이다.

곡(曲)하면 생룡(生龍)이요, 직(直)이면 사룡(死龍)인데 이것은 형기(形氣)이다. 아무리 천변만화(千變萬化)의 내룡(來龍)이라도 이기(理氣)에 부합하지 않으면 가룡(假龍)이다.

이기(理氣)를 논하자면 하락리수(河洛理數)로 용맥(龍脈)이 내려와야 혈정(穴正)한 명당을 결작(結作)한다. 가령 건해룡(乾亥龍)에 간인(艮寅)으로 전신(轉身)하면 그 밑에 임좌(壬坐)나 자좌(子坐)나 계좌(癸坐)의 혈판(穴坂)이 결작(結作)된다. 즉 건간감국 태교혈(乾艮坎局 胎交穴)이다. 그러면 백자천손(百子千孫) 부귀를 누린다.

임좌(壬坐)라면 후개간각(後開艮角)과 신각(辛角)이 있고 자좌혈판(子坐穴坂)이라면 인각(寅角)과 술각(戌角)이 있고 계좌혈판(癸坐穴坂)이라면 후유건각(後有乾角)과 갑각(甲角)이 있다. 만일 개각(開角)이 없으면 가국(假局)이다.

진혈(眞穴)은 발복하고 가국(假局)은 발복이 안된다. 진혈이라도 감좌 좌선룡(坎坐 左旋龍)이라면 병정분금(丙丁分金)이 합법이요, 우선룡(右旋龍)이라면 경신분금(庚辛分金)이 합법이다. 택일(擇日)은 어떻게 하여야 복을 불러올 것인가.

여임자좌장택(如壬子坐葬擇)은 신자진 연월일시(申子辰 年月日時)가 조명택(造命擇)이다. 망명(亡命)에 맞춘다고 자좌혈판(子坐穴坂)인데 계좌(癸坐)로 쓰면 안 되는 것이다.

세속 업술가(世俗 業術家)들이 형기(形氣)만 주장하나 이기부지자(理氣不知者)라면 여기시장(如棄尸葬)이다.

형기부지자(形氣不知者)가 이기(理氣)만 주장하여 용산(用山)하면 사룡허혈(死龍虛穴)에 이기(理氣)가 무슨 소용이 있겠는가. 형기(形氣)와 이기(理氣)가 부합해야 체용겸비(體用兼備)로 발복하는 것이다.

혈정(穴情)

풍수지리의 핵(核)은 진혈(眞穴)을 구하는데 있다.

그 혈정(穴情 ; 穴場) 형기론(形氣論)은 혈상(穴上 ; 龍上)에 솟아오른 주성(主星)이 좌우로 개각(開角)하여 뻗어내려온 맥(脈)을 입수(入首)라 한다. 그 용맥(龍脈)이 가늘게 결인(結咽)하여 은미(隱微)하게 솟아오른 원돌(圓突)한 토돈(土墩)을 화생뇌(化生腦)라 칭한다. 그 화생뇌(化生腦) 밑에 진혈(眞穴)이 은거(隱居)한다.

원돌(圓突)한 화생뇌(化生腦)를 승금(乘金)이라 한다. 주자(朱子)는 만두(巒頭)라 불렀다. 승금(乘金)은 좌우로 은미(隱微)하게 개각(開脚 ; 開角)하여 진혈을 포중(抱中)으로 보낸다. 이것이 인목(印木)이다. 인목지간(印木之間)에 평원(平圓)한 기상(氣像)이 부상(浮上)하니 이것이 정혈(正穴)인데 태극훈(太極暈)이라고도 한다.

인목(印木)과 혈(穴 ; 太極暈) 사이에 은연중 미곡(微谷)이 생기는데 이것을 상수(相水)라 한다. 상수(相水)가 혈하(穴下)에서 교합(交合)하여 계수(界水)하니 진혈은 그 가운데에 머물게 된다. 상수교합(相水交合)한 곳을 소명당(小明堂)이라고 한다. 따라서 혈(穴 ; 太極暈)은 생기(生氣)의 핵심이다. '장승생기(葬乘生氣)'란 태극훈(太極暈)을 말한다. 진실로 존귀한 정기(正氣)가 이곳에 머무는 것이다. 그러나 이곳은 현로(顯露)치 않고 은미(隱微)하게 비장(秘藏)되어 있기 때문에 속안(俗眼)은 난지(難知)요, 목교(目巧) 있는 명사만 알게 되어 있다. 이렇듯 진혈은 음양(陰陽)의 조화가 있어 은은(隱隱)하고 현현(顯顯)한 변화가 다양하다.

혈정론(穴情論)은 풍수지리의 핵심이요, 형기설(形氣說)의 근본이다.

지리공부(地理工夫)를 한 사람은 혈정(穴情)에 대한 정확한 이치

(理致)와 형안(炯眼)을 길러 다양한 변화의 혈성(穴星)과 진룡(眞龍)을 알아야 한다. 선령(先靈)을 안장(安葬)하고자 하는 인인효자(仁人孝子)도 혈정(穴情)에 대한 안목을 얻어야 현혹되는 바 없이 소신을 가지고 용산(用山)할 것이다.

와겸유돌 사상혈(窩鉗乳突 四像穴)

와혈(窩穴)은 개구혈(開口穴)이라 현릉(弦稜)이 영리(怜悧)하고 와구(窩口)가 원정(圓淨)해야 한다. 와구중(窩口中)에 은미(隱微)한 유(乳)나 돌(突)이 있어야 음양교구(陰陽交媾)하여 길격(吉格)이다.

겸혈(鉗穴)은 겸중(鉗中)에 은미한 유(乳)나 돌(突)이 있어야 화기(化氣)가 자생(自生)하여 길격이다.

유혈(乳穴)은 여인의 유(乳)와 같이 빠져나온 용맥(龍脈)에 혈(穴)이 결작(結作)된다. 유맥(乳脈)의 좌우에 은미한 선익사(蟬翼砂)가 밀착(密着)하고 그 가운데 미와(微窩)가 있어야 길격이다.

돌혈(突穴)은 수포(水泡)와 같이 원돌(圓突)한 자(者)로서 난체(卵體)나 주(珠) 같은 형상이다. 고산(高山)의 돌혈(突穴)은 좌우가 포호(抱護)하여 장풍(藏風)이 되어야 하고 평지돌(平地突)은 내맥(來脈)과 계수(界水)가 분명해야 한다. 돌중(突中)에 미와(微窩)라야 길격이다.

현무(玄武)는 혈처(穴處)의 뒤에 있는 주산(主山)인데 존엄하고 수려함이 길격이다. 경사지거나 파괴되거나 흉석(凶石)이 있으면 흉격(凶格)이다.

청룡(靑龍)과 백호(白虎)

청룡(靑龍)은 혈장(穴場)의 좌변호혈(左邊護穴) 산맥이다.

백호(白虎)는 혈장의 우변호혈(右邊護穴) 산맥이다.

청룡과 백호는 혈장의 용(用)이요. 노복사(奴僕砂)라 체도(體度)를 갖추어야 하는데 혈장을 공포(拱抱)하고 점점 저소(低小)하여 혈전(穴前)까지 오면 길격이다.

외청룡(外靑龍)과 외백호(外白虎)도 공허한 데가 없이 수려하면 귀격(貴格)이다. 그러면 자손이 부귀를 누린다. 용호(龍虎)가 분비(分飛)하면 집안이 불화하고 직거(直去)하면 자손상처(子孫喪妻)하고, 용호가 경권(擎拳)하고 대충(對沖)하면 형제 불화한다. 청룡이 백호두(白虎頭)를 포용하면 존비간(尊卑間 ; 주인과 노복) 음사(淫事)가 있고 백호가 청룡두(靑龍頭)를 포용하면 여자가 음란하다.

안산(案山)과 조산(朝山)

안산(案山)은 혈(穴) 앞에 있는 향산(向山)이요, 조산(朝山)은 안산 너머에 있는 수려한 산의 호칭이다. 안산은 유정(有情)해야 하는데 높으면 제미(齊眉)하고 낮으면 응심(應心)하여 주객(主客)이 비화(比和)함이 좋다. 조산(朝山)은 멀리 있다 해도 수려하여야 좋다. 안산(案山)이나 조산(朝山)이 왜사(歪斜)하거나 험악(險惡)하면 불길하다.

낙산(樂山)과 귀장사(鬼撑砂)

혈장(穴場)이 횡결(橫結)하거나 섬결(閃結)한 요뇌혈(凹腦穴)에서 혈후(穴後)에 타산(他山)이 와서 옹호하는 사격(砂格)을 낙산(樂山)이라 하는데 긴밀(緊密)하고 고용(高聳)하며 존귀(尊貴)하여야 길격이다. 저소(低小)하거나 너무 멀리 있으면 낙산(樂山)이 무력(無力)하여 소용이 없다.

귀장사(鬼撑砂)를 귀성(鬼星)이라고도 한다. 귀성(鬼星)은 혈장(穴場) 바로 뒤를 포옹하는 사격(砂格)이다. 곡포(曲抱)하면 귀격(貴格)이요, 직장거(直長去)하면 도리어 흉하다.

관성(官星)과 요성(曜星)

관성(官星)은 청룡(靑龍)이나 백호(白虎)가 혈장(穴場)을 포옹하여 안대(案對)가 될 때에 그 안대(案對)의 배후에 타출(拖出 ; 引出)한 첨예(尖銳)한 사격(砂格)을 말한다. 과갑(科甲)이 다출(多出)하는 길사(吉砂)다.

요성(曜星)은 청룡이나 백호의 중간에서 타출(拖出)한 수사(秀砂)다.

길수(吉秀) 중에 제일 길수(第一秀砂)가 요성(曜星)이다. 청룡요성(靑龍曜星)은 문과급제(文科及第)하고 대귀(大貴)가 나오고, 백호요성(白虎曜星)은 장군이 나와 국권을 장악한다. 용호양방(龍虎兩方)에 다 있으면 문무겸전 대부귀(文武兼全 大富貴) 한다.

금성(禽星)

금성(禽星)은 소원(小圓)한 돈부(墩阜)를 말한다. 복귀(伏龜)나 복부(伏釜)같이 생겨야 귀격(貴格)이다. 용혈(龍穴)의 좌우에 있거나 과협처(過峽處)의 좌우에 있기도 하고 수구(水口)에 있기도 한다. 귀룡(貴龍)에만 있다.

수구에 있는 귀사(貴砂)는 한문(捍門), 북진사(北辰砂), 나성(羅星) 등인데, 수구라 함은 당내(堂內)의 모든 물이 합하여 흘러가는 곳을 말한다. 일명 도파(都破)라고도 한다. 용혈(龍穴)의 일국문호(一局門戶)

다. 그 수구의 좌우에 용립(聳立)한 양산(兩山)이 대치하여 방어하며 물은 그 사이로 흘러간다. 한문(捍門)이라 칭한다.

화표(華表)는 특기(特起)한 양목산(兩木山)이 대치하고 모든 물이 그 사이로 흘러가면 화표한문(華表捍門)이라 하는데 대지(大地)에만 있다. 한쪽 산이 사자(獅子)와 같고 한쪽 산이 코끼리(象) 같이 생기면 사상한문(獅象捍門)이라 하며 부귀를 누리고, 귀사한문(龜蛇捍門)은 왕후지(王侯地)에 있다. 일월한문(日月捍門)은 지존(至尊)의 대지명당(大地名堂)에 있고 기고한문(旗鼓捍門)은 장군(將軍)이 나온다.

수구에 거대한 석산(石山)이나 암석(岩石)이 정립(挺立)하면 북진사(北辰砂)라 하는데 가장 귀한 사격(砂格)으로서 군왕지지(君王之地)의 문호(門戶)다.

나성(羅星)은 수구에 소석산(小石山)으로서 한 개나 두세 개가 있다. 화체석산(火體石山)에 나성이 있는데 대귀룡(大貴龍)임을 알 수 있고 이 나성(羅星)은 부귀지사격(富貴之砂格)이다. 고산(高山)이나 평양(平洋)이나 수구가 견고하면 그 안에 명당(名堂)이 있고 공활(空闊)하면 명당이 없으며, 있다 해도 소지(小地)다.

도강십조 편(道崗十條 篇) 명당결작법(名堂結作法)

길지명당은 이렇게 생긴 것이다. 사람에 이목구비가 있듯이 산에도 이목구비가 있다. 24위(位) 쇠글자만 가지고 아무 법이 옳다고 우겨대니 맹자상평격(盲者象評格)이다. 산맥과 혈면(穴面)은 알지 못하니 가탄스러운 일이다. 산지형용(山之形容)을 살펴보니 제일로 조종산(祖宗山)이 첨수(尖秀)하고 천지(千枝)가 지형굴곡(之玄屈曲)으로 가다가 과협(過峽)을 놓고 다시 기두(起頭)하여 중조산(中祖山)을 이루고 그 아래에 또 소조산(小祖山)이 높았으니 조자손삼봉(祖子孫三峰)이다. 절절(節節)이 기복(起伏)한 것을 박환(剝換)이라 한다. 산천이 아무리 멀리 가도 결인(結咽)을 놓지 않으면 살기(殺氣)를 벗어날 수 없다. 혈(穴)을 맺으려면 결인목이 생긴다. 그런 연후에 산이 멈추고 물이 모이면 그 포중(抱中)에 혈이 있다.

도국(圖局)이 확대(廣大)하여 분별하기가 어렵거든 사방을 둘러보면 군계일학격(群鷄一鶴格)으로 정기(精氣)가 서린 곳이 있다. 그곳에 와겸유돌(窩鉗乳突)의 사상(四像)이 분명하면 혈이다.

그 혈처(穴處)에는 승금(乘金)이 있고 좌우로 개각(開角)이 있다. 각(角)이 없으면 허화가국(虛花假局)이다. 가국(假局)에는 묘를 못 쓰는 것이다. 사방이 토산(土山)이면 석맥(石脈)을 찾아보고, 사방이 초목무성(草木茂盛)하면 초목 없는 곳을 찾아보고, 사방에 초목이 없거든 초목 무성한 데를 살펴보라. 용맥(龍脈)을 쫓아내려가서 혈은 만두수두처(巒頭垂頭處) 밑에서 찾아보라.

과협(過峽)이 길면 용(龍)도 멀리 가고, 과협이 짧으면 용도 멀리 못 간다. 과협이 장풍(藏風)하면 혈처(穴處)도 용호(龍虎)가 주밀(周密)하고, 노풍(露風)이면 역천(力淺)하고, 장풍(藏風)하면 유력(有力)하다. 암석(岩石)으로 과협(過峽)하면 그 밑에 돌(石) 엉킨 데를 찾아보라.

와혈(窩穴)도 좌우에 우각사(牛角砂)가 없으면 허혈(虛穴)이요, 겸혈(鉗穴)도 해안사(蟹眼砂)가 없으면 허혈이요, 유혈(乳穴)도 선익사(蟬翼砂)가 없으면 허화무실(虛花無實)이요, 돌혈(突穴)도 장구(葬口)가 없으면 허혈가국(虛穴假局)이다. 훈각(暈角)이 있어야 장풍피살(藏風避殺)하는 것이다.

모든 혈(穴)이 개구(開口)해야 진혈(眞穴)이다. 개구(開口)하면 승금(乘金)이 있고 수금(垂金)하면 혈의 증거다. 천리행룡(千里行龍)에 일석지지(一席之地)라. 현무(玄武)가 특립(特立)한 연후에 중심출맥

(中心出脈)하여 입수(入首) 밑에 지휴처(止息處)가 혈이다. 혈은 은
연중에 태극(太極)으로 둘러있고 구첨(毬簷)과 전욕(氈褥)이 분명하
다. 하유합금(下有合襟)해야 하수수(下收水)가 되고 상유계수(上有
界水)가 있어야 피수방풍(避水防風)하고, 불편불의(不偏不倚)하여
여좌방중(如坐房中)해야 분명한 혈이다. 그러나 와겸유돌(窩鉗乳突)
이 분명하면 혈은 분명하나 용맥(龍脈)이 진정(眞正)치 못하면 일시
잠복지지(一時暫福之地)다.

그러면 장원 발복지지(長遠發福之地)는 어떻게 생겨야 하는가.

그것은 입수후 삼절(入首後 三節)을 자세히 살펴보라.

건해(乾亥)와 임감(壬坎)으로 십리(十里)를 와서 작혈(作穴)하면
일시발복(一時發福)했다가 만다. 건해(乾亥)와 임감(壬坎), 간인(艮
寅)으로 와서 작혈하면 태교혈(胎交穴)이라, 백자천손(百子千孫) 부
귀겸전하고 장원발복(長遠發福)하는 것이다. 천하명당(天下名堂)은
모두 하락리수법(河洛理數法)으로 결혈(結穴)한다. 그러나 진혈(眞
穴)이라도 장법(葬法)을 그르치면 화선발(禍先發)하고 복불래(福不
來)한다. 기시(棄尸)한 것과 같은 것이다.

장법(葬法)을 논하면 다음과 같다. 건각(乾角)과 간각(艮角)으로 팔
자개각혈상(八字開角穴上)이면 자좌(子坐)가 합법(合法)인 것을 망
명(亡命)에 맞춘다고 축좌(丑坐)로 쓴다거나 안산 수봉(案山 秀峰)에
맞춘다고 해좌(亥坐)로 쓰면 불합법(不合法)이라 패망하는 것이다. 용
진혈정(龍眞穴正)하면 반드시 혈후(穴後)에 천지인 삼재(天地人 三
才)로 개각(開角)한다. 건좌(乾坐)라면 결태각(庚兌角)과 자계각(子
癸角)을 팔자(八字)로 연다. 그러면 구(毬)가 좌(坐)가 되고 첨(簷)이
향(向)이 된다. 건좌(乾坐) 바닥이므로 술좌(戌坐)도 불가하고 해좌
(亥坐)도 불가하고 반드시 건좌(乾坐)로 써야 한다. 천조지설물(天造
地設物)을 인위적(人爲的)으로 변경하면 천리 역행이라, 일법(一法)

에 능하다 하여 만법(萬法)을 다 알 수는 없는 것이다. 세상에는 멸만경
(滅蠻經)이 판을 치고 있다.

안산(案山)을 말하자면 부부상대와 같고 군신(君臣)상대와 같아서
안산(案山)과 조산(朝山)이 공배(拱拜)한다.

주산(主山)이 여러 봉(峰)이면 일봉(一峰)이 일대(一代)요, 안산(案
山)이 칠팔봉(七八峰)이면 칠팔대(七八代) 복록이요, 쌍봉이면 형제
등과요, 오봉(五峰)이면 오자(五子)등과요, 쌍봉(雙峰)이면 대공(對
空)하고 삼봉(三峰)이면 대중(對中)하라. 노화맥(蘆花脈)은 부자형제
(父子兄弟) 동방(同榜)이요, 나성(羅星)이란 것은 산외산(山外山)을
말한다. 삼천분대 팔백연화(三千粉黛 八百蓮花)가 나열 중중(重重)한
다. 금성(禽星)은 부(富)요, 요성(曜星)은 귀(貴)라, 수구금수(水口禽
獸)상은 신동 장원 나고, 용사한문(龍蛇捍門)은 공후지지요, 귀사한문
(龜蛇捍門)은 대귀지지(大貴之地)요, 화표한문(華表捍門)은 산림학
자지지(山林學者之地)요, 북진한문(北辰捍門)은 공후지지요, 화표란
수구(水口)에 아름다운 봉우리가 특립(特立)한 것이요, 팔구중한문
(八九重捍門)은 발복이 장원하다. 수구에 차(車), 마(馬), 기고(旗鼓)
사(砂)가 있으면 장상(將相)이 나고, 수구에 창고봉은 부자가 날 자리
요, 수구에 옥인(玉印)이 나열하면 귀인의 문하로다. 용장(龍長)하면
혈졸(穴拙)하고, 용단(龍短)하면 혈대(穴大)한다. 태산룡은 가지에 결
혈하고, 평지(平地)에는 돌상(突上)에 결혈한다.

산의 형용 보는 법은 인형(人形) 보기와 같다. 대세는 조자손이요, 천
정(天頂)은 현무(玄武)로다. 양이(兩耳)는 개각(開角)이요, 양목(兩
目)은 용맥의 좌우 천을 태을(天乙 太乙)이요, 산근(山根)은 결인속기
(結咽束氣)처다. 준두(準頭)는 혈(穴)의 구(毬)가 되고 난대(蘭臺)와
정위(廷慰)는 산의 태극(太極)이요, 인중(人中)은 혈처(穴處; 묘를 쓸
자리)다. 상순(上脣)은 혈의 첨(簷)이요, 비수(鼻水)가 흐르는 것은 혈

의 하수(下水)다. 법령(法令)은 혈의 선익(蟬翼)이 되고 관골(觀骨)은 산의 좌우 청룡(靑龍)과 백호(白虎)다. 인(人)의 목(牧)은 혈(穴)의 안(案)이요, 치(齒)는 산의 수구성문(水口城門)이다.

사람은 수족(手足)을 놀려야 가고, 산은 지각(枝脚)을 써서 간다. 사람은 급히 가다 평탄한 데서 쉬고, 산은 급히 가다 노기(怒氣)를 풀면 혈을 맺으며, 혈을 찾아 재혈(裁穴)한 곳은 사람의 쑥뜸자리와 같다. 침(針) 한 궁기를 실수하면 일인(一人)만 살명(殺命)하지만 혈을 잘못 파면 일문(一門)이 경가파산(傾家破産)한다.

승금 상수 혈토 인목(乘金 相水 穴土 印木)을 자세히 보고 와겸유돌(窩鉗乳突) 되었으면 와(窩)는 와중(窩中)의 미돌(微突)처에 쓰고, 겸혈(鉗穴)은 훈각(暈角) 아래에 쓰고, 유혈(乳穴)은 평평한데 쓰고, 돌혈(突穴)은 요함(凹陷)한 데 쓴다. 와겸혈(窩鉗穴)은 옅게 파고 유돌혈(乳突穴)은 깊게 판다. 산중평맥(山中平脈)에 좌우가 헌앙(軒仰)하면 보토용지(補土用之)하고, 평지(平地)에 미항(迷坑)커든 객토(客土)로 성분(成墳)한다.

산은 석(石)이 골(骨)이요, 토(土)는 육(肉)이다. 수(水)는 산의 혈(血)이요, 초목(草木)은 산의 모발이다.

내맥(來脈)이 급하면 늦게 쓰고 맥이 완하면 바짝 붙여 쓰고, 훈(暈) 가운데에 쓸 것이요, 순전(脣氈)과 반듯하게 쓴다.

횡결혈(橫結穴)은 낙산(樂山)과 반듯하게 쓰고, 결인(結咽)목이 석(石)이면 혈(穴)도 석(石)이다. 결인목이 토후(土厚)하면 혈도 토후하다. 물이 내조(來朝)하면 초재(招財)하고, 물이 요혈(繞穴)하면 기(氣)가 오롯하고, 물이 혈전에 취회(聚會)하면 복후(福厚)하고, 물이 뒤쪽 현무(玄武)로 돌아가면 자손이 영귀하고 장원하다. 소계수(小溪水)가 지현(之玄)으로 내(來)하면 생수(生水)라 하고, 대강수가 평만(平滿)하면 왕수(旺水)라 한다. 수심(水深)하면 복후하고 수고(水乾)하면 복경(福輕)이라, 산비수주(山飛水走)하면 멸족망가(滅族亡家)하고, 산궁수진이면 복종절사한다. 수구(水口)가 긴쇄(緊鎖)하면 순수(順水)라도 발복하고, 수구가 산란하면 역수라도 종쇠(終衰)한다.

사각(砂角)이 비후(肥厚)하면 부자가 나고 봉만이 첩첩하면 귀인이 난다. 서봉(西峯)이 고수(高秀)하면 부귀를 누리고, 남봉(南峰)이 고수하면 장원급제로다. 서남방(西南方)이 고수하면 과부 부자가 난다. 북봉(北峰)과 동북봉(東北峰)과 동봉(東峰)이 중첩하면 다자손이요, 손신방(巽辛方) 봉우리가 상대하면 문장 재사가 나고, 건해방(乾亥方)이 병수(拜秀)하면 발복이 장원하다. 병정방 천마체(丙丁方 天馬體)는 귀인이 난다.

손신방(巽辛方)이 저함하면 자손 요사하고, 간곤방(艮坤方)이 공허하면 자손 빈궁이로다.

천제사(天梯砂)가 재전하면 재상이 나고, 석모사(席帽砂)가 재전하면 왕비가 난다.

용호(龍虎)가 서로 배반(背反)하면 자손(子孫)이 이향(離鄉)한다.

묘유규봉(卯酉窺峰)은 음란하고 자오규산(子午窺山)은 봉적(逢賊)이라, 경태방 저두(庚兌方 低頭)는 자손 사방으로 흩어지고, 진방지석(辰方之石)은 광풍 사렴(蛇簾) 무수하다.

수구 선교사(水口 仙橋砂)는 대대로 술사가 나오고, 첩지사(疊指砂)가 안산(案山)이 되면 육지자손(六指子孫)이 난다.

단두사(斷頭砂)가 안산(案山)이 되면 자손 참두(斬頭)를 당한다. 걸표사(乞瓢砂)가 안산(案山)이 되면 자손 걸식자가 나온다.

삼태춘순(三台春筍)이 안(案)이 되면 공경대부(公卿大夫)가 난다. 태봉(兌峰 ; 西)이 고수(高秀)하면 빈계사신(牝鷄司晨)이 흠이로다 (내주장집).

탁기하(卓旗下)에 대장 나고 문필하(文筆下)에 문사(文士) 난다.

고축사(誥軸砂)가 안(案)이 되면 나무꾼도 과거한다.

을진방(乙辰方)에 포악사(暴惡砂)는 언청이가 나온다.

경태방 악석(庚兌方 惡石)은 상처하고, 인방 악석(寅方 惡石)은 호환(虎患)이 있다.

진술축미방 저함(辰戌丑未方 低陷)은 번관복시(飜棺伏尸) 가지(可知)로다.

신봉(申峰)이 우뚝하니 맹인(盲人)이 나고, 순전(脣前)이 파열이면 언청이 난다. 안산(案山) 위에 명산(明山)이면 박물군자 난다. 혈후(穴後)에 귀석(龜石)은 좋은 벼슬 나겠구나.

건해방(乾亥方)에 저두석(猪頭石)은 대풍창이 난다.

계축방 악석(癸丑方 惡石)은 실성한 광인이 난다. 전고상(展誥上)에 개화(開花)하니 부마(駙馬)가 나겠구나.

일자문성안(一字文星案)은 대대로 문사(文士)가 난다.

옥대금안(玉帶金案)은 출장입상(出將入相)이로다. 일근쌍봉(一根雙峰)이 안(案)이 되면 쌍둥이가 난다. 용호(龍虎)에 도순사(刀筍砂)는 대대로 각신(閣臣)이 난다. 용호(龍虎)에 패검사(佩劍砂)는 도집국병(都執國柄)이 난다. 수구(水口)에 일월사(日月砂)는 왕후지지로다.

은병잔주사(銀瓶盞注砂)는 석숭지부지(石崇之富地)로다. 구곡수(九曲水)가 안(案)이 되면 당대 재상이 난다. 반궁수(反弓水)가 안(案)이 되면 경가파산이로다. 용호(龍虎)가 단(短)하고 혈장자(穴長者)는 패장군 분주하다. 곤신방풍(坤申方風)이 요취(凹吹)하니 광풍 무수하다. 축간풍(丑艮風)이 사협(射脇)하니 광풍소골이 무수로다.

수법(水法)을 논하니 좌(坐)는 부(夫)요, 파(破)는 부(婦)로다. 좌(坐)가 부(婦)면 파(破)는 부(夫)가 된다. 시견자(始見者)는 득(得)이요, 불견자(不見者)는 파(破)라. 우득수(右得水)면 좌파(左破)가 나고, 좌득수(左得水)면 우파(右破)가 난다. 수법자(水法者)는 심다(甚多)

하고 혹세무민(惑世誣民)이 우심(尤甚)이로다. 구곡(九曲)으로 내수(來水)하여 지현(之玄)으로 유거(流去)하면 길하도다.

건해좌(乾亥坐)에 갑묘득 정미파(甲卯得 丁未破), 곤신좌(坤申坐)에 임자득 을진파(壬子得 乙辰破), 간인좌(艮寅坐)에 병오득 신술파(丙午得 辛戌破), 손사좌(巽巳坐)에 경태득 계축파(庚兌得 癸丑破)는 쌍산 삼합(雙山 三合)이요, 임자좌 손사득 정미파 계유, 곤축, 오신, 간정, 경인, 미유(壬子坐 巽巳得 丁未破 癸酉, 坤丑, 午申, 艮丁, 庚寅, 未酉)와 갑곤, 신묘, 신술(甲坤, 辛卯, 申戌)과 을경, 건진, 유해(乙庚, 乾辰, 酉亥)가 격팔육률(隔八六律)이니 여천간자(與天干字)로 재어수장중(在於水 掌中)하여 상생(相生)하니 십이궁 계팔 수륙(十二宮 計八 數六)하여 횡문(橫文)이로다.

24방과 8방

풍수에서 주로 쓰이는 방위는 24방과 8방이며, 이는 동아시아의 기본방위이기도 하다.

특히 풍수에서는 산줄기의 흐름과 물의 오고감, 혈과 사의 위치는 물론이고 관곽의 배치에 이르기까지 24방과 8방을 기준으로 삼지 않는 것이 없을 정도이다. 그러기에 시중의 풍수 서적을 살피다보면, 한자로 표기되어 있는 방위에 관한 술어들이 혼란스럽게 뒤섞여 있어서 이해를 어렵게 만드는 경향이 있다. 하지만 24방과 8방의 실체를 숙지한다면, 오히려 풍수 서적에서 제시하는 다양하고 난해한 이론들을 정연하게 풀어주는 열쇠가 될 것이다.

24방(二十四方)은 임방(壬方) 자방(子方 – 正北)으로부터 좌측으로 15도씩 돌아가며 계방(癸方) 축방(丑方) 간방(艮方) 인방(寅方) 갑방(甲方) 묘방(卯方 – 正東) 을방(乙方) 진방(辰方) 손방(巽方) 사방(巳方) 병방(丙方) 오방(午方 – 正南) 정방(丁方) 미방(未方) 곤방(坤方) 신방(申方) 경방(庚方) 유방(酉方 – 正西) 신방(辛方) 술방(戌方) 건방(乾方) 해방(亥方)을 거쳐 다시 임방으로 돌아온다.

8방(八方)은 감방(坎方 – 北 – 壬子癸)으로부터 좌측으로 45도씩 돌아가며 간방(艮方 – 北東 – 丑艮寅) 진방(震方 – 東 – 甲卯乙) 손방(巽方 – 東南 – 辰巽巳) 이방(離方 – 南 – 丙午丁) 곤방(坤方 – 西南 – 未坤申) 태방(兌方 – 西 – 庚酉辛) 건방(乾方 – 西北 – 戌乾亥)을 거쳐 다시 감방으로 돌아온다.

간룡幹龍과 지룡枝龍의 혈맺음

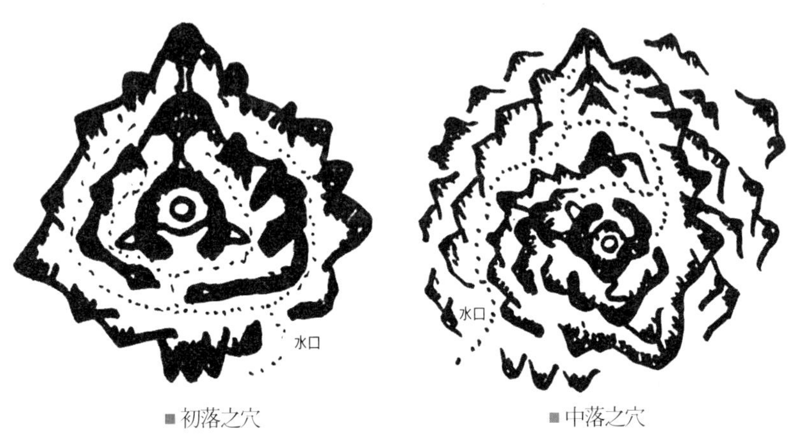

간룡은 산의 본줄기, 지룡은 곁가지를 뜻하는 말로 나무에 빗댄 말이다.

초락지혈(初落之穴)

태조산낙하(太祖山落下)에 결혈(結穴)하여 사방산(四方山)이 주밀(周密)하다.

주(主)가 속발부귀(速發富貴)하나 단, 불장원(不長遠)하다. 용기(龍氣)가 단(短)하기 때문이다.

중락지혈(中落之穴)

삼당구견(三堂俱見)이요, 특조수(特朝水)하고, 여지(餘枝)가 전호(纏護)하니, 백자천손(百子千孫)이요, 부귀장원(富貴長遠)하다.

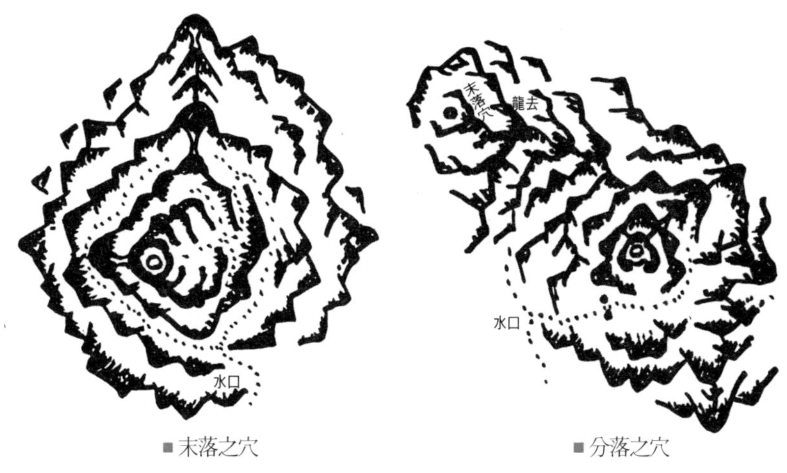

말락지혈(末落之穴)

귀인입장(貴人入帳)에 출장지세(出帳之勢)요, 재기병장(再起屛帳)
하고 낙평진처결혈(落坪盡處結穴)했으며 사수(砂水)가 폭주(輻輳)하
다. 주인(主人)이 대부귀(大富貴)하다.

분락지혈(分落之穴)

용행미주(龍行未住)하고 거룡(去龍)의 진처(盡處)에 내락혈(來落
穴)이 있는데 중간일지맥(中間一枝脈)이 분락(分落)하여 자성국(自
成局)해서 일소혈(一小穴)이 결작(結作)된 혈(穴).

주역흥발(主亦興發)하나 장원지지(長遠之地)는 못된다. 한국에 이
런 혈(穴)이 많다.

장중말삼방발복룡長仲末三房發福龍과
부귀룡富貴龍의 구별

● 우감좌요룡 장손대발

(右減左繞龍 長孫大發)

● 좌감우요룡 지손대발

(左減右繞龍 支孫大發)

● 내팔거팔룡 장손중손지손 구발

(來八去八龍 長孫中孫支孫 俱發)

● 기복룡 대귀출문필

(起伏龍 大貴出文筆)

●굴곡룡 출부무장

（屈曲龍 出富武將）

●다과협룡 백자천손 출문장

（多過峽龍 百子千孫 出文章）

●위이룡 출대부（透迤龍 出大富）

용龍과 혈穴

현무 청룡 백호 주작(玄武 靑龍 白虎 朱雀)의 명당도(名堂圖)
(後) (左) (右) (前)

　산을 용(龍)이라 하는 것은 기복 굴곡 위이박환(起伏 屈曲 逶迤剝
換) 등으로 굽이친 것이 용(龍)과 같기 때문이다. 혈(穴)은 시체가 들
어갈 자리다. 혈의 좌산맥(左山脈)을 청룡(靑龍)이라 하고 우산맥(右
山脈)을 백호(白虎)라 부른다. 혈의 뒷산을 현무(玄武)라 하고, 혈의
앞산인 안산(案山)을 주작(朱雀)이라 한다.

명당을 맺는 모양 – 오룡입수 五龍入首

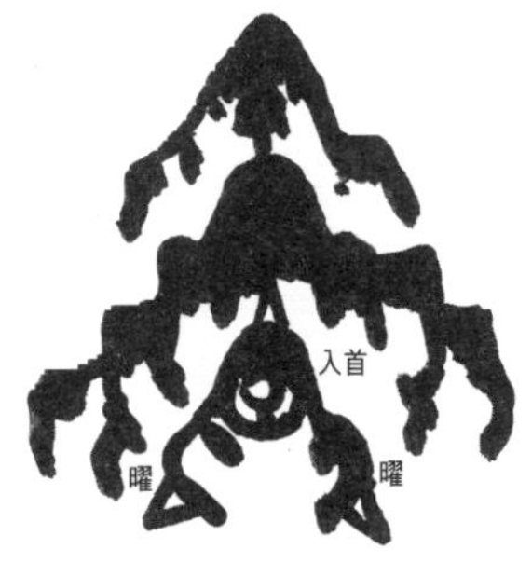

직룡입수(直龍入首)

횡룡입수(橫龍入首)

귀사(鬼砂)와 낙산(樂山)이 없
으면 허혈(虛穴)이다.

비룡입수(飛龍入首)

상취 정상 결혈이나 혈판이 평
탄하고 등혈(登穴) 해보면 높은
줄을 모른다.

잠룡입수(潛龍入首)

회룡입수(回龍入首)

　입수(入首)가 분명(分明)하고 영리(怜悧)해야 명혈(名穴 ; 名堂)이 결작(結作)된다.

사상四像
와겸유돌窩鉗乳突의 생김새

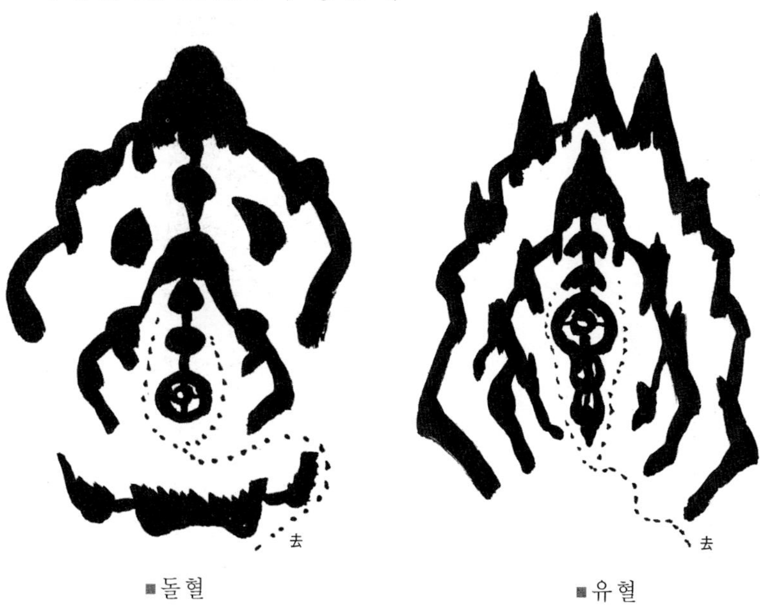

돌혈(突穴)

주산내룡(主山來龍)이 관주(貫珠) 같고 철혈(凸穴)이다.

혈(穴)은 돌중(突中)에 미요처(微凹處)에 있다.

유혈(乳穴)

주산(主山)도 첨수(尖秀 ; 뽀족)하다.

혈처(穴處)도 젖꼭지와 같다.

혈재 유중미와처(穴在 乳中微窩處)라.

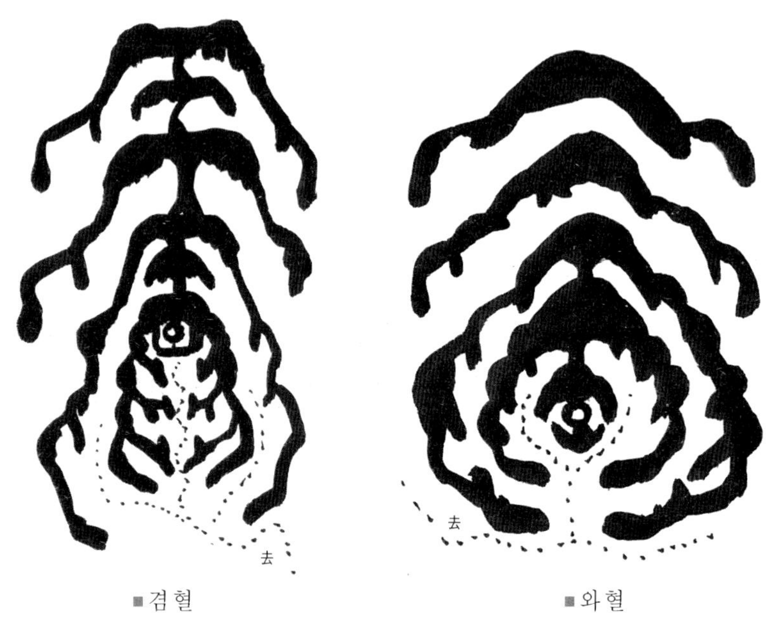

겸혈(鉗穴)

주봉(主峰)도 모가 나고 혈장(穴場)도 방형(方形)이다.

즉 토체(土體)로 모가 난다.

와혈(窩穴)

주봉(主峰)도 전체(全體)가 둥글고 혈처(穴處)도 원형(圓形)이다.

혈(穴)은 와중(窩中) 미돌처(微突處)에 있다.

명당은 어디에 써야 하는가 – 혈정도 穴情圖

관귀금요 혈의 전후좌우 산이 내뿜는 나머지 기운으로 이루어진 지형지물을 말하는데, 앞에 있는 것을 관, 뒤에 있는 것을 귀, 청룡백호 바깥 좌우에 있는 것을 요, 명당 좌우 및 수구 사이에 있는 것을 금이라고 한다. 관(官)은 조산 너머에 있는 신하의 이미지를 주는 산이고, 귀(鬼)는 주산 뒤에서 죽음의 이미지를 보여주는 짧게 휘어진 산줄기인데 [의룡경]에서는 "귀는 죽은 듯해야 하고 관은 살아야 하는데, 관이 죽으면 기가 흐려지고 귀가 살면 기가 흩어진다. 관귀는 그래서 고저장단을 논하지 않고 아름다움만 본다" 하였다. 금(禽)은 명당 좌우 및 수구 사이에 있는 돌인데, 그 모양은 거북 자라 물고기 혹은 기러기가 백사장에 날아드는 모습과 같으며 너무 작지 않은 20~30자 정도의 높이는 되어야 좋다. 요(曜)란 청룡백호의 바깥에 있는 날카롭고 예리한 돌을 말하는데 "뾰족하지 않으면 귀하게 될 수 없고, 둥글지 않으면 부자가 될 수 없다" 하였다.

구(毬) 혈 뒤에 붙어있는 약간 볼록한 부분.

박환(剝換) 산줄기가 조산에서부터 뻗어 내리면서 굵은 것에서 가는 것으로, 높은 곳에서 낮은 곳으로, 바위에서 흙으로, 험한 모양에서 부드러운 모양으로 바뀌는 것을 말하며, 누에가 허물을 벗는 것이나 나비가 고치에서 벗어나는 것에 비유하기도 한다.

순전(脣氈) 내룡을 따라 흘러온 기가 혈을 맺은 다음에도 남은 기운이 계속 흘러가는 현상을 말하는데, 두레방석이나 깔고 자는 요만큼 큰 것을 전(氈)이라 하고 새 주둥이처럼 작고 뾰족한 것을 순(脣)이라 하는데 몇 미터에 지나지 않아야 한다.

승금상수혈토인목 혈의 뒤 불룩하게 솟은 부분을 승금(乘金)이라 하고, 승금에서 혈의 양쪽을 감싸면서 순전에 이르기까지의 낮은 부분을 상수(相水)라 하며, 참된 혈이라면 그 땅이 반드시 평평해야 하는데 이를 혈토(穴土)라 하고, 혈에 앉아서 좌우를 살펴보면 상수 바깥쪽에서

양 팔을 두른 것처럼 은밀하게 도도록한 부분이 보이는데 이것이 길게 보아서는 굽었으면서도 좌우에서 곧게 혈을 안고 있으니 **인목(印木)**이라 한다.

안산(案山) 혈 앞 가까이에 있는 작은 산.

입수(入首) 용의 머리가 혈을 향하여 디밀고 나아간다는 뜻으로, 주산에서 혈의 뒷부분까지의 산줄기를 말한다. [명당요결]에서는 "산천의 정기가 모여 맺히는 곳을 말하니, 비유하자면 모든 과실의 꼭지와 같은 곳"이라고 하였으나, 내룡(內龍)이 혈로 들어가려고 하는 것을 말한다.

조산(朝山) 혈 앞 멀리 있는 높은 산.

천을 태을(天乙 太乙) 주산 좌우에 우뚝 솟아 있는 봉우리로 마치 왕을 좌우에서 시립 경호하는 문무관 같은 모습인데, 좌천을 우태을이 있으면 명당길지라고 한다.

첨(簷) 혈 앞의 처마 같은 부분.

화표(華表) 수구 사이에 솟아 있는 봉우리이며, 수구가 벌어지는 것을 막아주고, 물의 흐름을 완화시키며, 외부로부터 바람을 막아줌으로써 명당과 혈의 기를 갈무리해주는 기능을 갖는다. 북진(北辰), 한문(捍門)과 같은 기능을 갖는다.

명당과 사방의 사격 砂格

小祖山
父母山
艮方
倉庫峰
文筆峰
辛方
初 落
旗峰
結咽束氣
太乙
天乙
穴 星
外靑龍
石
石
艮角
乾角
外白虎
石
入首
天德角
乘 金
蟹眼水
貪狼木星
蟹眼水
艮
乾
甲方
毬
兌
內白虎
印木
相水
穴
子坐
相水
印木
內靑龍
挾耳
簷
元辰水
巨門星
內破
曜石
曜石
華表
誥軸
得水
破口
坤方
合水
去
石
巨巖
巽方
文筆峰
立石
案山
北辰砂
石
丁峰
朝山
丙峰
午峰
石
재상이나 귀인이 나올 모양

결인속기(結咽速氣) 결인과 속기 두 용어의 합성어. 기를 묶어주어야 혈이 맺힐 수 있다는 뜻으로, 혈을 형성하기 직전의 산줄기가 인간이나 동물의 목처럼 가늘어지면서(結咽) 그를 통해 흐르는 기를 더욱 강하게 묶어서(束氣) 혈로 보내주는 것을 말한다. 흔히 물을 좀 더 멀리 뿜어 올리기 위하여 고무호스를 죄어주는 것과 같이 비유되기도 한다.

기고(旗鼓) 깃대와 북 모양의 사격(砂格)으로 귀격(貴格)이다.

득수(得水) 혈에서 보아 물이 들어오는 것이 처음 보이는 곳(初見之處).

문필봉(文筆峰) 혈에서 바로 보이는 붓과 같이 생긴 날카롭고 수려한 산봉우리로 손방(巽方) 신방(辛方)에 있는 것을 꼽는다.

원진수(元辰水) 청룡백호 안쪽 혈 뒤에서 나누어진 물이 혈 앞에서 합하는데, 그 곳에서 명당을 통해 밖으로 나가는 물.

창고봉(倉庫峰) 창고처럼 생긴 고운 사격(砂格)으로 부격(富格)이다.

탐랑성(貪狼星) 구성의 하나이며 오성으로는 목성에 속한다. 갑작스럽게 몸을 일으켜 죽순이 나오는 것과 같은 봉우리이다.

파구(破口) 혈에서 보아 물이 흘러나가는 곳. 수구(水口)라고도 한다.

명당의 물 분합수도 分合水圖

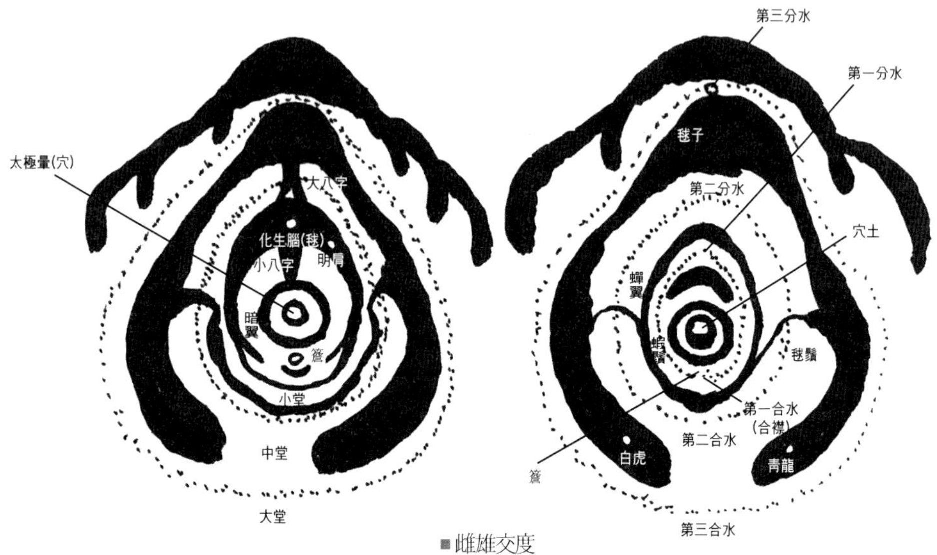

　명당(明堂) 혈 앞의 넓은 공간을 말하며, 좌우는 청룡 백호가 감싸주고 앞은 안산이 막아주는 공간을 내명당(內明堂)이라고 하고, 혈 주변에서 희미하게 흐르는 물길이 합치는 평탄한 땅을 소명당(小明堂), 안산 안쪽을 중명당(中明堂), 안산 바깥쪽의 공간을 외명당(外明堂) 혹은 대명당(大明堂)이라 한다.

　분수(分水) 물줄기가 양쪽으로 나뉘어 흐르기 시작하는 지점.

　선익(蟬翼) 혈의 윗부분에서 마치 사람의 콧등에서 양옆으로 갈라지듯 양쪽으로 은밀하게 조금 튀어나온 곳에 해당하는데, 매미의 날개이다.

　태극훈(太極暈) 혈의 중심을 보면 둥그스름한 무리(圓暈)가 미묘하면서도 은은하게 비치는 것이 있는데, 윗부분에서 물이 나누어지고 아래에서는 물이 합해져야 한다. 원훈이 있으면 생기가 그 안에 모이므로 진혈이 되는 것이다.

혈도대략 穴圖大略

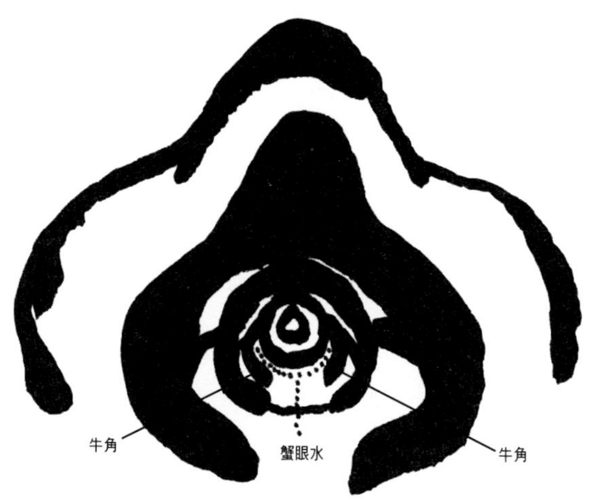

해안(蟹眼)이란 둥 그런 능선의 양 곁으로 미미하게 가라앉은 한 점이 게눈 같은 곳을 말하며, 이곳에서 흐르는 물을 해안수(蟹眼水)라 한다.

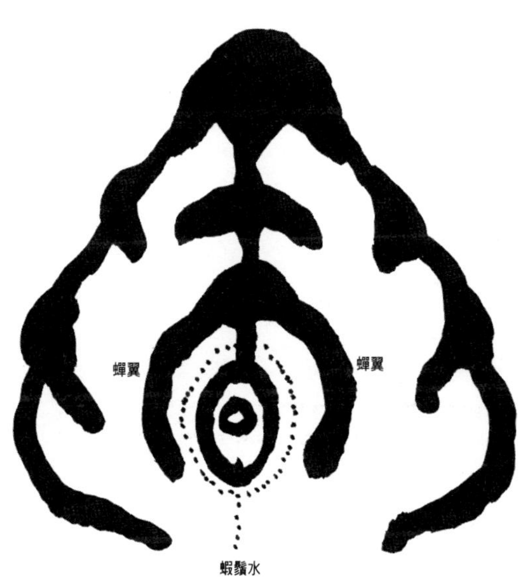

하수(蝦鬚)란 유혈(乳穴)의 좌우에 미미하게 솟고 가라앉은 이어짐의 모양이 새우의 수염과 같은 곳을 말하며, 이곳에서 흐르는 물을 하수수(蝦鬚水)라 한다.

간산법(看山法)

간산법看山法

간산법(看山法)은 막여룡(莫如龍)이요, 그 다음은 심혈(尋穴)이다.

심혈법(尋穴法)은 증좌(證佐)가 없으면 신안(神眼)이라도 알 수가 없다.

그 증좌는 구성구변(九星九變) 가운데 일변(一變)에 각오(各五)라. 합사십오증(合四十五證)이 있다. 그러나 그 진가분별(眞假分別)은 막여기맥(莫如氣脈)이다. 기(氣)가 지(止)한 곳이 일증(一證)이요, 지처(止處)에서 경유맥 작뇌자(更有脈 作腦者)가 이증(二證)이요, 뇌하오보(腦下五步)에 또 있는, 여기작순자(餘氣作脣者)가 삼증(三證)이다. 비유컨대 혈(穴)은 과(果)다. 과(果)에는 필유엽체(잎에는 꼭지가 있다)라, 꼭지가 곧 뇌(腦)다. 또 과(果)에는 필유화판(必有花板)이라, 화판이 순전(脣前)이다. 그러기 때문에 뇌(腦)와 순(脣)은 과(果)의 화판원고(花板源高)다.

양순(陽脣)은 순전(脣前) 넓이(廣)가 이삼 보(步)요, 長(길이)은 사오 보요, 높으면 팔촌(八寸)이요, 낮으면 사촌(四寸)이다. 그 모양도 금목수화토 오양(金木水火土 五樣)이다. 음순(陰脣)은 혈전(穴前)이 단

(短)하고 좌우간(左右間)이 세추일지사(細抽一枝砂)가 역수곡포내당(逆水曲抱來堂)한다. 그 모양 역시 금목수화토 오양(金木水火土 五樣)이다.

음양이순(陰陽二脣) 가운데 수화형(水火形)은 인재(人財)에 불리한 점이 있다. 그러나 대지즉 욕기상생(大地則 欲其相生)이므로 혹 토혈(土穴)에 화순(火脣)이면 유리무흉(有利無凶)이라.

선간진맥(先看眞脈)의 기래(氣來)하고, 차간 맥지래자 적지취처(次看 脈止來者 積止聚處)에 천(遷)한 것이다. 그 다음은 뇌순(腦脣)인데 뇌(腦)는 혈후(穴後)의 맥(脈)이요, 순(脣)은 혈하(穴下)의 여기(餘氣)다. 높으면 팔촌(八寸)이요, 낮으면 불과 사촌(四寸) 은은불견(隱隱不見)하고, 길다 하여도 불과 팔척(八尺)이요, 짧으면 불과 사척(四尺)이라. 진가구별(眞假區別)이 어렵다.

부대자(浮大者)는 가(假)요, 유탕자(流蕩者)는 허(虛)다.

혈증(穴證)과 원근지사격(遠近之砂格)을 세찰(細察)하여 길흉판단(吉凶判斷)을 해야 한다.

정혈지체(正穴之體)는 일왈 나문수야(一曰 羅紋水也) 이왈 구첨금야(二曰 球簷金也) 삼왈 포전토야(三曰 鋪氈土也) 사왈 분개화야(四曰 分介火也) 오왈 곡조목야(五曰 曲釣木也) 구성정체(九星正體)도 역시 같다.

유혈(乳穴)은 선익사(蟬翼砂)나 하수사(蝦鬚砂)가 있는데 형여하원(形如下圓)이라, 돌혈(突穴)은 원훈사(圓暈砂)와 역포(逆抱)가 있어야 진혈(眞穴)이다.

와겸유돌窩鉗乳突 혈형穴形과 포사해설抱砂解說

사진삼법(四眞三法 ; 龍穴砂水) 채목당현인(蔡牧堂賢人) 해설

사진자(四眞者)는 진룡, 진혈, 진사, 진수(眞龍, 眞穴, 眞砂, 眞水)를 말한다.

삼법자(三法者)는 고자투살 저불범랭 섬불이맥(高子鬪煞, 低不犯冷, 閃不離脈)이다.

진룡(眞龍)은 혈정일선지맥(穴頂一線之脈)이 여사, 여대, 약은, 약현(如絲, 如帶, 若隱, 若現)하여 적락혈내(滴落穴內)해야 한다.

진혈(眞穴)은 장구상하지간(葬口上下之間)에 유구, 유첨, 여복, 여앙(有毬, 有簷, 如覆, 如仰)으로 생기(生氣)가 융결(融結)되어야 한다.

진사(眞砂)는 유혈(乳穴)에 선익(蟬翼), 와혈(窩穴)에 우각(牛角)이 있어야 한다.

진수(眞水)는 하수, 해안, 금어수(鰕鬚, 蟹眼, 金魚水)가 있어야 한다.

파구(破毬)를 투살(鬪煞)이라 하고 파첨(破簷)하면 범랭(犯冷)이라 하여 불가장(不可葬)이라.

이상 사진삼법(四眞三法)이 적실(的實)하고 합법(合法)해야 명당(名堂)이다.

와혈(窩穴)은 우각사(牛角砂)와 미돌사(微突砂)가 있어야 한다. 없으면 허혈(虛穴)이다.

겸혈(鉗穴)은 교포사(交抱砂)나 곡작사(曲釣砂)가 있어야 한다.

기룡혈(騎龍穴)은 내팔거팔사(來八去八砂)와 해안사(蟹眼砂)가 있어야 한다.

선익사(蟬翼砂)는 유형무형(有形無形) 혈(穴)의 방즉 원처(方則圓處)가 선익이요, 혈(穴)의 원즉 방처(圓則方處)가 선익사다.

하수사(蝦鬚砂)는 좌우회어 기중자야(左右會於 其中者也)라. 미사(微砂)라서 난견(難見)이로다.

원훈사(圓暈砂)는 유형무형(有形無形)으로 뇌후미사(腦後微砂)가 분이합우(分而合于) 순전(脣前)이로다.

역포사(逆抱砂)는 돌혈(突穴)의 여기(餘氣)다. 위이포수사(逶迤抱水砂)요, 여금혈(如金穴)이면 목기지류(木氣之類)다.

우각사(牛角砂)는 외조내직지형(外釣內直之形)이다.

미돌사(微突砂)는 와중미미지돌(窩中微微之突)이다. 이것이 없으면 허혈(虛穴)이다.

교포사(交抱砂)는 좌우지미사(左右之微砂)로서 교기어전야(交氣於前也)라.

곡조사(曲釣砂)는 겸혈(鉗穴)의 의자(倚者)가 차증(此證)이라.

내팔거팔사(來八去八砂)는 행룡(行龍)의 영송사(迎送砂)다. 기룡혈(騎龍穴)에 있다.

수구자(水口者)는 파(破)를 말한다. 수구(水口)는 긴쇄자(緊鎖者)가 길하다. 입산(入山)에 간수구(看水口)하여 유지무지(有地無地)를 판단한다. 역수즉필유대지(逆水則必有大地)요, 역수일작(逆水一勺)이면 가히 치부(致富)한다. 수구(水口)가 불긴(不緊)하고 광활(廣闊)하면 빈국(貧局)이다.

금성(金星)이 새수구(塞水口)하면 신처한림(身處翰林)이요, 즉부수면(卽浮水面)이면 출문장(出文章)이요, 화표한문(華表捍門)이면 과갑지지(科甲之地)요, 사상한문(獅象捍門)이면 장원급제지(壯元及第地)요, 일월한문(日月捍門)이면 공후장상지지(公侯將相之地)요, 유어상수즉과갑연증(游魚上水則科甲聯登)이라.

여차관지즉(如此觀之則) 수구(水口)가 생사(生死)의 망(網)이라 할 수도 있다.

승기乘氣가 곧 혈穴이다

경왈(經曰) "장승생기(葬乘生氣)"라. 백가지산서(百家之山書)를 섭렵하고 몇 십 년 동안 다간선적(多看仙跡)하여 풍수지리를 탐구하는 것은 지리(地理)의 생명인 승기지처(乘氣之處)를 알기 위한 것이다. 즉 이곳이 용관(容棺)할 혈(穴)이다. 천리행룡(千里行龍)에 일관지지(一棺之地)라.

이상 여러 설과 논리도 승기지처(乘氣之處)를 찾는데 필요한 기초지식인 것이다.

혈(穴)에는 외훈(外暈)과 내훈(內暈)이 있고 내훈중(內暈中)에 정와훈심(正臥暈心)이 있다. 이 훈심(暈心)에 납관(納棺)한다.

고산(高山)에는 석훈(石暈)이 있다. 자조지세(自粗至細)하다. 개도중간(開到中間)에 필득 사석비석지토(必得 似石非石之土)라.

평강(平岡)에는 토훈(土暈)이 있다. 자조지세(自粗至細)하다. 개도중간(開到中間)에 필득 정미지토(必得 精美之土)라.

평양(平洋)에는 사훈(沙暈)이 있다. 자조지세(自粗至細)하다. 개도중간(開到中間)에 득토가야(得土可也)나 난구정(難拘精)이라.

토(土) 역시 불구색(不拘色)이나 황적토지미(黃赤土之美)가 가하고 단 저혈색(猪血色)은 사토(死土)라서 불가하다.

백색(白色)은 길토(吉土)요, 회색(灰色)은 사토(死土)라 불가하다. 청색(靑色)도 길하나 후율청색(朽栗靑色)은 불가하다.

흑색(黑色)은 사토(死土)라 불가하나 만에 하나 정도로 윤택한 흑토(黑土)가 있다. 이것은 길하다.

만산(滿山)이 불흑(不黑)인데 단독 훈중흑색(暈中黑色)은 조화작색(造化作色)이라. 미인(美人)이나 유대유덕인지지(留待有德人之地)다.

공자(孔子)의 묘가 그러하기로 세인이 말하기를 '흑분(黑墳)'이라 한다.

만산불니(滿山不泥)인데 혈중독니(穴中獨泥)는 시룡수혈(是龍髓穴)이요, 만산불수(滿山不水)인데 혈중유천(穴中有泉)은 용천길혈(龍泉吉穴)이다.

만산불석(滿山不石)인데 훈중독생일대석(暈中獨生一大石)은 석길혈(石吉穴)이다. 이 혈은 천추불패지지(千秋不敗之地)로 덕인지지(德人之地)다.

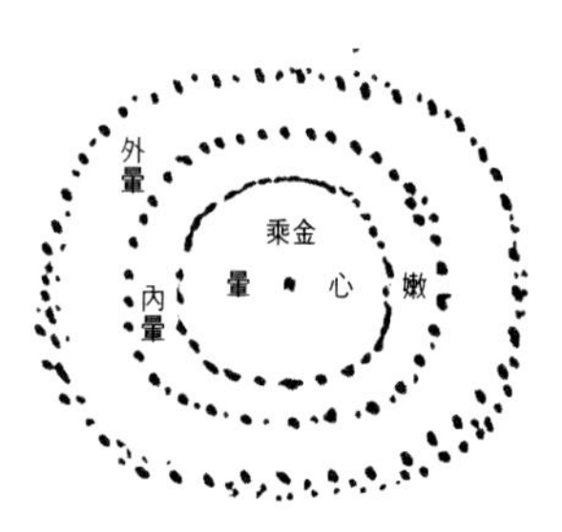

외훈 내훈(外暈 內暈)

훈(暈)이 일이중 혹 칠팔중(一二重 惑 七八重) 작량(酌量)하여 세눈처(細嫩處)까지 금정(金井)을 파되 외훈(外暈)을 물파(勿破)하라.

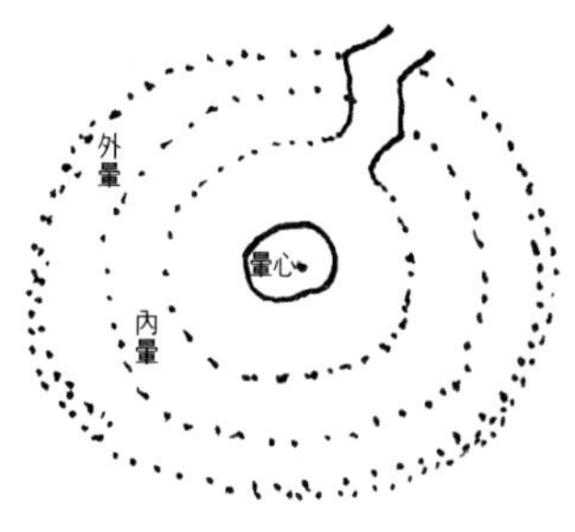

진맥천산진기투지훈심(眞脈穿山眞氣透地暈心)

훈중(暈中)에 '간천산 여조' 훈(看穿山 如粗暈)

조훈(粗暈)상에 필유일조(必有一條)의 눈토(嫩土)가 있다. 진투지하(眞透地下)에 하나경(下羅經)하여 천광(穿壙)한다.

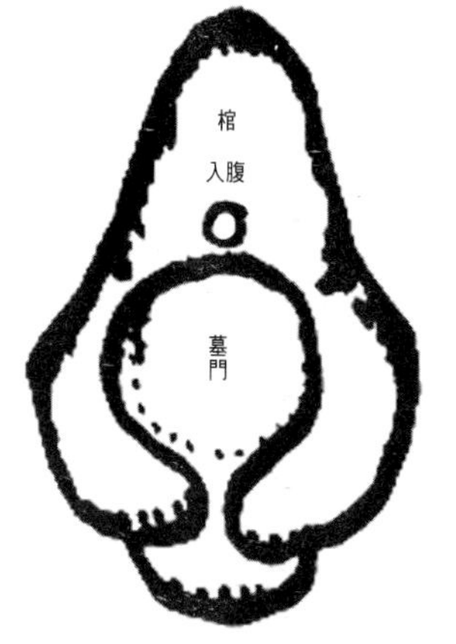

진탄혈(眞呑穴)

진기돌장산복(眞氣突藏山腹)

착동, 작대, 송관(鑿洞, 作隊, 送棺)

구위묘문(口爲墓門)

진토혈(眞吐穴)

진기토출 구외 휘훈영하지초용돌진(眞氣吐出 口外 微暈影下之稍湧突眞)

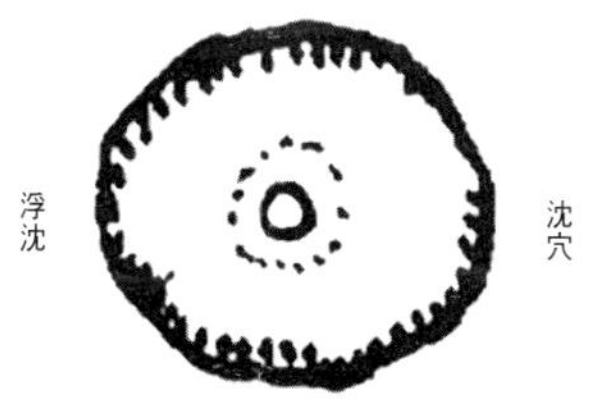

부혈(浮穴)

와탄지중(窩坦之中)에 융융이기회 기중승기(隆隆而起會 其中乘氣)라. 사세자취(四勢自聚)하니 퇴토성분(堆土成墳)하소.

부침 침혈(浮沈 沈穴)

와탄지중(窩坦之中)에 은은함회(隱隱陷會) 기함중(其陷中)에 장(葬)하라. 불가심장(不可深葬).

＊부침혈법(浮沈穴法)은 필히 명사(明師)에게 지수(指授)하여야 한다.

삼길육수봉三吉六秀峰의 사격砂格, 위치位置, 방위方位

삼길봉(三吉峰)

해봉 출국사 장수(亥峰 出國師 長壽)
경봉 출옥당 무장(庚峰 出玉堂 武將)
진봉 출성인(震峰 出聖人)

내룡(來龍)이 진정(眞正)하고 삼길방봉(三吉方峰)과 육수방봉(六秀方峰)이 수려하면 부귀겸전(富貴兼全)한다.

육수봉(六秀峰)

건봉 태사출(乾峰 太師出)

신봉 문장(辛峰 文章)

태봉 무장 여걸 대부(兌峰 武將 女傑 大富)

정봉 노재상(丁峰 老宰相)

병봉 장수(丙峰 長壽)

손봉 출왕비 문장(巽峰 出王妃 文章)

오봉 형제등과(午峰 兄弟登科)

곤봉 황후출 대부(坤峰 皇后出 大富)

자봉 어사(子峰 御使)

묘봉 백의재상(卯峰 白衣宰相)

간봉 소년등과 대부(艮峰 少年登科 大富)

관귀금요지도 官鬼禽曜之圖

* 혈후일사(穴後一砂)는 귀성(鬼星)이라 하고
* 양자(兩者)가 교탱(交撑)하면 효순귀(孝順鬼)라 한다.
* 혈처(穴處)에서 불견(不見) 안외관성(案外官星)
* 혈외(穴外)에서 보이면 현세관(現世官)이라 한다.

사격법(砂格法)에 관성, 귀성, 요성, 일월한문(官星, 鬼星, 曜星, 日月捍門) 등이 있음은 용혈(龍穴)의 영선자(靈善者)라 하여 대지명당(大地名堂)의 증표(證標)요, 삼공지지(三公之地)에 있다.

태교혈 胎交穴

龍眞穴正

胎交穴

1　　6　　8　　1　　1

壬子落 乾龍 艮剝換 子入首子坐

천을태을흘립 인석 문필한문 (天乙太乙吃立 印石 文筆捍門)

내룡심원 만세향화지지 (來龍甚遠 萬世香火之地)

태교(胎交 ; 龍交, 成交)혈(穴)이라야
백자천손 문무과갑출(百子千孫 文武科甲出)
부귀겸전(富貴兼全)하는 것이다.

胎交穴(龍交)

8 6 1　　6 1 8

艮乾坎局 乾坎艮局

6 7 2　　8 3 4

乾兌坤局 艮震巽局

2 9 4　　4 9 2

坤離巽局 巽離坤局

4 3 8　　2 7 6

巽震艮局 坤兌乾局

하락리수(河洛理數)의 15도 작국이다.

태교혈 명당 작혈법이다.

九宮圖

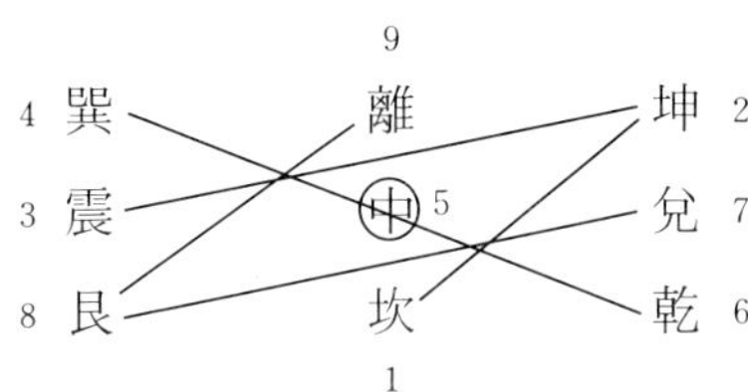

15도 작국

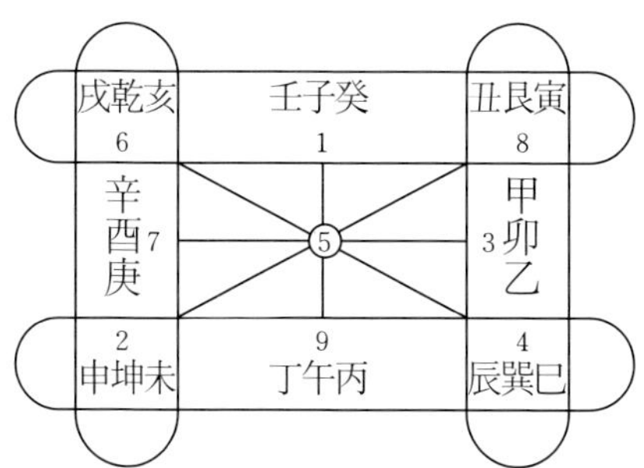

天德穴

1　4

坎　巽

2　3

坤　震

6　9

乾　午

여(如) 손룡하감좌(巽龍下坎坐)는
천덕혈명당(天德穴名堂)이다.

용교법龍交法：陰陽相交之理

이 법을 모르는 자는 용맥의 생사(生死)와 진가(眞假)를 모른다.

巽巳龍 丙午轉 坤申坐
巽巳龍 甲卯轉 艮寅坐
巽辰龍 午丁轉 坤未坐
巽辰龍 卯乙轉 艮丑坐
　　　　　　　　甲子旬中

坤未龍 酉辛轉 乾戌坐
坤未龍 午丁轉 巽辰坐
　　　　　　　　甲寅旬中

坤申龍 庚兌轉 乾亥坐
坤申龍 丙午轉 巽巳坐
　　　　　　　　甲辰旬中

乾亥龍 壬子轉 艮寅坐
乾亥龍 庚兌轉 坤申坐
乾戌龍 子癸轉 艮丑坐
乾戌龍 酉辛轉 坤未坐
　　　　　　　　甲午旬中

艮丑龍 卯乙轉 巽辰坐
艮丑龍 子癸轉 乾戌坐
　　　　　　　　甲申旬中

艮寅龍 甲卯轉 巽巳坐
艮寅龍 壬子轉 乾亥坐
　　　　　　　　甲戌旬中

龍交 / 穴交 之圖

＊간인룡(艮寅龍)에 건해전신(乾亥轉身)하여 자좌판(子坐坂)이면 명당이다. 그러나 자좌판(子坐坂)에 건각(乾角)과 간각(艮角)이 없으면 혈판모매(穴坂冒昧)한 가국허혈(假局虛穴)이다.

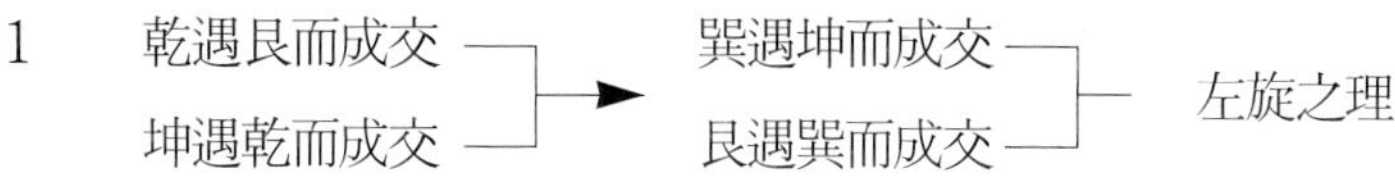

2 　　乾遇坤而成交 ──┐　　　巽遇艮而成交 ──┐
　　　坤遇巽而成交 ──┘ ➤　　艮遇乾而成交 ──┘── 右旋之理

*건룡(乾龍 ; 戌乾亥) 용간(龍艮 ; 丑艮寅) 전신(轉身)하면 감좌(坎坐 ; 壬子癸)가 난다. 그러면 성교혈(成交穴)로서 대지대발(大地大發)하고 소지소발(小地小發)한다. 소위 명당(名堂)이다. 만고불역지정법(萬古不易之正法)이다. 이 법을 모르는 자는 정혈(正穴)을 알 수 없다.

혈교법穴交法 : 天地人 三才之理 혈교팔조

四胎坐(乾坤艮巽)는 四正角(子午卯酉)이 있어야 정격(正格)이다.

戌乾坐는 辛角과 壬角이 있다. 아니면 가국허화(假局虛花)이다.

丑艮坐는 癸角과 甲角이 있다. 아니면 가국허화(假局虛花)이다.

巽辰坐는 乙角과 丙角이 있다. 아니면 가국허화(假局虛花)이다.

未坤坐는 丁角과 庚角이 있다. 아니면 가국허화(假局虛花)이다.

四正坐(子午卯酉)는 四胎角(乾巽艮坤)이 있어야 정격(正格)이다.

壬子坐는 乾角과 艮角이 있다. 없으면 허혈(虛穴)이다.

甲卯坐는 艮角과 巽角이 있다. 없으면 허혈(虛穴)이다.

丙午坐는 巽角과 坤角이 있다. 없으면 허혈(虛穴)이다.

庚兌坐는 坤角과 乾角이 있다. 없으면 허혈(虛穴)이다.

태교혈 – 영천 회룡작국永川回龍作局 이당李唐의 묘 두촌 이집遁村 李集의 친산親山

간좌 감건간국 태교혈(艮坐 坎乾艮局 胎交穴)
고려말 1370년대 용산(用山)
묘지 소재 : 경북 영천시 북안면 도유동 광릉촌

이집(李集 ; 1314~87)의 호는 둔촌(遁村)이며 고려 충목왕 때 문과
에 급제하여 정몽주(鄭夢周), 이색(李穡), 이숭인(李崇仁) 등과 깊이
사귀었다.

이집은 공민왕 때인 1371년, 국정을 전횡하던 신돈(辛旽)을 논박하다가 쫓기는 몸이 되었다. 늙은 아비인 이당(李唐)을 업고 멀리 영천까지 도피하여 절친한 친구 천곡 최원도(泉谷 崔元道)의 집에서 의탁하고 있던 중 갑자기 이당이 별세하자, 경황이 없는 가운데 천곡의 신후지(身後地)에 장례를 모셨다.

그는 신돈이 죽은 다음 개경으로 돌아와 판전교시사(判典校寺事)에 임명되었으나 사직하고 여주에서 독서로 세월을 보낸 큰 학자로서 광주이씨(廣州李氏)의 시조이며, 구암서원에 제향되었다.

그 후 광주이씨는 조선조에서 문과급제자 188명, 정승 5명을 내었다.

이집의 세 아들 중 이지직(李之直)은 형조참의를 지냈는데 태종 때 청백리에 뽑혔고, 이지강(李之剛)은 좌참찬, 이지유(李之柔)는 사간을 지냈다.

이지직의 아들 이장손(李長孫)은 사인(舍人)을 지냈고, 이인손(李仁孫)은 세조 때 우의정에 올랐으며, 이예손(李禮孫)은 황해도관찰사를 지냈다. 이예손의 아들 이극기(李克基)는 참판을 지낸 성리학자였다. 이중경(李重慶)은 이조판서를 지내고 청백리에 뽑혔다. 숙종 때 이조참판에 오른 이담명(李聃命)은 1690년 영남 대흉년에 관찰사로 나가 치적을 올렸다.

'오성과 한음'의 한음 이덕형(漢陰 李德馨)은 선조 때 가문을 빛낸 광주이씨의 큰 별이다. 32세의 젊은 나이에 대제학이 된 그는 38세에 우의정, 42세에 영의정에 오른다. 임진왜란이 터지자 명나라에 가서 탁월한 외교수완으로 5만의 원병을 끌어들여 서울 수복의 수훈을 세웠다.

일제시대에 만주에서 독립군으로 활약하다 체포되어 순국한 이수택(李壽澤), 을사조약 후 의병장으로 활약하다 순직한 이백래(李白來), 3·1운동 당시 33인의 한 사람이었던 이종훈(李鍾勳) 등의 인물이 줄줄이 이어졌다.

태교혈 – 동래 화지산東萊 華池山의 야자형也字形 시조산始祖山

고려 동래부사 천(高麗 東萊府使遷) 장례 후 아들 목(穆)은 좌복사(左僕射), 손자 항(沆)은 예부상서, 증손 서(敍)는 내시랑(內侍郎 : 仁宗의 동서). 조선조 시대에는 정승 17명, 대제학 2명, 문과급제 198명. 519년 동안 사사자(賜死者)나 유배당한 자가 전혀 없다.

한국 최남단 동래 화지산 야자형(華池山 也字形) 정씨 시조산(鄭氏始祖山) 이다.

고려시대의 호장(戶長 ; 아전들의 맨 윗자리) 정문도(鄭文道)의 묘로 간인백리내룡 건해전신 계입수 자좌 병파(艮寅百里來龍 乾亥轉身 癸入首 子坐 丙破) 이다.

*북으로는 황해도 구월산 문화유씨의 시조산, 남으로는 동래 화지산 동래정씨의 시조산이 조선조 519년 동안 가장 발복한 명당으로 꼽힌다.

태교혈 – 임해 하상서 조지臨海 何尙書 祖地 경좌 건곤 태태교국庚坐 乾坤兌胎交局

경좌갑향 갑술생(庚坐甲向 戊午生)과 경오생(庚午生)이 극귀상서 (極貴尙書)요, 그 밖에도 경갑신유계(庚甲辛酉癸)생은 모두 대귀(大 貴)하였다.

용(龍)이 수백리를 뻗어와 병풍처럼 크게 펼쳐졌으며, 겹겹으로 과 협(過峽)을 놓고, 맥이 병풍의 가운데서 나와 청수기묘(淸秀奇妙)하 다. 한쪽은 구곡수(九曲水)가 모여 큰 강이 되어 해문(海門)에 이르고 한쪽은 태평(太平)과 광암(廣岩) 두 고을 물이 대해문(大海門)으로 모 였으니, 큰 명당은 수구 사이에 많다함은 이곳을 두고 말하는 것이다. 조수(潮水)가 조석으로 혈 앞까지 왕래하는 것이 더욱 좋은 점이다.

태교혈 – 남포 서기 조산藍浦 徐起 祖山 – 노복의 아들이 현인이 되다

보령시 남포면 제석리 와우형(臥牛形). 고청 서기(孤靑 徐起)의 조산(祖山)이며, 이소재 이중호(履素齋 李仲虎)의 연원(淵源)이다.

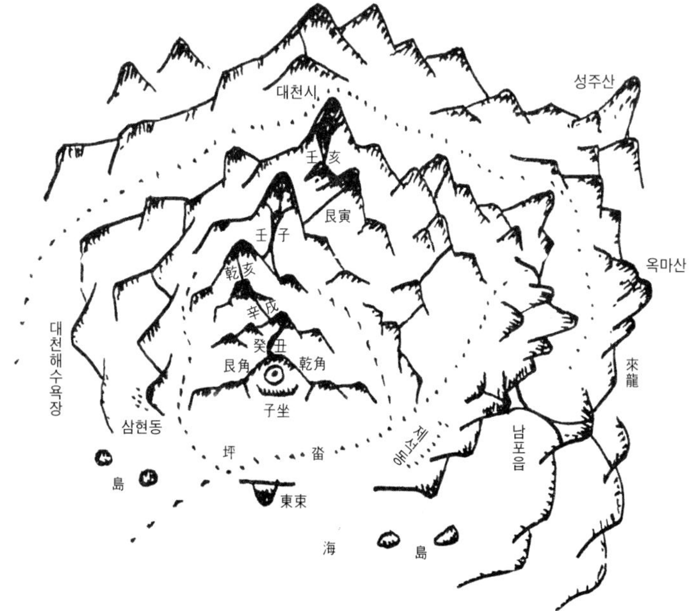

건해 신술룡 계축입수 건간각하 자좌오향 동초안 대지결작 하락리수 15도(乾亥 辛戌龍 癸丑入首 乾艮角下 子坐午向 東草案 大地結作 河洛理數 十五度)

사노(私奴)의 아들로 율곡(栗谷), 구봉(龜峰) 등과 교유할 정도의 유학자가 된 이소재 이중호(履素齋 李仲虎)를 배출한 명당으로, 노비의 아들이 현인군자가 된 명혈(名穴)이다. 고청의 문하생으로는 송이창(宋爾昌), 민재문(閔在文), 박대(朴大), 박희로(朴希魯), 박희성(朴希聖), 이남(李楠) 등이 있으니, 조선삼노(朝鮮三奴) 집안이 크게 발복한 경우다.

태교가 이루어지지 않는 땅 胎不交地

용부진 혈정(龍不眞 穴正)

태불교 임자룡 임자입수 자좌(胎不交 壬子龍 壬子入首 子坐)

천태을흘립 인석 문필한문(天太乙吃立 印石 文筆捍門)

내룡심원 일대발 절망지지(來龍甚遠 一代發 絶亡之地)

흉사도凶砂圖

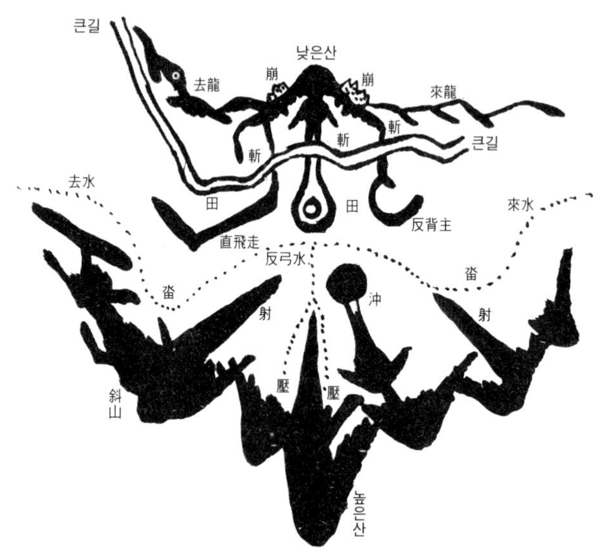

단절참사(斷絶斬砂) 뇌하단절(腦下斷絶)은 자손참수(子孫斬首), 요단절(腰斷絶)은 요절(腰絶), 산각단절(山脚斷絶)은 수족단절(手足斷絶).

비주사(飛走砂)는 가세(家勢)가 영락하고 자손이 별거(別居) 이산하고 불목한다.

반배사(反背砂)는 재정(財政)이 모산(耗散)하고 오래 가면 절손한다.

붕사(崩砂)는 산이 퇴락하여 낭흔(浪痕)이 많으면 자손이 다병(多病)하고 음란하여 패가한다.

충사(沖砂)나 사사(射砂)는 대동소이하다. 자손이 피살당하고 절손하는 흉사(凶砂)다.

고압사(高壓砂)는 노복이 주인을 기만하고 능멸하여 자손이 우둔해지는 대흉사(大凶砂)다.

반궁수(反弓水)는 재산이 퇴산하고 빈궁하여 유리걸식한다.

길사吉砂와 흉사도凶砂圖

길사(吉砂)의 예

一字文星

半月文星

蛾眉文星

문성(文星)은 문현지사(文顯之砂)다.

貴人

馬上貴人

殿下貴人

귀인성(貴人星)은 문무출대관지사(文武出大官之砂)다.

文筆

宰相

架筆

문필 극귀 손신방최귀(文筆 極貴 巽辛方最貴)

金箱

圓印

魚袋

태정사축방인사최길(兌丁巳丑方印砂最吉)

이상의 모든 귀사(貴砂)는 토봉(土峰)이나 석봉괘물론(石峰卦勿論)하고 개팔괘소응지제일길성(皆八卦所應之第一吉星)이다.

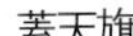

蓋天旗

排衙

露積

좌사(左砂)는 출어팔괘지변성미사(出於八卦之變星美砂)다.

흉사(凶砂)의 예

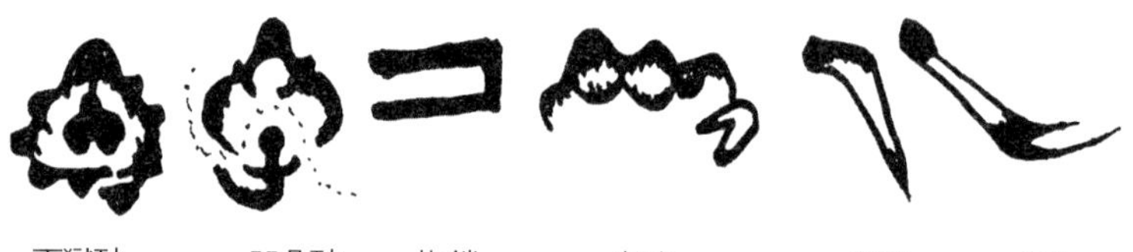

차외사법 천변만화(此外砂法 千變萬化) 기방 길흉 선악 여시 제장(其方 吉凶 善惡 如示 諸掌)

진경해방 길봉 명삼길(震庚亥方 吉峰 名三吉), 원사 불여근사(遠砂 不如近砂)

간병태정손신길봉 명육수(艮丙兌丁巽辛吉峰 名六秀), 원조 불여근안(遠朝 不如近案)

길흉지사(吉凶之砂)는 용호중자위주(龍虎中者爲主), 용진혈정(龍眞穴正)하면 살도(殺刀)가 화작아도(化作牙刀)라.

가국허화지지(假局虛花之地)는 아도(牙刀)가 화작살도(化作殺刀)라.

길사吉砂와 흉사凶砂의 위치와 방위

봉우리가 허하고 낮게 주저앉아 있으면 좋지 못하며, 높이 솟은 봉우리, 둥근 봉우리, 모가 난 봉우리, 수려한 봉우리는 크게 좋다.

자방(子方)에 있는 봉우리가 높고 크면 만사가 잘 이루어지며, 문필봉이 하늘을 뚫고 솟아 있으면 자손 대대로 영화를 누린다.

계방(癸方)에 있는 관(官)이 곡식의 산(노적봉)이면 비록 과거에 급제하지 못하더라도 관작을 누릴 것이나, 구멍이 뚫려 있으면 제사가 끊길 것이요, 물이 있으면 자손이 끊길 것이다.

축방(丑方)의 봉우리에서 학이 울면 자손이 총명하고 영리하다.

간봉(艮峰)이 둔전산(屯田山)이면 자손 가운데서 장군과 부자가 나온다.

인봉(寅峰)이 줄지어 나열해 있으면 자손이 금옥관자를 달게 되며 흉한 죽음을 당하지 않는다.

갑봉(甲峰)이 있으면 자손 중에 무장이 나오며 부귀와 영화를 누린다.

묘봉(卯峰)이 있으면 자손 중에 장군이 나오며 영화를 누리고 자손이 많아진다.

을봉(乙峰)에 겉물이 흐르거나 무너져 내리는 돌이 있으면 불길하다. 물은 우환이요, 돌은 장남이 애꾸가 된다.

진봉(辰峰)이 높거나 낮지 않으면 부귀를 누리고, 정면에서 녹저수(祿儲水)가 띠처럼 흘러오면 좋지 못하다.

손봉(巽峰)이 하늘을 향하여 깎아지른 듯 서있으면 대대로 문장이 나오고, 솥처럼 엎드려 있으면 귀한 사람이 나오며, 창고와 같으면 큰 부자가 나온다. 석 자에 이르는 돌이 눕거나 서있으면 필히 짐승의 해를 입게 된다.

사봉(巳峰)의 화려함이 삼양(三陽)에 미치면 부귀하고 문장이 뛰어난 사람이 나오나, 우물이 있으면 맹인이 나온다.

병방(丙方)에 봉우리가 있으면 자손이 흥성하고 과거에 오르는 사람이 끊이지 않는다.

오방(午方)에 봉우리가 있으면 귀인이 나오나, 봉우리가 커서 가까이 압박하면 좋지 못하고, 돌이 서 있으면 화재가 난다.

정봉(丁峰)은 노인의 자리로서 편안하게 장수를 누린다.

미봉(未峰)이 탐랑성(貪狼星)이며 물이 있으면 부귀를 누린다.

곤봉(坤峰)이 겹겹이면 부귀하고, 흑두봉(黑頭峰)이면 현인군자가 나오며, 허하면 자손이 천하게 된다.

신봉(申峰)이 눌러 늘인 것 같은 모양이면 좋지 못하고, 멀리 천리에 이르면 대장이 나온다.

경봉(庚峰)은 이름을 날리는 문성(文星)으로 금어대(金魚袋) 격이며 형제가 동시에 과거에 오르게 되나, 암석이 서 있거나 누워있으면 도적에게 패가를 당한다.

유봉(酉峰)이 큰 문 같거나 창고 같은 모양이면 직계 자손이 장수하나, 허하면 여자로 인해 패망한다.

신봉(辛峰)이 태을(太乙)이고 홀이나 붓처럼 겹겹이 일어서 있으면 대대로 과거에 오르는 사람이 끊이지 않는다.

술봉(戌峰)이 도적의 깃발처럼 나와 있거나 산 바깥에 규봉이 보이면 도적에게 패망한다.

건봉(乾峰)이 말 모양이면 귀인이 나와 절도사에 오른다. 술해방(戌亥方)에서 높이를 갖추면 삼정승이 나오며, 아니라면 칼이나 붓을 든 관리가 나온다.

해봉(亥峰)이 아름다우면 장남이 재상이 되며, 산에 나무가 많으면 선녀처럼 아름다운 여인이 끊이지 않고 나온다.

임봉(壬峰)이 무곡성(武曲星)이거나 수성(水星 ; 물결이 흘러내리
는 듯한 모양)으로써 높고 크고 꺾여 있으면 명이 길다.

사격(砂格)은 정해진 격(格)이 없다. 안산 앞에 문필을 크게 얻되 오
래 되면 쇠하고 천필(天筆)의 꾸짖음을 당하게 된다. 혈 아래 인사(印
砂)를 크고 둥글게 얻되 오래 되면 얼굴이 상하여 머리 잘린 모양(斬頭
砂)이 된다. 그러므로 문필봉은 손신방(巽辛方)에 있어야 좋고 인사는
태정사축방(兌丁巳丑方)에 있어야 후에 재앙을 면한다. 모든 사(砂)는
홀로 서야 좋고 추악한 것은 흉하다. 그러나,

① 용진혈정(龍眞穴正) 명당에는 살생의 칼이라도 상서로운 칼이 된
  다는 복응천(卜應天)공의 말은 정설이다.
  용에 대하여 대소, 원근, 사수의 길흉, 향배에 대하여 모두 다 말할
  수는 없다.
② 복응천공이 이르기를 "안에 있는 모든 모양이 밖에도 있다. 또한
  문 안에 군자가 있으면 문 밖의 군자에까지 이른다" 하였다.
③ 양균송(楊筠松)공이 이르기를 "모양이 미녀와 같더라도 귀천은
  지아비를 좇으며, 물이 정예병 같더라도 진퇴는 장수에 달렸다"
  하였다.
④ 요금정(廖金精)공이 이르기를 "뭇사람이 대지명당을 요구하나
  그르침이 많다. 세상 사람들은 혈의 모양 좋더라도 사수(砂水)가
  흠이라 하여 가볍게 버리곤 한다" 하였다.

고혈작혈법高穴作穴法

왕장원 조지(王狀元 祖地) 화리금단형(火裡金丹形) 일명 선인대좌형(仙人大坐形)

뇌문준 천(賴文俊 遷) 간손진국 태교혈(艮巽震局 胎交穴) 명당

　세상 사람들이 목화불성혈(木火不成穴 ; 목성과 화성의 산에는 혈을 맺기 어렵다)이라 하여 버렸으나, 뇌문준이 왕씨를 위하여 이 자리를 써주었더니 장원급제자가 나왔다.

　왕씨 조지(祖地)는 정상 아래에 뚜껑이 덮인 혈로써 간미손맥(艮未巽脈) 아래 을좌신향(乙坐辛向)이요, 물은 건해(乾亥)로 흐른다. 을유년에 왕씨가 장원급제한 것은 상주가 유생(酉生)이고 혈의 좌향이 귀함이 따르는 화성좌(火星坐)에 신태간(辛兌間)이기 때문이다.

　조종산(祖宗山)이 수려하게 솟아있고, 흘러가는 산줄기가 정교하며, 입수 뒤에 홀연히 일어나 화성(火星)이 수성(水星)을 얻어 연결되었음이요, 안산과 조산도 조화롭게 어울려 대지명당이거늘 세속의 눈들이 혈 아래 평탄한 언덕에 혈을 정했다. 그러나 패절(敗絶)했다.
　평지의 금성(金星)이나 토성(土星)은 발복이 이루어지지 않으니, 기(氣)가 냉(冷)하고 혈이 깊기(침혈 ; 沈穴) 때문이다.

고혈 – 연소형燕巢形 허첨許簷의 조지祖地

사방의 산들이 벽처럼 둘러서서 기가 맺힌 곳은 위쪽에 있다.

속인의 눈들은 전부 혈 아래의 익와중(翼窩中)에 혈을 정하니 발복하지 않는다.

뇌문준공이 이르기를 "앞면이 험준하여 서 있기 어려우며, 눈 아래는 수십여 장(丈)의 높이이나 둥그런 정상 아래의 깊은 곳에 혈이 있다. 귀인이 대대로 나온다" 하였다.

＊고산이나 평지나 막론하고 요점은 결작득진(結作得眞)에 있다.

세속의 눈들은 명당(혈 앞)이나 조산과 안산의 봉만용수지미(峰巒聳秀之美)만 따지니 실수하는 것이다.

저혈작혈법低穴作穴法

저혈 장유혈 삼군후 서씨 조지(低穴 長乳穴 三郡侯 徐氏 祖地)

건곤태국 태교혈 경좌갑향 수두유혈(乾坤兌局 胎交穴 庚坐甲向 垂頭乳穴)

곤래유두건해 전신술입수 경좌(坤來乳頭乾亥 轉辛戌入首 庚坐)

대장하 삼태낙맥 혈판장유 불급불포(大帳下 三台落脈 穴坂長乳 不急不飽)

내당긴협 외양개창 저혈출(內堂緊挾 外樣開暢 低穴出), 삼군수(三郡守), 거부간출(巨富間出), 부대귀소혈(富大貴小穴)이다.

* 대범(大凡) 고혈출귀(高穴出貴) 저혈출부(低穴出富)

고 질투심이 많다. 진(秦)나라의 물은 쌀뜨물처럼 혼탁하게 괴어 있다. 그러므로 진나라 백성은 도리를 지키지 않고 거짓으로 일을 꾸미기를 예사로 한다. 진(晉)나라의 물은 쓰고 사납고 적체되어 흐르지 않는다. 그러므로 진나라 백성은 남을 속일 마음을 품고 교활하게 아첨하고 이를 좇는다. 연(燕)나라의 물은 아래에 괴어 있어 흐름이 약하고 혼잡스럽다. 그러므로 연나라 백성은 우둔하고 우직하며 질병을 가벼이 보고 죽음을 대수롭지 않게 여긴다. 송(宋)나라의 물은 가볍고 굳세며 맑다. 그러므로 송나라 백성은 대범하면서 바른 것을 좋아한다.

물맛에 따라 인심이 달라진다는 관자의 이론은 풍수적인 관념이다. 물은 청정하기 때문에 악한 것과 더러운 것을 정화시켜 주며 풍토와 물이 인격을 결정한다는 이론은 일종의 지리 병리학적 사상이라 할 것이다.

[청오경]에서는 "산이 다가들고 물이 돌아들면 귀하게 되고 재물도 풍족해질 것이며, 산은 갇히고 물은 빠져나간다면 왕은 포로가 되고 제후는 멸망할 것"이라고 했다.

[명산론]에서는 풍수를 이루는 두 가지 요소를 산과 물로 요약하여 다음과 같이 논했다.

무릇 음양 두 가지 기가 맺히면 산이 되고 녹으면 물이 된다. 산과 물이라는 것은 음양의 일컬음이다. 산과 물이 서로 균형을 이루면 음양의 조화를 이루고, 조화를 이루면 하늘과 땅 사이에 조화로운 기운이 가득 찬다. 산과 물이 서로 만나면 음양이 모이게 되고, 음양이 모이면 생기가 되는데, 이것을 사람들은 좋은 땅이라고 하는 것이다. 따라서 음양이 조화롭게 만나지 못하는 것이 나쁜 땅이 되는 것이니, 지리는 산과 물에 관한 것이 전부다.

호순신의 [지리신법]에서는 물의 중요성이 더욱 강조된다.

산은 본래 그 성질이 고요한 것이어서 음(陰 – 體)에 속하고, 물의 성질은 움직임이어서 양(陽 – 用)에 속한다. 음은 본체를 담당하고 양은 변화를 관장한다. 그러므로 길흉화복은 물에서 더 빠르게 나타난다. 대개 산은 사람의 형체와 같고 물은 사람의 혈맥과 같다. 혈맥이 몸 안에서 순조롭게 돌아 어그러짐이 없으면 그 사람은 반드시 편하고 굳셀 것이며, 일정한 궤도를 거슬러 절도를 잃으면 병에 걸려 죽을 것이다. 생하는 기운(生), 왕성한 기운(旺), 죽은 기운(死), 끊긴 기운(絶)은 각기 그 정해진 방위가 있다. 모든 물은 각기 좋은 방위에서 흘러 들어와 나쁜 방위로 나가는 것이 좋다. 흘러 들어오고 흘러나가는 물의 길흉화복은 각기 그 방위가 주관한다. 물이 흉한 방위에서 흘러와서 흉한 방위로 흘러나가면 처음에는 재앙이 있다가 나중에는 복을 받는다. 느낌이 순한 물줄기는 순종하는 인물을 나오게 하고, 느낌이 거슬리는 물줄기는 배반하는 인물을 나오게 한다.

2. 물의 종류

[인자수지]에서는 물의 위치나 규모 등에 따라 다음의 21가지를 제시하고 있다.

해조수(海潮水) 지상의 모든 물이 모이는 바닷물로 기의 맺힘이 커서 왕후나 부귀를 생산한다.

황하수(黃河水) 황하의 물은 하늘의 운과 통하는 까닭에 사계절 내내 탁하다. 그러나 만약 그 물이 한번만 맑아지면 새로운 성인이 나오는 경사가 있다.

강수(江水) 강은 길고 멀리 흐르는 것으로 모든 물이 모여드는 결과 물이다. 그 기세가 호탕하므로 반드시 굽이굽이 흐르되 감싸 안은 듯 흘러야 한다.

호수(湖水) 모든 물이 모이는 곳이니 규모가 드넓고 물이 많은데, 만고랑 물결이 하나같이 평평하여 물로서는 가장 귀한 것이다. 크고 작음을 불문하고 음택이나 양택에서 호수가 보이면 모두 좋다.

계간수(溪澗水) 계곡의 물은 반드시 굽어 흐르고, 감싸 돌아 흐르고, 명당에 모여들고, 깊으면서도 조용해야 아름다우며, 직선으로 급하게 흐르거나 소리를 내며 흐르거나 달려 나가는 듯하면 좋지 않다.

평전수(平田水) 물이 밭에 흩어져 평평하고 부드럽게 흘러 부딪치지 않고, 내쏘지 않고, 나누지 않고, 파헤치지 않는 것을 말하는데, 혈을 향하여 조아리는 것이 유정하고, 명당에 모여들어야 아름답고, 무정하거나 명당에 모이지 않으면 못쓴다.

구혁수(溝洫水) 밭도랑이나 연못의 물을 말하는데, 혈을 맺을 곳에서는 굴곡이 있어야 하고, 직선으로 급하게 나아가거나 치고, 때리고, 쏘고, 뚫고 나가거나 무정한 것은 좋지 않다.

지당수(池塘水) 연못 둑 아래의 물을 말하는데, 만약 물의 근원이 있어 계속 솟아나는 것은 복이 쌓이는 것으로 혈 앞에 있으면 아주 좋다. 이것을 잘못 알고 메우면 곧 화가 닥친다. 그곳을 함부로 더 파는 것도 조심해야 하는데, 용맥을 다치거나 기를 새어나가게 하면 그 자리에서 재앙을 당한다.

천지수(天池水) 산 정상에 있는 연못의 물인데, 산의 정상에 연못이 있으면 귀함이 아주 오래 간다. 또 천지에는 늘 물이 있어야 아름답고 말라 없어지면 재앙이 온다.

주맥수(注脈水) 용맥 위에 호수가 있는 것을 말하는데, 산줄기의 형세가 매우 강하여 용이 끝나는 곳에 마땅히 있어야 힐 혈이 없는 대신, 용의 중간 부분에 호수가 있으면 거기에 생기가 뭉쳐 혈이 된다. 호수가 생긴 뒤에 다시 뻗은 용이 일어나면 그것은 안산이나 관요가 되어 더욱 귀하다.

원두수(源頭水) 용이 발원하는 자리에 있는 물로, 이곳은 물줄기가 짧게 와서 길게 가니 진룡이 머무르지 않으므로 혈이 맺히지 않는다.

저여수(沮洳水) 기울어진 산이나 땅이 항상 젖어 있어 밖으로는 보이지 않으나 밟으면 신발이 젖고, 구덩이를 파놓으면 물이 차오르고, 장마철에는 샘이 흐르고 가뭄에는 마르는 것을 말하는데, 이러한 곳은 흉하다.

천예수(泉穢水) 소 돼지의 오줌과 같이 누렇고 탁하며 냄새나는 물을 말하는데, 음택이나 양택이나 모두 꺼린다. 여인에게는 대하증, 남자에게는 치질, 염병, 죽음, 눈멀음, 음란함 등의 재앙이 있다.

이장수(泥漿水) 비가 오면 물이 차고 개이면 물이 마르는 곳이다. 젖었을 때 밟으면 정강이까지 빠지기도 하는데, 당연히 흉한 땅이다.

송룡수(送龍水) 용이 시작되는 곳에서부터 두 물줄기가 좌우로 따라 붙어 흐르다가 용이 끝나는 곳에 이르러 합하는 것을 말하는데, 이러한 곳은 좋지 않다. 한쪽의 물길만 명당에 이를 경우에는 해롭지 않을 수도 있다.

건류수(乾流水) 비가 내리면 물이 많고 개이면 없는 곳인데, 곧바로 흐르거나 기울어진 것은 꺼리고 평탄하고 완만하며 유연한 것은 좋은 것으로 본다.

합금수(合襟水) 혈 뒤에서 나누어진 물이 혈 앞에서 마치 앞가슴의 옷깃이 교합하는 듯 만나는 것을 말하는데, 대개 내맥에는 분수가 있으므로 물길이 그곳까지 이르는 것이고, 맥이 그치는 것은 합수가 있어 경계를 짓는 것이다.

극훈수(極暈水) 태극훈(太極暈)을 말하는데, 언뜻 보면 형체가 있고, 자세히 보면 없어지며, 멀리 보면 있는 것 같고, 가까이 보면 없으며, 옆으로 돌면 도드라져 나오고, 바로 보면 모호한 것을 말한다. 그러므로 극훈수는 실제로 물이 있는 것이 아니라 약간 낮은 곳을 물로 표현한 것이다.

원진수(元辰水) 청룡 백호 안쪽의 혈 앞 합금한 곳에서 명당을 통해 밖으로 나아가는 물을 말한다. 명당이 기울어 도망가면 좋지 않으며, 좌우 사들이 감싸주어 굽이굽이 흘러나가는 것이 좋다.

천심수(天心水) 혈 앞의 명당 한가운데 물이 있어 모여들면 대단히 귀하여 큰 인물과 부자가 나온다. 그러나 천심수가 명당을 뚫고 나가면 재물이 흩어지고 사람도 드물어져 결국에는 자손이 없어진다.

진응수(眞應水) 혈 앞에 솟는 샘을 말하며, 좋은 산줄기는 기가 왕성하여 이미 혈을 맺은 다음에도 샘이 되는 경우가 있는데, 크고 작은 것을 가리지 않고 맑고 달고 아름다워야 한다. 봄 여름에도 넘치지 않고, 가을겨울에도 마르지 않고, 웅덩이에 모여 흘러가지 아니하며, 고요하여 물소리가 없어야 한다. 이것을 영천(靈泉)이라 하고, 이런 곳은 크게 귀한 땅으로 높은 벼슬아치가 나온다.

녹저수(祿儲水) 물이 모여드는 것이 마치 재물이 쌓이는 것과 같다는 뜻으로 혈의 전후좌우에 있을 수 있으며, 연못 호수 저수지 움 등으로 나타난다. 여러 물이 모여들어 마르지 아니하면 아주 귀하고 발복이 그치지 않는다.

[박산편]에서는 물의 색깔이나 맛 또는 온도에 따라 길흉화복을 논하기도 하는데, "가장 귀한 물은 푸른색으로 달고 향기로운 것이며, 중간 정도 좋은 물은 희고 맑고 온화한 것이라 하였다. 하급의 물은 담담하고 맵고 열이 나며 답답하고, 가장 나쁜 물은 시고 떫고 밥이 쉰 냄새가 나는 것으로 사람을 다치거나 죽게 한다" 하였다.

3. 물의 형세

물은 용이나 혈의 위치 및 토질에 종속된다. 물의 흐름은 용이나 혈의 위치에 따라 달라지며, 물맛 역시 물 그 자체가 가지고 있는 것이 아니라 토양 및 자연환경에 따라 달라진다. 그러므로 결국 땅의 문제로 귀착되기 때문에 용(龍)이나 혈(穴)이 물보다 중시될 수밖에 없는 것이다. 따라서 용진혈정(龍眞穴正)하면 명당이라는 말이 성립하는 것이다.

또한 득수법에서 혈의 전후좌우와 내명당에서 흘러내리는 물의 발원을 득(得)이라 하고, 명당 바깥으로 빠져나가는 곳을 파(破) 또는 수구(水口)라 하는데, [인자수지]에서는 물의 들어옴과 머무름과 나감의 형세에 대하여 다음과 같이 논하였다.

① 명당으로 들어오는 물은 굴곡과 지현자(之玄字) 모양으로 유유히 들어와야 한다.

② 여러 골짜기에서 들어온 물은 모두 혈 앞 명당에 모여 머무르는 듯하다가 수구로 빠져나가야 한다.

③ 물은 산줄기와 혈을 감싸 안아주듯 흘러야 한다.

④ 빠져나가는 물은 급하게 곧장 흘러나가서는 안 된다.

⑤ 맑고 깨끗한 물이 넘쳐흐르듯 흘러야 한다.

⑥ 연못이나 저수지 물은 맑고 깊고 깨끗해야 한다.

⑦ 혈을 찌르듯 들어와서는 안 된다.

⑧ 사방으로 흩어져 흘러서는 안 된다.

⑨ 소리를 내며 흘러서는 안 된다.

⑩ 혈을 감싸주지 못하고 등을 돌리고 흘러서는 안 된다.

⑪ 명당이 기울어 쏟아지듯 급하게 흘러서는 안 된다.

수법론水法論을 어떻게 받아들일 것인가

여러 가지 산서 가운데 수법론(水法論)이 가장 많다.

① 생왕방래(生旺方來)하고 사절방거지 운운자(死絶方去之 云云者)가 있고 그 생사방(生死方) 보는 법도 각기 다르다. 혹자는 종래(從來) 용(龍)에서 기포(起胞)하고, 혹자는 종좌산(從坐山)에서 기포(起胞)하고, 혹자는 종향상(從向上)에서 기포(起胞)한다. 그러니 누구의 말이 옳다 할 것인가? 차길피흉(此吉彼凶)이요, 피길차흉(彼吉此凶)이라.

② 탐거무(貪巨武)의 성관국(星管局) 논자도 있고

③ 을병(乙丙)교의취술, 신임(辛壬)회이취진, 두우(斗牛)납경정지기, 금양(金羊)회이, 계갑(癸甲)지령, 진술축미사고수법자(辰戌丑未四庫水法者)도 있고

④ 종묘수법자(宗廟水法者)도 있고

⑤ 홍범수법자(洪範水法者)도 있고

⑥ 현공수법자(玄空水法者)도 있고

⑦ 도화수법자(桃花水法者)도 있고

⑧ 겁살수법자(劫殺水法者)도 있고

⑨ 황천수팔요수법자(黃泉水八曜水法者)도 있고

⑩ 삼길육수수법자(三吉六秀水法者)도 있다.

대략 그 법이 다단(多端)하여 다 진술할 수 없다. 따라서 의론(議論)이 분분하고 상호모순이라, 후학들이 준용할 법을 알 수가 없다. 명사 유공연(劉公淵)은 일체치지(一切置之)하고 물론(勿論)함이 가하다 하였다. 풍수지리의 사용(四用)은 용혈(龍穴)이 위주(爲主)요, 사수(砂水)는 위보(爲輔)다. 용진(龍眞)하고 혈정(穴正)하면 사수(砂水)

는 자연히 묵합(默合)한 것이다. 복즉위(卜則魏)란 명사의 말이다. 양구빈(楊救貧) 선생은 수사정병(水似精兵)이나 진퇴(進退)는 유어장(由於將)이라 했다. 실로 옳은 말이다. 복씨(卜氏)의 설심부(雪心賦)에 다만 물이 오고 가는 그 형세성정(形勢性情)만 논하고 무슨 방위에서 물이 와 무슨 방위로 물이 흘러가면 길하다, 흉하다, 하는 방위론(方位論)은 일자언급(一字言及)도 없다. 국내 유명한 발복 명당을 수십 곳을 살펴보았으나 정세 합(合)하고 방위불합자(方位不合者)가 심다(甚多)하고 방위가 합(合)하고 정세불합자(情勢不合者)는 절소(絶小)하였다. 범수(凡水)는 내요지현(來要之玄)하고, 거요굴곡(去要屈曲)하면 길한 것이다. 수(水)의 이해(利害)가 소소명명(昭昭明明)하니 어찌 방위에 구애될 것인가. 수법방위론(水法方位論)은 치인몽중설몽(痴人夢中說夢)이다. 인인효자(仁人孝子)는 현혹되지 말라. 용진혈정(龍眞穴正)하면 명당(名堂)이다. 명당(名堂)에 부모(父母) 안장하면 발복한다. 다음 명당들은 백자천손(百子千孫)에 부귀겸전하는 명당이요, 국권을 장악케 한 시조산(始祖山)도 있고 중시조산도 있다. 모두 태교법(胎交法)으로 결작(結作)된 대지(大地)다.

우암공 지견내당 수불견중대당

(右暗拱 只見內堂 雖不見中大堂)

진룡 상길(眞龍 上吉)

삼당구결 혈전명조(三堂俱結

穴前明朝)

부귀지지(富貴之地)

① 혈전지헌내당(穴前只獻內堂)

② 중당결(中堂結)

　거부지지(巨富之地)

③ 우대당결후(右大堂結後)

① 혈견중당내당이(穴見中堂內
堂而)

② 역내부귀지지(亦乃富貴之地)

③ 대당취좌(大堂聚左)

회결후 합금도(回結後 合襟圖)

전합금도(前合襟圖)

횡결 우합금도(橫結 右合襟圖)

좌합금도 횡결(左合襟圖 橫結)

물의 모양과 흐름을 논하되, 어느 방위로 흘러가느냐는 논하지 않는다.

어느 지역에 산과 물이 함께 흘러가버리는 간좌정파(艮坐丁破) 묘를 쓰고 산택통기(山澤通氣) 명당이라고 자랑하였다. (그림 ④ 참조)

10년여에 상이불구자가 되고 갑부가 파산하였다. 패망할 사람은 패망할 곳에 묘를 쓴다.

어느 지역의 황모, 김모, 한모(黃某, 金某, 韓某)는 부자였으나 묘 잘못 쓰고 망한 집으로 널리 알려져 있다.

하수사下收砂로 본 내수來水나 길수吉水 보는 법

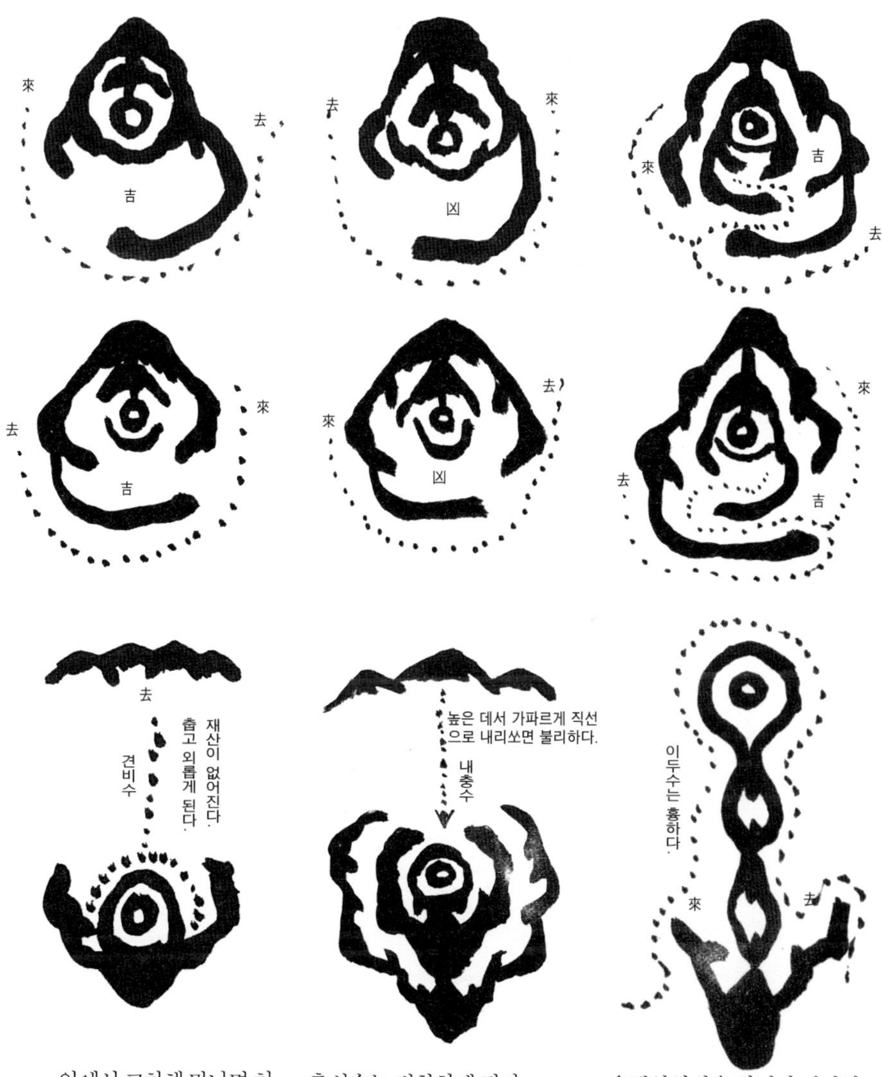

앞에서 교차해 만나면 처음은 불리하나 후에는 부귀를 누린다.

충심수는 빈한하게 된다. 오는 물이 완만하고 굴곡이 있으면 좋다.

유행성열병을 앓거나 빈한하고 고약스럽다. 용호사(龍虎砂)가 있으면 좋다.

속히 발복하는 땅速發地과 늦게 발복하는 땅遲發地

면상형 임좌(眠象形 壬坐)

결왈(訣曰) 장자이가팔년(長子離家八年)에 회래(回來)하여 편매일천석전(便買 一千石田)이라.

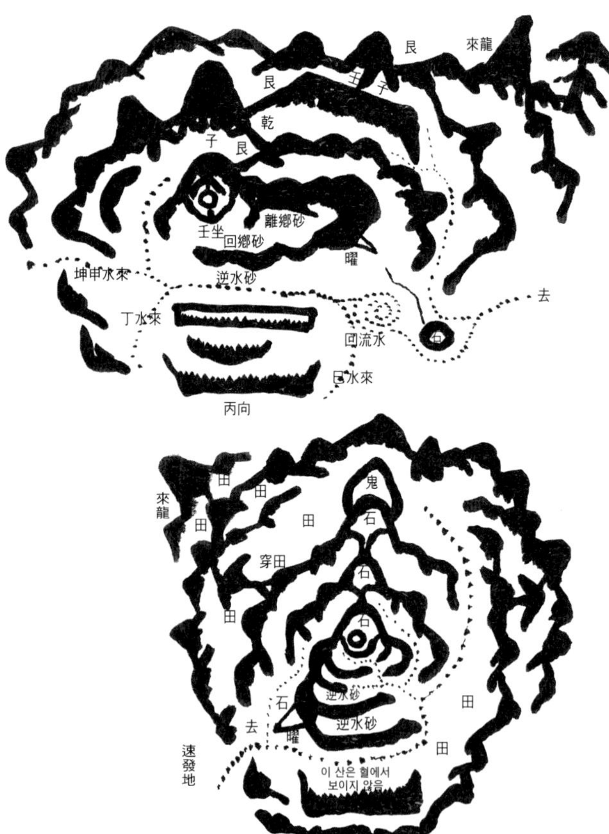

*속발지지(速發之地)는 필구 역득수 조국(必求 逆得水 潮局)하고 지발지지(遲發之地)는 국세관대(局勢寬大)하고 내취외산지지(內聚外散之地)니라.

혈전(穴前)의 백호일사(白虎一砂)가 횡란(橫欄)하고 진장(盡障)하였고 외양수봉(外洋秀峰)이 혈처(穴處)에서 불견(不見)함은 명당(明堂)이 없고 조산(朝山)도 없으나 혈결처(穴結處)가 장풍(藏風)하여 방안같이 극히 온난(溫暖)하기 때문에 금시발복(今時發福)에 부귀(富貴)하였다.

늦게 발복하는 땅 - 영강 서시랑의 조지 永康 徐侍郞 祖地

곤신룡 병오전신 병입수 사좌 태교혈(坤申龍 丙午轉身 丙入首 巳坐 胎交穴)

결왈(訣曰) 일대 영사(一代 伶裟) 이대 평(二代 平) 삼대 파유독서인(三代 頗有讀書人) 사대 관근제(四代 官近帝) 오륙대 방제명(五六代 榜題名)

돌(突)과 불관(不串)하고 용세불대(龍勢不對)하고 명당(明堂)과 용호(龍虎)와 불균(不均)하여 속안(俗眼)은 난심지지(難尋之地)다.

혈형(穴形)이 극히 기괴(奇怪)하다. 결돌(結突)인데 유돌부장(有突不葬)하고, 속안(俗眼)이 보면 사기지처(死氣之處) 같다. 면전명당(面前明堂)이 경사십여리(傾斜十餘里)라. 그러나 전원암공수(田源暗拱水)가 요과명당(繞過明堂)하고 전현무(纏玄武)하여 대하수(大河水)와 교회(交會), 진룡(眞龍)의 기종길지(氣終吉地)다.

먼저 어떤 집에서 썼다가 퇴패(退敗)하여 천거(遷去)한 묵은 묘자리였다.

명사 유영태(明師 劉永太)가 서씨(徐氏)를 위하여 구장지(舊葬地)에 쓰라고 지도하니, 서씨가 이미 불길하여 파간 자리에 쓰라 하니 어떻게 된 일입니까, 하고 물었다. 유명사(劉明師)가 답하기를, 혈(穴)을 팔 때 심천(深淺)이 부동(不同)이요, 승기(乘氣 ; 生氣處)가 다르고 또 이 자리는 본주(本主)가 선흉후길(先凶後吉)한 곳이다, 하였다.

선장자(先葬者)가 이미 퇴패일대(退敗一代)하였으니 그대가 쓰면 흉기(凶氣)는 이미 갔으니 장래는 길기(吉氣)만 그대가 받을 것이다. 그 말대로 쓰고 나서 과연 출시랑(出侍郎)하고 또 과갑자(科甲者)가 수인(數人)이요, 태수(太守 ; 군수)가 나고, 여러 현량(賢良)한 귀인(貴人)이 많이 나왔다.

태교혈 진응수眞應水 ── 광서 여상공 조지廣西 呂相公 祖地

대마마 소마격 노편입수 부귀전천하(大馬馬 小馬 格 蘆鞭入首 富貴傳天下)

혈전 진응수 사시불건 불일(穴前 眞應水 四時不 乾不溢)

하관일산 여우각만포 (下關一山 如牛角彎抱)

호수융주 전조 용루보전 (湖水融注 前朝 龍樓寶殿)

연대등과 관지 삼공 부 귀융성 대지(連代登科 官 至 三公 富貴隆盛 大地)

진응수(眞應水)와 노 편입수(蘆鞭入首)의 조화(造化)

대지왕기지혈(大地旺氣之穴)은 혈하(穴下)에 진응수(眞應水)가 난다.

속사(俗師)는 수맥(水脈)이라 하여 버릴 것이니 가탄(可歎)할 일이다.

용진혈정龍眞穴正한 땅의 수구와 정법正法

陰陽合局 龍向水法 只破(水)論

甲寅乙陽木龍	左旋 — 壬子, 巽巳, 丙午, 丁未, 坤申破 크게 좋음.
	右旋 — 巽巳, 壬子, 乾亥, 辛戌, 庚兌破 크게 좋음.
巽卯陰木龍	左旋 — 壬子, 巽巳, 丙午, 丁未, 坤破 좋음.
	右旋 — 壬子, 巽巳, 乾亥, 辛戌, 庚兌破 좋음.
午陽火龍	左旋 — 甲卯, 未坤, 庚兌, 辛戌, 乾亥破 좋음.
	右旋 — 壬子, 坤申, 乙辰, 甲卯, 艮寅, 癸丑破 좋음.
巳丙丁陰火龍	左旋 — 甲卯, 庚兌, 丙丁, 巽巳破 좋음.
	右旋 — 乙辰, 甲卯, 巽丑, 壬子, 坤申破 좋음.
申乾陽金龍	左旋 — 丙午, 辛戌, 乾亥, 壬子, 癸丑, 艮寅破 좋음.
	右旋 — 亥乾, 丁未, 丙午, 巽巳, 乙辰, 甲卯破 좋음.
庚酉辛陰金龍	左旋 — 丙午, 戌乾亥, 壬子, 癸丑, 艮寅破 좋음.
	右旋 — 乾亥, 未丙午, 巽巳, 乙辰, 甲卯破 좋음.
壬子癸辰戌坤陽水土龍	左旋 — 庚兌, 丑艮, 甲卯, 乙辰, 巽巳破 좋음.
	右旋 — 艮寅, 辛戌, 庚兌, 坤申, 丁未, 丙午破 좋음.
亥艮丑未陰水土龍	左旋 — 庚兌, 癸丑, 艮寅, 甲卯, 乙辰, 巽巳破 좋음.
	右旋 — 艮寅, 戌庚兌, 坤申, 丁未, 丙午破 좋음.

五行則莫如正五行 千古不易之正法 休囚死絶方去流則 有吉無不利也

오행론은 많으나 정오행(正五行)만이 바른 이론이며, 예부터 정법은 쉽지 않다. 쉬거나 갇히거나 죽거나 끊기는 방향으로 흘러가는 것은, 좋기만 할 뿐 불리하지 않다.

＊나경상해(羅經詳解)의 수법(水法)이 가장 많아 미혹(迷惑)된 대강을 해석한다.

당일행(唐一行)이 연수(衍數)에 정(精)했다. 마침내 당나라 구계지책(久計之策)을 위하여 황제(皇帝)의 명령으로, 고의로 위조한 멸만경(滅蠻經)을 펴냈다. 그로 인하여 전도전래(顚倒顚來)되어 진가(眞假)를 혼용(混用)하게 하였다.

해수간토(亥水艮土)를 목(木)이라 하고 곤토진목(坤土震木)을 금(金)이라 하고, 신금사화(辛金巳火)를 수(水)라 하고, 을목태금(乙木兌金)을 화(火)라 하고, 오행(五行)을 착란(錯亂)하게 하였다. 그 후에 호기배(好嗜輩)가 개두환미(改頭換尾)하여 백가쟁명(百家爭鳴)하였다. 그리하여 이와전화(以訛傳訛)하여 금일에 이르렀다. 그 중에도 가장 해독(害毒)이 맹수보다 더한 것은 팔요황천수법(八曜黃泉水法)과 향상론수법(向上論水法), 정음정양수법(淨陰淨陽水法), 현공수법(玄空水法), 종묘수법(宗廟水法) 등이다.

＊예를 들자면 태룡사수래(兌龍巳水來)하면 팔요수(八曜水)인지라 대기(大忌)하고 외지(畏之)한다. 그러나 의왕시 고천동(儀旺市 古川洞)에 있는 청풍김씨산 금계포란형(淸風金氏山 金鷄抱卵形)은 유좌손사득계축파(酉坐巽巳得癸丑破)다. 그러나 용진혈정 명당(龍眞穴正名堂)이라 장후(葬後)에 출 연삼대 조자손 영상(出連三代 祖子孫 領相)이요, 대제학 삼인(大提學 三人), 왕비 이인(王妃 二人)이다.

＊예2는 갑계향간수 경정향곤수 을병향손수 신임향건수(甲癸向艮水 庚丁向坤水 乙丙向巽水 辛壬向乾水)는 황천수대기(黃泉水大忌)라 하였다. 그러나 나주 반남면 봉현 박씨산 봉형(羅州 潘南面 蜂峴 朴氏山 蜂形)은 갑좌곤신득임자파(甲坐坤申得壬子破)이나 영상(領相)이 7명이나 나왔다.

＊예3은 여주 세종대왕릉 자좌신득진파(驪州 世宗大王陵 子坐申得

辰破)라. 팔요수(八曜水)가 범한 자리이나 이조 제일대지왕릉(李朝第一大地王陵)이다.

인인효자(仁人孝子)와 유식군자(有識君子)들은 현혹되지 말고 용진혈정(龍眞穴正)하면 방심용지(放心用地)해도 좋다.

대지대발(大地大發)하고 소지소발(小地小發)한다. 해괴망측(駭怪罔測)한 위조설(僞造說)을 벽류숭정(闢謬崇正)한다.

황천수(黃泉水)가 침입하면 수만광중(水滿壙中)하여 대흉(大凶)하다.

오좌해방(午坐亥方)이 허하면 황천수가 침입함.

자좌진방(子坐辰方)이 허하면 황천수가 침입함.

묘좌신방(卯坐申方)이 공허하면 황천수가 침입함.

유좌사방(酉坐巳方)이 허약하면 황천수가 침입함.

| 艮寅 | 乾午 |
| 坤卯 | 巽酉 |

묘지(墓地)에 팔요풍(八曜風)이 들어오면 소골(消骨)되고 봉분이
퇴락하여 흉(凶)하다.

오좌병좌정좌(午坐丙坐丁坐)에 손풍(巽風)과 곤풍(坤風)이 팔요풍이다.

임자계좌(壬子癸坐)에 건, 간풍(乾, 艮風)이 팔요풍이다.

갑묘을좌(甲卯乙坐)에 간손풍(艮巽風)이 팔요풍이다.

경유신좌(庚酉辛坐)에 건곤풍(乾坤風)이 팔요풍이다.

艮癸甲　　　乾辛壬
坤丁庚　　　巽乙丙

수법水法 ; 得破 길흉설吉凶說에 대한 결론

어떤 산서(山書)에는 대길(大吉)하다는 득수(得水)와 파구(破口 ; 水口)를 다른 산서(山書)에는 대흉(大凶)이라고 하니 후학들이 갑론을박으로 정확한 시비를 분별할 수가 없다. 양, 증 양사(楊, 曾 兩師) 이전에는 없는 유설수법(謬說水法)이 개두환미(改頭換尾)로 나와 기리배(嗜利輩)인 업술자(業術者)들이 혹세무민하였다. 길(吉)과 흉(凶)은 도시 오행지기(五行之氣)에 근거를 두고 있다. 오행(五行)이 유기운(有氣運)이면 유길(有吉)하고 흉(凶)이 없다. 오행론(五行論)도 많으나 정오행(正五行)이 만세(萬世)의 불역지정리(不易之正理)다. 정오행(正五行)으로 생왕방(生旺方)에서 내당(來堂)하여 휴수방(休囚方)으로 흘러가면 대길한 것이다. 속사(俗士)들이 근본 정론(正論)은 버리고 전중(專重)하기를 홍범종묘수법(洪範宗廟水法)하여 해인(害人)이 불천(不淺)이라. 강호제현(江湖諸賢) 대오 각성하라.

정오행(正五行)으로 북(北)은 수(水)요 임자계(壬子癸)는 역시 수(水)다. 수(水)의 생방(生方)은 신방(申方)이요, 왕방(旺方)은 자방(子方)이다. 수(水)의 휴수방(休囚方)은 묘진방(卯辰方)이다. 가령 임좌산(壬坐山)에 곤신득(坤申得)이면 생득(生得)이요, 을진파(乙辰破)라면 고장파(庫藏破)다. 이러하면 합법적 수법(合法的 水法)이다. 여개방차(餘皆倣此)라. 향상론수법(向上論水法)이다. 현공수법(玄空水法), 팔요수법(八曜水法), 정음정양수법(淨陰淨陽水法), 황천수법(黃泉水法) 등은 해독살인(害毒殺人)이 맹수보다 더한 것이니 불가집니(不可執泥)하소.

한국韓國 발복대지명당發福大地名堂의 득파得破

시조산(始祖山) 혹은 중시조산(中始祖山)과 세도가의 선산(坐, 水口, 破)

부산　鄭氏 조산 乾戌龍 乾入首 戌坐 坤申得 乙辰破

여주　洪命夏재상의 조산 乾戌龍 戌坐 坤得 甲破

　　　조자손 3대 영의정의 묘가 있다.

동래　화지산 鄭文道호장의 묘 반도남단 최고발복 야자형(也字形)

　　　戌乾龍 癸一節入首 子坐 坤得丙破

구례　崔대제학 조산 乾亥龍 壬坐 坤申得 辰破

청송　沈相臣 조산 甲卯龍 甲坐 亥得 丁破

포천　李白沙영의정 조지 卯龍 巽坐 亥得 丁破

진연　閔재상 조산 壬坎龍 子坐 甲卯得 丁破

파주　李감사 조산 壬坎龍 子坐 甲卯得 辛破

고양　朴판서 조산 壬坎龍 子坐 甲卯得 丁未破

충주　李재상 조산 壬坎龍 子坐 甲卯得 午破

나주　회진 朴영의정 조산 壬坎龍 辛戌入首 戌坐 申得 寅破

안동　權양촌 近 조산 艮龍 丑坐 巽辛得 寅破

파주　成牛溪 渾 조산 艮龍 巳入首 巽坐 丙艮得 亥破

경기광주　崔鳴吉영의정 조산 艮丑龍 艮坐 巳丙得 庚酉破

양주　尹相 조산 庚兌龍 坤坐 壬艮得 辰破

선산　朴堂 조산 庚兌龍 酉坐 巽得 艮破

양주　李月沙영의정 조산 庚兌龍 酉坐 坎得 辰破

양성　吳斗寅 조산 庚兌龍 坤坐 壬坎得 辰破

연성　姜弘立 조산 庚兌龍 申入首 坤坐 壬得 辰破

통진 沈재상 조산 寅甲龍 卯坐 寅得 庚破

충주 李浣대장 조산 丙午龍 丁入首 午坐 寅甲得 壬破

전의 李태사의 묘 丙午龍 午入首 丁坐 卯得 亥破

과천 張維 明仁 산 坤申龍 申坐 乙辰得 壬破

연산 金씨 선산 許씨의 묘 坤申龍 坤坐 壬癸得 乙破

여주 金영의정 조산 乙辰龍 卯入首 甲坐 巽巳得 戌乾破

양주 묘적산 趙재상 조산 乙辰龍 辰入首 辰坐 丑得 酉破

경기광주 南재상 藥泉 조산 癸丑龍 艮入首 艮坐 巽得 酉破

한산 李土亭 조산 庚兌龍 壬入首 壬坐 坤申得 庚破

진주 洪씨 조산 고려말 명사 천 亥龍 酉入首 辛坐 乾亥得 卯破

함열 沈재상 조산 巽巳龍 辰入首 辰坐 甲午得 子破

나주 봉현 朴씨 조산 평지 丙午龍 乙回甲入首 甲坐 坤申得 壬破

순창 마흘리 金沙溪 조산 壬坎龍 乾到頭亥入首 乾坐 丙兌得 乙破

공주 금강변 李晩庵 조산 丑艮龍 艮入首 艮坐 丙得 酉破

광주 고제봉 조산 寅艮龍 亥入首 亥坐 丑得 未破

합천 화양동 朴冶川 묘 辛戌龍 乾亥入首 亥坐 庚兌得 辰破

고령 만대산 申씨 조산 辛龍 兌三節辛入首 辛坐 丙得 辰破

함양 盧玉溪 조산 辛兌龍 乾頭酉入首 辛坐 丙得 辰破

창평 鄭松江 조산 辛戌龍 亥入首 乾坐 辛兌得 甲破

장성 金河西 조산 乾兌龍 坤入首 申坐 乾得 乙破

이상의 유명한 묘들은 조선조 519년 동안 국권을 장악했던 명신들을 배출한 대지(大地)다. 그 외에도 충북 음성군 방축리 권근(權近)의 묘 청학포란형이나, 영천 이집(李集)의 친산 야자형, 예천군 지보리 정(鄭)씨의 묘 옥녀단좌형, 덕소 석실 안동김씨(安東金氏) 옥호저수형, 구리시 민(閔)씨의 묘 보검출갑형, 의왕시 고천동 김(金)씨의 묘 금계

포란형, 청주 한란(韓蘭)의 묘 약마탈안형, 노성 윤(尹)씨의 묘 공오비
천형, 대전 송우암(宋尤庵) 조산 목화통명격 묘, 남원 황촌 희(喜) 조산
홍곡단풍형 등등은 유명한 대지(大地)이나 정세성정(情勢性情)이 합
길지지(合吉之地)요, 수지방위(水地方位)는 멸만경(滅蠻經)의 수법
(水法)과 불합(不合)이었다.

10조통맥법

10조통맥법 十條通脈法

이 법을 모르는 자는 명당을 쓸 수 없다.

* 천덕통맥(天德通脈)
천덕용(天德龍)은 활인하는 자손이 나온 뒤에 발복한다. 가령 坤入首卯坐로 쓰면 3대에서 활인하는 자손이 나온 뒤에 발복하니, 모두 이를 본받아야 한다.

亥壬子 아래의 乙辰巽, 巳丙午 아래의 辛戌乾, 寅甲卯 아래의 丁未坤, 申庚酉 아래의 癸丑艮

가령 亥脈 아래의 乙坐, 壬脈 아래의 辰坐, 子脈 아래의 巽坐는 활인하는 자손이 나온 뒤에 발복한다.

* 월덕통맥(月德通脈)
申子辰脈 아래의 壬坐, 亥卯未脈 아래의 甲坐, 寅午戌脈 아래의 丙坐,

巳酉丑脈 아래의 庚坐

* 천덕상배통맥(天德相配通脈)
辛亥戌壬 癸寅丑甲 乙巳辰丙 丁申未庚 子乾卯艮 午巽酉坤
가령 戌脈 아래의 壬坐, 辛脈 아래의 亥坐는 이를 본받아야 한다.

* 천록통맥(天祿通脈)
子癸, 丑艮, 寅甲, 卯乙, 辰巽, 巳丙, 午丁, 未坤, 申庚 酉辛, 戌乾, 亥壬
가령 子脈 아래의 癸坐는 이를 본받아야 한다.

* 사로통맥(四路通脈)
坤申辛戌壬子 乾亥癸丑甲卯 艮寅乙辰丙午 巽巳丁未庚兌
가령 坤申龍 辛戌轉身 壬子坐坂은 이를 본받아야 한다.

* 삼합통맥(三合通脈)
乾乾甲丁, 亥卯未, 艮丙辛, 寅午戌, 巽庚癸, 巳酉丑, 坤乙壬, 甲子辰
가령 乾龍 甲剝煥 丁坐, 甲坐 乾得 丁破는 이를 본받아야 한다.

* 격팔통맥(隔八通脈)
癸坤, 丑申, 艮庚, 寅酉, 甲辛, 卯戌, 乙乾, 辰亥, 巽壬, 巳子, 丙癸, 午丑,
丁艮, 未寅, 壬戌甲,
申卯, 庚乙, 酉辰, 辛巽, 戌巳, 乾丙, 亥午, 壬丁, 子未
가령 癸脈 아래의 坤坐, 혹은 癸坐의 坤破.

* 태음태양통맥(太陰太陽 通脈)
丑脈 아래의 癸坐, 艮 아래의 子, 寅 아래의 壬, 甲 아래의 亥, 卯 아래

의 乾, 乙 아래의 戌, 辰 아래의 辛, 巽 아래의 酉, 巳 아래의 庚, 丙 아래의 申, 午 아래의 坤, 丁 아래의 未, 癸脈 아래의 丑坐, 子 아래의 艮, 壬 아래의 寅, 亥 아래의 甲, 乾 아래의 卯, 戌 아래의 乙, 辛 아래의 辰, 酉 아래의 巽, 庚 아래의 巳, 申 아래의 丙, 坤 아래의 午, 未 아래의 丁.

* 양호통맥(陽呼通脈)

丑脈 아래의 丁坐, 艮 아래의 午, 寅 아래의 丙, 甲 아래의 巳, 卯 아래의 巽, 乙 아래의 辰, 辰 아래의 乙, 巽 아래의 卯, 巳 아래의 甲, 午 아래의 艮, 丙 아래의 寅, 丁 아래의 丑.

* 음호통맥(陰呼通脈)

未脈 아래의 癸坐, 坤 아래의 子, 申 아래의 壬, 庚 아래의 亥, 酉 아래의 乾, 辛 아래의 戌, 戌 아래의 辛, 乾 아래의 酉, 亥 아래의 庚, 壬 아래의 申, 子 아래의 坤, 癸 아래의 未.

* 호부혈법(呼富穴法)

가령 壬坎帳 乾戌起頭 辛戌轉身 辛兌作腦 未入首坤坐 用丙申分金而局 爲水局이면 당대에 큰 부자가 나온다. 모두 이를 본받아야 한다.

참고로 坤乙壬, 申子辰은 水局이다. 옥과 갈록음수형, 존제산 비룡상천형, 무등산 아래 장군대좌형은 대지(大地)인데 坤乙壬 水局이다.

명당의 정향법定向法과 분금법分金法

덕을 쌓은 후에 명당자리를 잡았다면 어떻게 써야 제대로 발복할 것인가. 이것이 문제다.

첫째, 무슨 좌(坐)로 써야 할까? 같은 남향이라도 임자계(壬子癸) 3좌가 있다.

둘째, 무슨 분금(分金)을 쓸 것인가?

셋째, 무슨 투지분금(透地分金)을 쓸 것인가?

넷째, 어느 연월일시에 용산(用山)할 것인가?

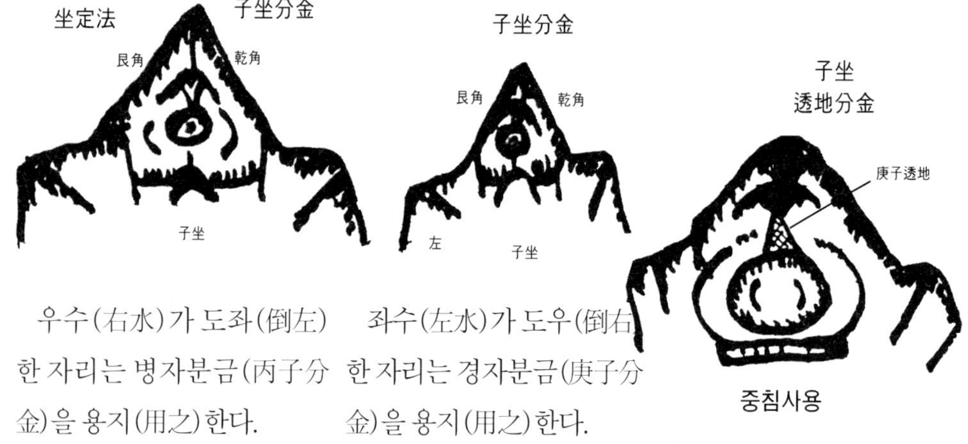

우수(右水)가 도좌(倒左)한 자리는 병자분금(丙子分金)을 용지(用之)한다.

좌수(左水)가 도우(倒右)한 자리는 경자분금(庚子分金)을 용지(用之)한다.

혹 전후좌우를 살펴 정침분금(正針分金)으로 쓰면 편사(偏斜)하고 봉침분금(縫針分金)으로 써서 균제단정(均齊端正)하면 봉침분금을 쓴다.

생왕분금법生旺分金法

우수(右水)가 도좌(倒左)한 자리는 병자분금(丙子分金)을 용지(用之)한다.
좌수(左水)가 도우(倒右)한 자리는 경자분금(庚子分金)을 용지(用之)한다.
반차용지즉 번관복시(反此用之則 飜棺覆尸)한다.

* 정침분금(혹 봉침분금을 쓸 때도 있다.)

壬坐 丁亥 辛亥分金	巽坐 丙辰 庚辰分金
子坐 丙子 庚子分金	巳坐 丁巳 辛巳分金
	丙坐 丁巳 辛巳分金
癸坐 丙子 庚子分金	午坐 丙午 庚午分金
丑坐 丁丑 辛丑分金	丁坐 丙午 庚午分金
艮坐 丁丑 辛丑分金	未坐 丁未 辛未分金
	坤坐 丁未 辛未分金
寅坐 丙寅 庚寅分金	申坐 丙申 庚申分金
甲坐 丙寅 庚寅分金	庚坐 丙申 庚申分金
卯坐 丁卯 辛卯分金	酉坐 丁酉 辛酉分金
乙坐 丁卯 辛卯分金	辛坐 丁酉 辛酉分金
辰坐 丙辰 庚辰分金	
戌坐 丙戌 庚戌分金	
坤坐 丙戌 庚戌分金	
亥坐 丁亥 辛亥分金	

* 분금납음(分金納音)이 극망명(克亡命)하면, 조명택일(造命擇日)로 제살(制煞)하면 반위길(反爲吉)이라.

양균송楊筠松의 오기론五氣論

甲子 一旬至 乙亥는 冷氣脈爲虛

丙子 一旬至 丁亥는 正氣脈爲旺

戊子 一旬至 己亥는 敗氣脈爲煞

庚子 一旬至 辛亥는 旺氣脈爲相

壬子 一旬至 癸亥는 退氣脈爲虛

병자경자자 이순(丙子庚子者 二旬)은 위주보(爲珠寶)요, 장승생기 득산천지령(葬乘生氣 得山川之靈) 개나경 36층지 수길야(蓋羅經 三十六層之 首吉也)라.

주보혈개(珠寶穴開)하면 견필유생기(見必有生氣)하고 오색나문(五色羅紋)하며 자등요관(紫藤繞棺)하고 총토초기(塚土草氣)가 무성하다.

화갱혈개(火坑穴開)하면 목근(木根)이 전시(纏尸)하고 유수(有水)요 초색(草色)이 우분(牛糞)과 같고 주음란(主淫亂)하고 소망고과(少亡孤寡)하고 전광형해 온화(癲狂刑害 瘟火)하고 인재모산(人財耗散)하고 관송(官訟)이 부절(不絶)한다.

인인효자(仁人孝子)의 행복(幸福)을 위하여 비전묘법(秘傳妙法)을 일목요연하게 공개한다.

旺相透地分金	發應法(발복하는 법)
中針分金用之	
壬坐 丙子 크게 좋으며 부귀 왕성하다	申子辰年應
子坐 庚子 부귀가 길고 사람이 흥한다	申子辰年應

癸坐 丁丑　총명한 사람 나고 부귀가 오래 간다　　　　申子辰年應

丑坐 辛丑　부귀가 융성하고 사람이 크게 흥한다　　　　申子辰, 巳酉丑年應

艮坐 戊寅　총명한 사람 나고 과거에 오른다　　　　申子辰年應

寅坐 壬寅　복록이 두루 융성하다　　　　巳酉丑年應

甲坐 己卯　사람과 재물 양쪽이 발복한다　　　　申子辰年應

卯坐 癸卯　총명함과 부귀함이 자손에게 이어진다　　　　巳酉丑年應

乙坐 庚辰　부귀가 오래 가고 후예가 번성한다　　　　亥卯未年應

辰坐 甲辰　부귀가 풍성하고 자손들에게 이어진다　　　　申子年應

巽坐 辛巳　부귀영화를 누리고 자손을 많이 얻는다　　　　巳酉丑年應

巳坐 乙巳　부귀가 가장 융성하고 사람이 흥한다　　　　寅午戌年應

丙坐 壬午　부귀를 얻고 영웅과 문장이 나온다　　　　巳酉丑年應

午坐 丙午　가업이 왕성하고 사람이 총명하다　　　　巳酉丑, 甲子辰年應

丁坐 癸未　부귀하고 장수하며 사람이 흥한다　　　　申子辰年應

未坐 丁未　부귀를 함께 누리고 후예가 번성한다　　　　申子辰年應

坤坐 甲申　사람이 총명하고 부귀가 풍성하다　　　　申子辰年應

申坐 戊申　부귀와 장수를 누리며 손자가 흥한다　　　　申子辰年應

庚坐 乙酉　사람이 부귀를 누리고 후예가 번성한다　　　　巳酉丑年應

酉坐 己酉　문무에서 정승 나오며 대대로 풍족하다　　　　申子辰年應

辛坐 丙戌　사람이 흥하여 과거에 오른다　　　　申子辰年應

戌坐 庚戌　부귀영화를 누리고 사람이 흥한다　　　　巳酉丑午應

乾坐 丁亥　부귀를 누리고 자손이 번성한다　　　　申子辰年應

亥坐 辛亥　사람 재산 양쪽 다 흥하고 귀하게 된다　　　　申子辰年應

범등산열지(凡登山閱地)하여 60룡투지(六十龍透地) 가운데 여지
록24좌(餘只錄 二十四坐)의 왕상주보혈(旺相珠寶穴)이라.

36룡(三十六龍)의 고허살요(孤虛煞曜)는 피거(避去)했다.

투지(透地)는 위지묘승생기(謂之墓乘生氣)인데 취길입혈법(趣吉入穴法)이다.

선성왈(先聖曰) "산천(山川)은 유령(有靈)이나 무주(無主)요, 시골(屍骨)은 유주(有主)나 무령(無靈)이라. 인사(人死)에 어찌 유령(有靈)하리요. 불과 산(山)의 영기(靈氣)를 차용(借用)한 것이다." 진룡결혈 구정일석지지(眞龍結穴 媾精一席之地)라, 온난고골(溫暖枯骨)하면 음우자손(蔭佑子孫)하는 것이다.

입수처(入首處 ; 巒頭裏氣結穴之地)에 나경(羅經 ; 쇠)을 치지(置之)하고 혈후팔척투기입관(穴後八尺透氣入棺)인데 화갱(火坑)은 불가용(不可用)이요. 주보용지(珠寶用之)하면 무불발복(無不發福)이라.

가령 병자정임룡 대설하국 기갑자 계술갑위부두 우구궁 역둔(丙子 正壬龍 大雪下局 起甲子 係戌甲爲符頭 右九宮 逆遁) 괘득택수곤 속금 초효 규목랑 지세(卦得澤水困 屬金 初爻 奎木狼 持世)로 대발(大發)한다.

투지분금(透地分金) 중침용지(中針用之)

일개산두(一個山頭)에 장십분(葬十墳)인데, 일분(一墳)은 부귀(富貴)하고 구분(九墳)은 빈(貧)하다. 동산 동향 동조수(同山 同向 同朝水)인데 일변(一邊)은 광화(光華)요 생부귀(生富貴)하고, 일관(一棺)은 니수(泥水)가 들어 절인정(絶人丁)한다. 혈좌화갱(穴坐火坑)이면 초니수(招泥水)하고 금우좌혈(金牛坐穴)이면 기자등(起紫藤)이라. 속사(俗師)가 차리(此理)를 부지(不知)하니 가탄(可嘆)이로다.

주보(珠寶)와 화갱(火坑)은 부귀빈천(富貴貧賤)의 힘(驗)이 여신(如神)이로다.

입석(비석)에 좋은 방위

丁酉乾亥坐	亥壬子	艮寅甲	丙午丁未方	立石	大吉
艮卯巳坐	壬子癸	巳丙午	坤申庚兌方	立石	大吉
乙丙午壬坐	壬子甲	卯乙辰	申庚兌亥方	立石	大吉
子癸丑寅辰 巽未坤申辛 庚戌 坐	寅甲卯	巽巳丙	午庚兌辛戌方	立石	大吉

*①이 법은 정법(正法)이다. 그러나 천덕방(天德方)과 같은 방위(方位)라면 더욱 좋다.

가령 임좌(壬坐)에 진방입비(辰方立碑)하면 천덕길방(天德吉方)이니 더욱 좋다.

건좌(乾坐)에 오방입비(午方立碑)하면 천덕길방(天德吉方)이니 우길(尤吉)하다.

천덕방(天德方 ; 大吉立石) 자손, 축경, 인정, 묘곤, 진임, 사신, 오건, 미갑, 신계, 유간, 술병, 해을(子巽, 丑庚, 寅丁, 卯坤, 辰壬, 巳辛, 午乾, 未甲, 申癸, 酉艮, 戌丙, 亥乙)이다.

②간좌(艮坐)는 입석(立石 ; 碑)치 않는 것이 좋다.

③물형(物形)이 행주형(行舟形)이나 연화도수형(蓮花倒水形), 복치형(伏雉形), 비조형(飛鳥形) 등에는 입석(立石)이 불가(不可)하다.

12도장법

12도장법 十二倒杖法

도장법이란 글자대로 풀이하자면 지팡이(杖)를 땅에 놓는 법인데, 지팡이를 땅에 뉘어서 자리를 옮겨가며 혈의 중심과 좌향을 정한 데서 유래한다.

12도장법의 주창자는 당나라 사람 양균송(楊筠松)으로 중국 풍수의 조사(祖師)로 알려져 있다. 그는 가난한 사람들에게 명당을 써주어 부자로 만들었기 때문에 세상 사람들이 구빈선생(救貧先生)이라 불렀다. 그래서 호가 구빈(救貧)이다.

12도장법은 다음과 같다.

순장법(順杖法) 내룡이 달리다가 박환하여 허물을 벗어 순하고, 입수한 곳이 강하지도 약하지도 않고, 요감이 필요치 않으며, 미미한 가운데 하나의 맥이 일어나 혈로 들어오고, 부딪치거나 날카로운 형태가 없고, 조산과 안산이 단정하고, 청룡과 백호가 화평하며 명당수가 모여들게 되면 이 법을 쓴다.

역장법(逆杖法) 산세가 웅장하고 급하여 내맥이 거꾸로 흘러오는 곳에 거꾸로 혈을 잡을 때 이 법을 쓴다. 발복의 속도가 매우 빠르고 역량이 크다고 한다.

절장법(截杖法) 혈 앞의 순전이 지나치게 크거나 길 경우에 불필요한 기운을 잘라버리는 것으로, 혈 앞의 새 부리 같은 곳을 잘라서 좌우의 산이 순전을 아름답게 싸안도록 하는 방법이다.

개장법(開杖法) 산세가 깎아지른 듯 사뭇 웅장하여 기가 모이는 명당이 분명하면 맥을 좇아 한쪽에 쓰는 법이다.

축장법(縮杖法) 사방의 산들이 높이 호위함으로써 기가 뭉쳐 있는 산꼭대기에 혈을 정하는 방법이다. 혈이 높아 주변의 모든 살성(殺星 ; 사람의 수명을 맡고 있다는 불길한 별)을 제압할 수 있다.

철장법(綴杖法) 맥이 가늘게 실처럼 흘러서 혈로 들어오는데, 산세가 웅장하고 가파르면 강건하여 가장 아래에 혈을 맺게 되므로, 맥의 끝부분에 혈을 잡는 방법이다.

몰장법(沒杖法) 모습은 엎드린 듯한데 그 얼굴이 통통한 모습일 때, 그리고 주산에서 혈 사이에 내룡을 거의 볼 수 없다가 갑자기 혈 부근에서 기가 뭉치는 경우 이 법을 쓴다.

이장법(離杖法) 내룡이 너무 힘차게 기복을 이루며 입수처에 이를 경우 맥이 너무 급하여 멈추기 어려우므로, 맥을 벗어나서 평탄한 곳에 혈을 맺게 된다. 자칫 혈을 안산으로 착각할 우려가 있다.

천장법(穿杖法) 곧게 흘러온 내룡이 팔소매처럼 90도 각도로 꺾여 돌아서 가로로 혈이 맺히는 경우에 이 법을 쓴다.

대장법(對杖法) 전후좌우 사방의 산세가 균등하고 유정한 곳, 즉 사방에 있는 산들의 중심에 혈을 정하는 방법이다. 이때 혈 뒤를 개산(蓋山), 앞을 조산(照山), 양옆을 좌우 협산(夾山)이라 하는데 그 산들이 정확하게 열십자를 이루는 곳에 있는 혈이 가장 좋다고 한다.

돈장법(頓杖法) 주변의 산들이 낮고 작으며 내룡이 없다가 평지에 와서 갑자기 혈을 맺는데, 이때 전후좌우 산들의 중심부분에 혈을 정하는 방법이다.

범장법(犯杖法) 주변의 산이 고루 높고 웅장하고 아름다운 가운데 주맥이 낮고 작게 입수하여 귀한 기운이 부리(嘴 ; 날카로운 봉우리)에 뭉치고, 그곳에 약간의 기운을 받게 되면 모든 산들이 귀인에게 항복하는 것이 되므로 이 법을 쓴다.

와겸유돌窩鉗乳突 네 가지 형상四像의 작혈법作穴法

懸乳蟬翼砂

開口牛角砂

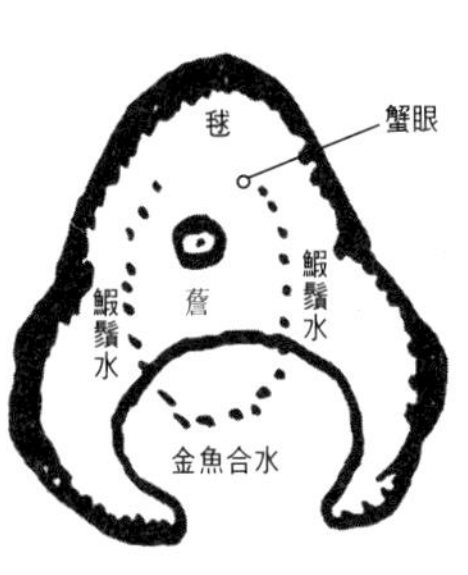

開口毬簷鰕鬚

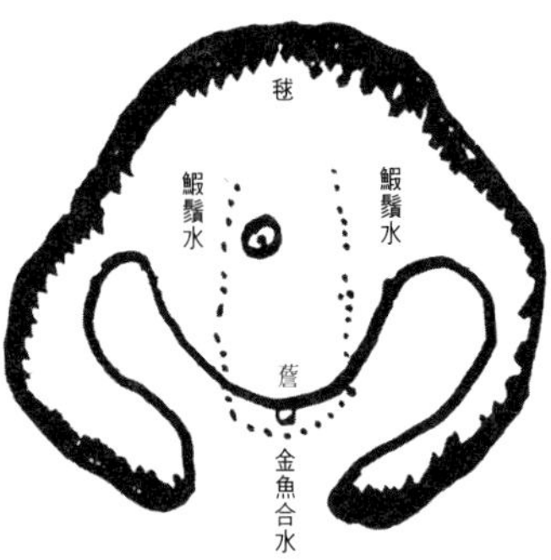

懸乳毬簷鰕

양균송 楊筠松의 12도장법과 승기지묘 乘氣之妙

경왈(經曰), "장승생기(葬乘生氣)"라 하였다. 생기지처(生氣之處)에 장지(葬之) 한다.

원점(圓點)이 생기처(生氣處)다.

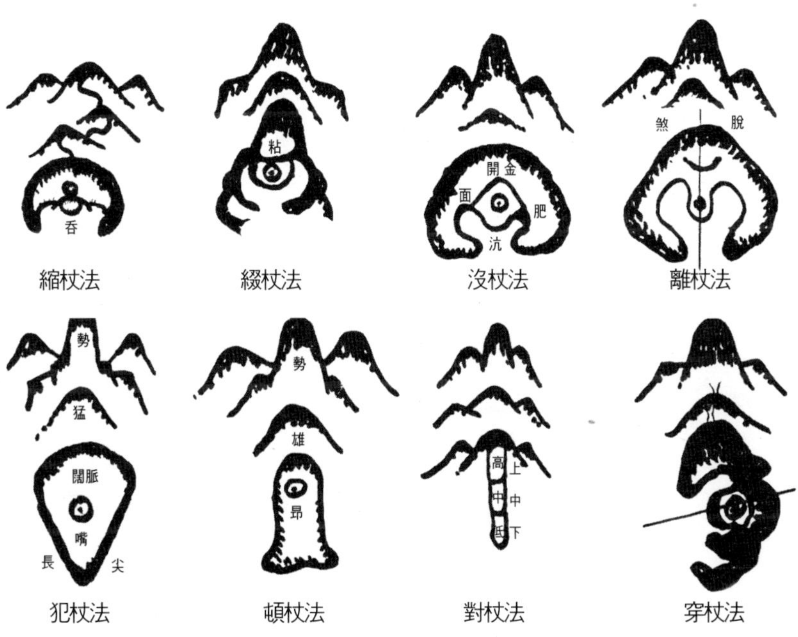

장례에 적합지 않은 땅 不可葬之地

태교혈

태교혈 – 순창淳昌의 오공비천형蜈蚣飛天形

을좌건파 건손진국(乙坐乾破 艮巽震局)

승지공 이혼지묘(承旨公 李渾之墓) 장자 예판 금헌 이대윤(長子 禮判 琴軒 李大胤) <理人 遷>
묘지소재 : 순창군 동계면 내령리 앵계촌 동록(東麓)

금헌 이대윤(琴軒 李大胤)은 선조(1567~1608) 때 사람이다. 무오년 사마시에 오르고 7년 뒤인 을유년 문과에 급제하여 홍문관수찬, 예조정랑을 끝으로 남원 동촌(현 임실 둔덕)으로 '지맥 기운의 연계'(地脈氣連)를 따라 낙향했다.

이대윤은 승지 이혼(李渾)의 아들로서 문장과 인물됨이 뛰어났으며 풍수지리에 달통했다. 임진왜란(1592~98)이 일어나자 전국 각지에서 의병이 일어났는데, 추성맹회(秋城會盟)에서 고경명(高敬命)을 의병대장으로 추대할 때 도유사 겸 모량장으로 추대되었으며, 권율(權慄)과 김성일(金誠一)의 포상 장계를 받은 임금이 의병상호군을 제수하였으나 선산 전투에서 병을 얻어 병신(1596)년에 운명했다. 예조참판에 추증되었으며 훗날 그 아들은 예조판서에 올랐다.

임진왜란 십여 년 전에 이대윤의 부친이 작고했는데, 효령대군(孝寧大君)의 증손인 춘성정공(春城正公)의 아들이었다. 탈상 3년 후에 아우인 어모장군(禦侮將軍)이 이대윤에게 물었다.

"형님께서는 효자이시고 지리에 달통하신 분인데 어찌 선고(先考)님의 면례(緬禮)를 미루십니까."

이대윤이 침통한 목소리로 대답했다.

"폐백 천 냥이 없어서…."

마침 어모장군의 처가는 풍천노씨(豊川盧氏)였는데 갑부였다. 노씨 부인은 혼인한 지 1년째였는데 3년을 기약하고 친정에 가서 수시로

시가에 송금을 했다.

3년 후 어모장군이 천 냥을 이대윤에게 전하자, 장정 10명에게 천 냥을 짊어지게 하여 남쪽 10리 길을 가서 앵계촌에 사는 김가(金哥)에게 주고 수결을 받아왔다.

웬일인지 그 후에도 1년이 지나도록 이장을 하지 않았다. 궁금히 여긴 어모장군이 하루는 형님께 정중하게 여쭈었다.

"형님, 이장 택일은 언제신가요?"

이대윤이 또 침통한 목소리로 말했다.

"장례 택일은 어렵지 않으나 하루라도 동생을 더 보고파서 미룬다네. 하관한 지 사흘 만에 동생이 극락세계로 가는 혈이니 어찌 어렵지 않겠는가."

그때까지 어모장군은 슬하에 혈육이 하나도 없었다. 노씨부인이 이 말을 듣고 말하였다.

"상통천문하고 하통지리하신 형님께서 동생 살릴 묘술이 없겠습니까. 장군의 효성을 떠볼 양으로 하신 말씀으로 생각됩니다. 다시 형님께 가서서 이장을 서두르십시오."

마침내 정해년 2월 을미일(乙未日, 임진왜란 5년 전)에 면례를 마쳤다(乙坐亥卯未擇日).

이장을 마친 후에 이대윤이 말하였다.

"금일부터 동생내외가 함께 시묘(侍墓)를 하시오."

시묘 첫날밤 자정에 느닷없이 일진광풍과 함께 천군만마가 몰려오는 소리가 나기에 깜짝 놀랐는데, 잠시 후 다투는 소리가 소란하였다. 한 장수인 듯한 자가 말하였다.

"우리가 천상조회(天上朝會)에 갔다 온 틈에 동촌 이수찬(東村 李修撰)이 김가(金哥) 자리에 아비의 유골을 묻었으니 파내자."

그야말로 야단법석이었다. 그러자 수장인 듯한 자가 나섰다.

"아니다. 김가 자리지만 천 냥을 받고 팔았으니 이승지 자리가 되었
다. 이후 행하가 있을 터, 우리는 수호나 잘해 주자."

잠시 후 잠잠해지므로 조심조심 나와 보니 십오야 밝은 달만이 중천
에 떠 있었다.

하지만 예언대로 어모장군은 이장 후 3일 만에 운명했다.

이대윤은 동생의 장례를 후하게 치른 뒤 사람들을 물리친 다음, 슬픔
에 잠긴 제수 노씨부인에게 조용히 타일렀다.

"제수씨, 진정하십시오. 이미 제수씨는 홀몸이 아닙니다. 자중자애 하
시오. 그 유복자의 자손이 흥성하고 부귀를 누린다고 합니다. 동생의 자
손이 먼저 발복한 뒤에 양가의 후손들이 고르게 발복한다고 합니다."

과연 이대윤의 말 그대로였다. 현재 남원, 임실, 순창, 장수, 전주는 물
론 각처에 남자만 6,000여 명의 자손이 행세하고 있으며, 9대 진사가
나온 부귀한 집안이다. 최근에는 전라북도 도지사도 나왔고, 도의회 의
장도 나왔다.

태교혈 – 관악산冠岳山 효령대군孝寧大君의 묘墓

간좌 병득 신파 진손국(艮坐 丙得 辛破 震巽局)

태종대왕 2남 해주정씨(海州鄭氏) 쌍조 태종릉(雙兆 太宗陵) 우면산 소재

　효령대군(孝寧大君)은 태종(李芳遠)의 2남이며, 1396년 태조(李成桂) 5년에 태어나 1486년 성종 17년에 졸함으로써 90세의 장수를 누렸다.

　이름은 보(補)요, 세종대왕의 형이며 양녕대군(讓寧大君)의 아우이다. 글 읽기와 활쏘기를 좋아했으며 효성이 지극하여 태종에게 귀여움을 받았고 세종과 우애가 깊었다.

　불교를 좋아해서 승도를 모아 불경을 강의하였고, 세조(首陽大君)가 특히 아껴 받들었는데 궁중에 들어갔다가 밤에 나올 때면 세조가 손수 촛불을 들고 전송하곤 하였다. 원각경(圓覺經)을 번역 간행하였다.

　후손에서 영의정 1명을 비롯, 문무관이 많이 나왔다.

　전주이씨(全州李氏) 122파 중 밀성군(密城君), 덕천군(德泉君), 광평대군(廣平大君), 덕흥대군(德興大君), 의성군(宜城君), 효령대군(孝寧大君)파의 6파가 가장 부귀한 집안이다.

태교혈 – 전주全州의 봉황귀소형鳳凰歸巢形 兌坐 및 擇日

강진구(姜珍求) 친산 유좌 용진혈정지지(酉坐 龍眞穴正之地)

태교혈 곤건태국(坤乾兌局) (玄園扜)

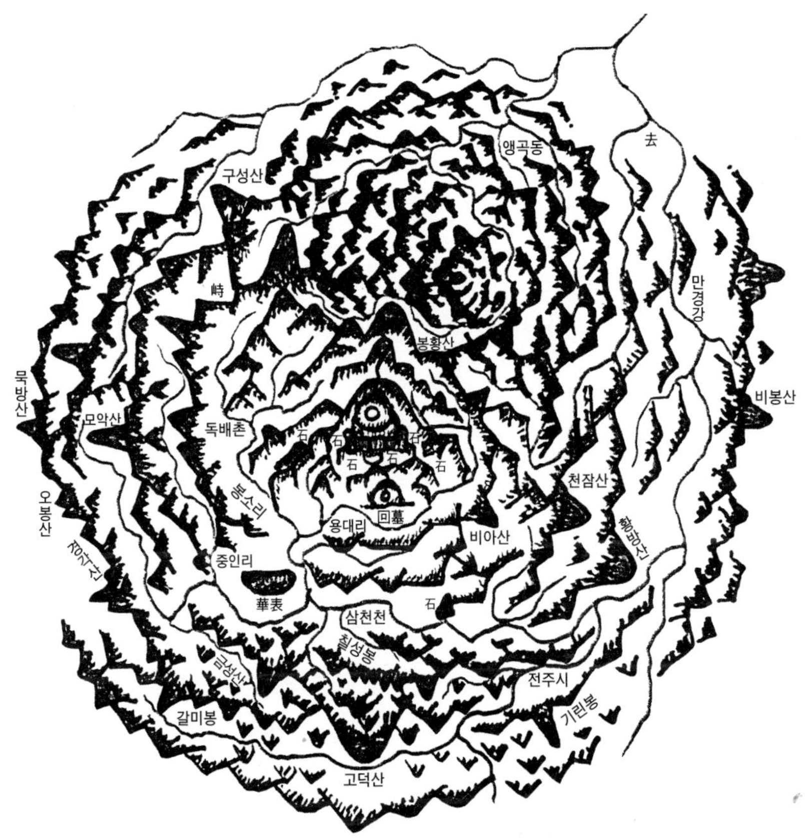

모악산 내룡(母岳山 來龍)

1997년 양력 5월 7일, 음력 4월 1일 입하후(立夏後)

정축년 을사월 을유일 조명택 기사시(丁丑年 乙巳月 乙酉日 造命 擇 己巳時)

1혈(一穴)은 금구 호승예불형(金溝 胡僧禮佛形) 병좌(丙坐) 호남대지로 백대에 걸쳐 부귀를 누릴 땅이다.

진태음도좌 진태양도향 삼기팔문구자법(眞太陰到坐 眞太陽到向 三奇八門九紫法)으로 썼다. 불선종응복(不旋踵應福).

주상(主喪) 강진구(姜珍求)는 7남 2녀, 도합 아홉 명의 형제자매가 있는 다복한 집안에서 출생하였다. 그 집안은 독실한 불교 신자로서 상당한 재산가였다. 그러나 18년 전에 모친이, 10년 전에 부친이 작고하였다.

그로부터 날로 가세가 기울어지고 형제간에는 불목하였으며, 7남 2녀 중 다섯 사람이 사광비광 정신질환자(似狂非狂 精神疾患者)라 하루도 편한 날이 없었다.

마침 도움을 청하므로 구묘를 살펴보니, 극히 좋지 않은 자리에 있으면서도 석물을 두루 갖춘 호화분묘였다. 어이가 없어 이 자리를 잡은 이가 누구냐고 물었더니, 인근 유명 사찰의 노승이라고 했다.

택일하여 봉황귀소형에 이장했더니 그 후 1년여 만에 정신질환자가 거의 다 치유되었다.

구묘 중 18년 된 모친의 묘는 생시혈(生尸穴)인데 얼어서 얼굴에는 얼음덩이가 붙어 있었고, 10년 된 부친묘도 생시혈인데 광중에 물이 가득 차 있었다. 부모의 유체가 그와 같았으니 자손이 편할 리 없었던 것이다.

향후 과거의 영광을 능가하게 되리라고 믿는다.

태교혈 – 신령이 일러준 은석산銀石山 장군대좌형將軍大坐形 박문수朴文秀의 묘

천안시 목천면 소재

*아우내장터(竝川市場)는 장군대좌형의 병졸 역할을 한다는 것으로 고령박씨(高靈朴氏)들이 설치한 시장이다.

*아우내장터에서 류관순(柳寬順) 열사가 3 · 1 독립만세 운동을 지휘하였다.

*천안 독립기념관 터는 명당이다.

천안 독립기념관 터와 암행어사 박문수의 묘터 이야기

박문수(朴文秀 ; 1691~1756)는 영조 때의 문신으로서 조선 500년 역사상 가장 뛰어난 어사이다. 본관은 고령, 자는 성보(成甫), 호는 기은(耆隱), 시호는 충헌(忠憲)이다.

형조판서 윤당 박장원(允堂 朴長遠)의 증손으로 부친을 일찍 여의고 편모슬하에서 자랐는데, 1723년 문과 과거 응시를 사흘 앞두고 꿈을 꾸었다. 꿈속에 백발노인이 나타나더니 "올해 과거의 시제(詩題)는 낙조(落照)이고 장원(壯元) 글은 다음과 같은데 끝 구절은 잊었다"며 박문수에게 시 한 편을 읊어주고는 홀연히 사라졌다.

落照吐紅掛碧山　지는 해는 푸른 산에 걸려 붉은 노을 퍼지고
寒鴉尺盡白雲間　까마귀는 흰구름 사이를 떼를 지어 날아가네
問津行客鞭應急　나루터를 묻는 나그네의 말채찍은 급한데
尋寺歸僧杖不閒　절을 찾아가는 중의 지팡이질이 재빠르구나
放牧園中牛倒影　동산에 풀뜯는 소의 그림자는 점점 짙어지고
望夫臺上妾低鬟　지아비를 기다리는 아낙네의 목덜미는 늘어지누나
蒼然古木溪南里　푸른 고목 우거진 시냇물 남쪽 마을에는
(……………)

사흘 뒤 과장에 들어가 보니 과연 시제가 '낙조'였으므로 박문수는 백발노인이 읊은 시에
(短髮樵童弄笛還　단발 초동이 피리를 불며 돌아오네)
라는 마지막 한 구절만 자신이 이어서 답안을 제출하였다.

이 글을 본 시관들 사이에서 '이것은 귀신의 글이다, 아니다' 의 시비가 일기도 하였으나 백발노인의 예언대로 장원에 뽑혔다. 이로써 박문

수는 사관이 되었는데 이듬해에 이인좌(李麟佐)의 난이 일어났다.

경종 연간에 왕위 계승을 둘러싼 노론과의 대립에서 소론이 일단 승리하였으나, 노론이 지지한 영조가 즉위하자 위협을 느끼게 되었다. 이에 이인좌와 박필현(朴弼顯) 등 소론의 과격파들은 '영조가 숙종의 아들이 아니며 경종의 죽음에 관계되었다'고 주장하면서 영조와 노론을 제거하고 밀풍군 탄(密豐君 坦)을 왕으로 추대하고자 하였다. 여기에는 남인들도 일부 가담하였다.

한편 이들의 거병에는 유민의 증가, 도적의 발호, 기층민중의 저항적 분위기가 중요한 바탕이 되었다. 그리하여 반군은 지방의 호족이 주도하고 중간계층이 호응하며, 일반 군사는 점령지의 관군을 동원하거나 임금을 주어 동원하는 형태로 구성되었다. 이인좌는 1728년(영조 4) 3월 15일 청주성을 함락하고 경종의 원수를 갚는다는 점을 널리 선전하면서 서울로 북상하였으나 24일에 안성과 죽산에서 관군에 격파되었고, 청주성에 남은 세력도 상당성에서 창의군에 의해 무너졌다. 영남에서는 정희량(鄭希亮)이 거병하여 산청 거창 합천 함양을 점령하였으나 경상도관찰사가 지휘하는 관군에 토벌당했다. 호남에서는 거병전에 박필현 등의 가담자들이 체포되어 처형당하였다.

이인좌의 난 진압에는 소론 인물들이 적극 참여하였으나, 이후 노론의 권력 장악이 가속화하였고 소론은 재기불능의 상태가 되었다. 이 사건 이후 정부에서는 지방 세력을 억누르는 정책을 강화하였고 토착세력에 대한 수령들의 권한이 강화되었다. 또한 이때 반군이 군사를 동원한 여러 방식은 뒤의 홍경래의 난으로 이어졌다.

이 와중에서 박문수는 종사관으로 출전해 전공을 세워 경상도관찰사에 발탁되고, 분무공신(奮武功臣) 2등에 책록되어 영성군(靈城君)에 봉해졌다. 1730년에는 호서어사(湖西御史)가 되어 기민구제에 힘쓰게 되었다.

이 무렵 어느 날 석양에 박문수가 폐포파립으로 천안 땅에 당도하였는데, 커다란 무덤 앞에서 슬피 우는 소복여인을 만나게 되었다. 이를 이상히 여기고 사연을 물었더니 "간밤 꿈에 선친이신 김일수(金一洙)님이 나타나, 윗마을에 사는 진사가 내 시체는 구렁에다 버리고 그 자리에 제 놈의 아비를 묻었으니 원통하다" 하시기에 와보니 이와 같이 큰 무덤을 지어놓았기에 하도 기가 막히고 어이가 없어서 울고 있습니다 하고 대답했다. 이에 박문수 어사는 범인인 윗마을 진사를 찾아내어 벌하고 여인의 아비 김일수의 시체를 거두어 후하게 장사지냈다.

1734년 박문수는 진주부사로 청나라에 다녀온 뒤 병조판서에 올랐다가 1738년 다시 동지사로 청나라에 다녀온 뒤, 앞서 안동서원을 철폐시킨 일로 탄핵되어 풍덕부사로 좌천되었다. 1741년 어영대장에 이어 함경도 진휼사로 나갔다가 병조판서를 지내고 경기도관찰사가 되었으나 부임하지 않아 황해도 수군절도사로 좌천되었다. 1749년 호조판서가 되어 양역(良役)의 폐해를 논하다가 다시 충주목사로 좌천되었다. 그 뒤 영남균세사 등을 거쳐 세손사부를 지내고, 1752년 왕세손 정(琔)이 죽자 약방제조로서 책임추궁을 당해 제주에 안치되었으나 이듬해 풀려나 우참찬에 올랐다.

박문수는 이처럼 일생을 통하여 임금께 바른 말을 잘하여 좌천과 승진의 풍운을 겪었기에 별호가 '직간공(直諫公)'이었다.

은퇴하여 낙향한 뒤 국풍과 함께 목천 땅 흑성산 아래에 신후지를 정하고 봉분을 지으려는 참에 한 노인이 나타나서 말하기를 "박대감, 저는 김일수올시다. 30년 전 은혜에 보답하고자 왔습니다. 이 자리는 2백년 후 나라에서 사용할 곳입니다. 대감의 만년유택은 저기 은석산 장군대좌형입니다" 하고는 사라졌다. 과연 그 자리에는 2백년 후 독립기념관이 세워졌다.

태교혈 – 양평楊平의 백강 이경여白江 李敬輿 조묘祖墓

간좌(艮坐) 복치형(伏雉形)

경기 양평군 용문면 연수리 용문산아래 상원암 북방 윤필암 남방 소재
간인내룡 건해환전(艮寅來龍 乾亥換轉)

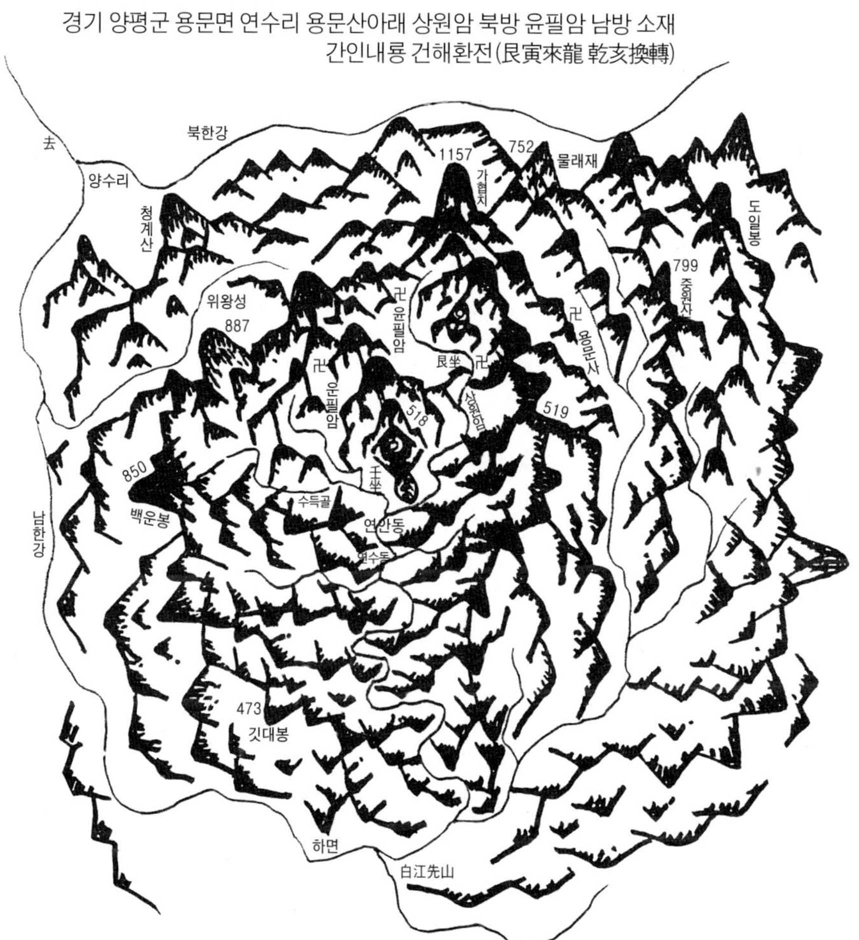

　이 자리에서 고개를 넘으면 선인무수형이 있는데, 백강선산(白江先
山)보다 우미길지(優美吉地)이다.

백강(白江)의 집안은 전주이씨(全州李氏) 122파 중 밀성군파, 덕천군파로 광평대군파, 의성파, 효령대군파와 함께 전주이씨 가운데 가장 부귀한 집안이 되었는데, 이는 이 명당의 산음 덕택이다.

특히 밀성군파에서는 이 산음으로 6명의 정승과 3대 대제학을 배출했다.

용문산 아래 간인내룡 건해환전 자입수 간좌정파(艮寅來龍 乾亥換轉 子入首 艮坐 丁破) 명당이다.

태교혈 대지명당이요, 삼길육수를 갖추어 명당의 음덕이 속히 일어나고 오래 지속되는 땅이다. 다만 석살(石煞)이 약간 흠인데, 영조 때 좌의정을 지냈으나 신임사화의 주동자라는 탄핵을 받고 유배되었다가 죽은 뒤 관작이 복구되었으나 다시 반역죄로 몰려 부관참시 당했던 영암 유봉휘(柳鳳輝)의 조산(祖山) 같은 석살은 아니기 때문에 부관참시는 안 당할 자리였다. 이 집안에서 나온 정승은 백강 이경여(白江 李敬輿)와 한포재 이건명(寒圃齋 李健命)이요, 3대조의 자손인 대제학들이다.

이경여(李敬輿 ; 1585~1657)의 본관은 전주, 자는 직부(直夫), 호는 백강(白江), 시호는 문정(文貞)이다. 1601년(선조 34) 사마시(司馬試)에 급제하고 1609년(광해군 1) 증광문과에 급제하였으나 광해군의 횡포가 심해지자 낙향하였다.

선조의 뒤를 이어 왕위에 오른 광해군은 당쟁의 폐해를 통감하고 이를 초월하여 좋은 정치를 해보려고 애썼으나, 자신이 대북파의 도움을 받아 왕위에 올랐기 때문에 당론을 초월할 수 없었다. 처음에는 이원익(李元翼) 이항복(李恒福) 이덕형(李德馨) 등 명망 높은 인사를 조정의 요직에 앉혀 어진 정치를 행하려 하였으나, 이이첨(李爾瞻) 정인홍(鄭仁弘) 등 대북파의 무고로 친형 임해군과 이복아우 영창대군을 죽였으며, 또 계모인 인목대비를 유폐하는 패륜을 자행하였다. 이처럼 실정이 계속되어 기강이 문란해지자 서인 이귀(李貴) 김자점(金自點) 이괄(李适) 등이 반정을 모의하여 1623년 3월 21일을 기하여 거사했으니, 인조반정이다.

이경여는 인조반정 이후 부교리에 올라 1636년 병자호란이 일어나자 왕을 남한산성에 호종했으며, 이듬해에는 경상도관찰사가 되고 이어 이조참판에 대사성을 겸하여 선비 양성의 방책을 건의하였다. 그 뒤 형조판서로 승진하였다가 1642년 청나라 연호를 쓰지 않는 배청파(排淸派)라는 밀고에 의해 심양(瀋陽)으로 끌려가서 억류되었다가, 이듬해 우의정이 되었다.

1646년에는 민회빈 강씨(소현세자빈)의 사사를 반대하다 진도로 유배되었다가 효종의 즉위로 1650년 중추부영사에 이어 영의정이 되었다.

시문과 글씨에 뛰어났다. 부여의 부산서원(浮山書院), 진도의 봉암사(鳳巖祠), 흥덕의 동산서원(東山書院)에 배향되었다. 문집에는 <백강집>이 있다.

이건명(李健命 ; 1663~1722)의 본관은 전주, 자는 중강(仲剛), 호는 한포재(寒圃齋), 시호는 충민(忠愍)이다. 1684년(숙종 10)에 진사, 2년 뒤에 춘당대문과에 급제하였다. 1698년 서장관으로 청나라에 다녀온 뒤 우승지 대사간 이조참의를 역임, 1704년 이조판서가 되었다. 1718년 우의정, 1720년 좌의정에 올랐다.

1721년 왕세제(영조) 책봉을 주청하여 실현시키고 책봉주청사로 청나라에 다녀왔으나 그 사이 국내에서 신임사화가 일어났고, 1722년 귀국하여 나로도에 유배되었다가 사사되었으나 1724년(영조 즉위) 신원되었다. 석살의 해로움 때문이다.

시문(詩文)에 뛰어났으며, 글씨는 특히 송설체(松雪體)에 뛰어났다. 문집에 <한포재집>이 있다.

북창 정렴北窓 鄭磏이 부친의 묘를 명당名堂에 쓰지 않은 까닭

(상) 우의정 정순붕(鄭順朋)의 부친 묘

(중) 북창 정렴(鄭磏)의 묘

(하) 군수 정광겸(鄭光謙)의 묘

북창 정렴(北窓 鄭磏)은 중종 원년(1506) 우의정 정순붕(鄭順朋)의 5형제 중 장남으로 태어났다.

그의 총명함은 신동으로 불렸으며 음률, 의약, 역술, 천문지리에 도통하였고, 13세에는 동양 여섯 나라의 말을 스스로 깨우쳐 알았다. 25세 때 사마시에 합격하여 아버지 정순붕의 도움으로 벼슬살이를 하기도 했으나, 후에 이를 부끄럽게 생각하여 유랑길에 나서면서, 북쪽 하늘을 바라보며 살겠다는 뜻으로 스스로 호를 북창(北窓)이라 했다고 한다.

숙부가 작고하자 북창이 나서서 묘소(북창의 묘 서쪽)를 정해 주었는데 파보니 물이 솟았다. 많은 사람들이 의아해했으나 개의치 않고 큰 바위를 넣은 뒤 그 자리에 안장했다. 장례 후 온양정씨(溫陽鄭氏) 문중 가운데서 숙부의 가계가 가장 번성했고, 자유당 때에는 농림부장관도 나왔다.

한번은 북창이 선조(1552~1608) 때의 영의정 윤두수(尹斗壽) 보고 "그대는 40을 넘기기 어려우니 참으로 애석하네" 하고 말했다. 그로부터 윤두수가 매일같이 찾아와 명을 늘리는 방법을 알려달라고 조르므로 할 수 없이 일러주게 되었다.

그로 인하여 윤두수는 73세(1535~1606)까지 살았고, 북창은 43세에 대명요사(代命夭死 ; 다른 사람의 명과 바꿔 일찍 죽음) 했다. 이에 윤두수는 북두칠성신(北斗七星神)에게 백일주(百日酒)와 사슴고기 말린 것을 바쳤다고 한다.

북창이 죽기 전에 시 한 수를 남겼는데 다음과 같다.

一生讀破萬卷書
一日飮盡天鍾酒
高談伏羲以上事
俗說往來不掛口

顔子三十稱亞聖

先生之壽何其久

(일생 동안 만 권의 책을 독파하고

하루에 천 잔 술을 마시었네.

복희씨 이전 일을 고고하게 담론하고

속설은 입에도 담지 않았네.

안자는 삼십을 살아도 성인에 버금간다고 칭송되었는데,

선생의 나이는 어찌 그리 길기만 한가.)

북창은 아들 3형제가 있었는데 다 커서 같은 날 같은 시에 급사했다. 북창이 결혼 전에 구렁이 세 마리를 먹었는데 그 앙갚음 때문이었다고 한다.

북창은 대낮에 걸어도 그림자가 없었다고 하고, 큰 술꾼인데 세상 사람들은 주선이라 했다. 거문고를 타고 노래를 부르면 새들이 모이고, 짐승은 춤을 추고, 사람들은 신선이 된 듯 취하고, 금수들과 대화를 하고, 모르는 것이 없는 큰 도인이었다고 한다.

북창은 부친 정순붕이 작고하자 샘내 북쪽의 정씨 집안 선산에 안장했다. 상통천문하고 하달지리한 북창이지만 명당에 묻지 않았을 뿐더러, 자신도 부친의 계단 아래에 아우 정작과 함께 묻힘으로써 3기를 쓰게 하였다. 좁은 곳에 삼기라서 약마중태 무기맥 무순전(弱馬重馱 無氣脈 無脣氈; 약한 말에 무거운 것이 올라탄 격이요, 기맥이 없으며, 순전이 없는 자리)이니 명당은 아니다.

그 자리 10리 내외에 큰 명당만도 여러 곳이 있다. 소요산의 비봉귀소형, 도락산의 옥대형과 유지앵소형, 상패리의 백마번주형, 왕방산의 무공단좌형 등이다.

곰곰이 생각하니 악을 쌓은 자는 필수천주(必受天誅 ; 필히 하늘의 베임을 받는다)라 하였으니, 악을 쌓은 자는 땅에서 거부한다는 뜻이 아니겠는가.

정순붕(1484~1548)의 본관은 온양, 자는 이령(耳齡), 호는 성재(省齋)이다. 연산군 때 별시문과에 급제하여 공조 및 병조참판 등을 거쳐 중종 때 호조판서를 지낸 뒤 지중추부사에 이르렀을 때 명종이 즉위하였다. 명종이 12세에 왕위에 오르니 문정왕후가 수렴청정하게 되었는데, 왕실의 외척인 대윤 윤임(尹任)과 소윤 윤원형(尹元衡)의 반목이 심했다.

이때 정순붕이 소윤 윤원형과 공모하여, 대윤 윤임 등이 역모를 획책하고 있다고 무고함으로써 윤임, 유관, 유인숙, 김명윤, 이덕웅, 이휘, 나숙, 나식, 정희동, 박광우, 곽순, 이중렬, 이문건 등 사림 세력을 한꺼번에 척살했으니 을사사화(乙巳士禍)이다. 소윤파는 그러고도 모자라 대윤세력을 뿌리째 없애기 위해 '양재역 벽서사건'을 기화로 다시 정미사화(丁未士禍)를 일으켜 조정을 완전히 장악하였고, 그 후 문정왕후가 죽은 1565년까지 약 20년 동안 왕권을 능가하는 권세를 부리면서 온갖 학정을 자행했다.

정순붕은 소윤 윤원형을 도운 공으로 보익일등공신으로 우찬성 겸 지경연사로 승진하여 온양부원군에 봉해졌으며, 뒤에 우의정까지 올랐으나 선조 원년에 이미 죽은 몸임에도 불구하고 삭직을 당했다.

사정이 그렇거늘, 북창으로서야 어찌 하늘에 닿은 죄인인 부친을 명당에 안장할 수 있겠는가? 북창이 명당을 외면한 까닭은 하늘의 뜻을 바로 알았기 때문 아니겠는가.

정미사화(丁未士禍)는 명종 때(1547년) 소위 벽서사건을 계기로 윤원형과 정순붕 등이 대윤파를 완전히 몰아내기 위해 고의적으로 정치쟁점으로 삼았던 정적숙청사건이다.

1547년 9월에 부제학 정언각과 선전관 이로가 과천 양재역에서 발견된 '위로는 여왕(文定王后) 아래로는 간신들이 권력을 휘두르니 나라가 곧 망할 것이다' 라는 익명의 벽서를 임금에게 보고했다. 윤원형 일파는 이것이 윤임에 대한 처벌이 미흡해서 생긴 사건이라고 주장하여 그 잔당 세력을 척결할 것을 간언했다.

문정왕후는 왕으로 하여금 윤임 잔당 세력과 정적들을 제거토록 했다. 그 결과 윤원형을 탄핵하여 삭직케 했던 송민수와 윤임의 사돈 이약수를 사사하였으며 이언적, 정자, 노수신, 정황, 유희춘, 백인걸 등 20명은 유배하고 또한 중종의 아들 봉성군도 역모의 빌미가 된다는 이유로 사사했다. 이밖에도 많은 인물을 죽였다. 소윤일파가 정치적으로 이용한, 참으로 어이없는 사건이다.

윤원형이 실각한 후 살아있는 사람(유배중인 자)은 물론 화를 입었던 사람 모두를 신원했다.

석살石煞로 부관참시 당한 부자정승 유상운柳尙運과 유봉휘柳鳳輝의 조산祖山

갑좌기혈(甲坐騎穴)

전남 영암군 영암읍 학송리 영신정 소재 비봉포란형(飛鳳抱卵形)

처음 장례를 지낸 지관이 말하기를 "집안에서 정승이 나거든 능주 화학산의 맹호출림형에 필히 개장하라. 이후 만세에 걸쳐 영화를 누릴 자리이다. 그러나 이를 이행하지 않음으로써 유봉휘 정승은 역적죄로 사후에 부관참시를 당하였다.

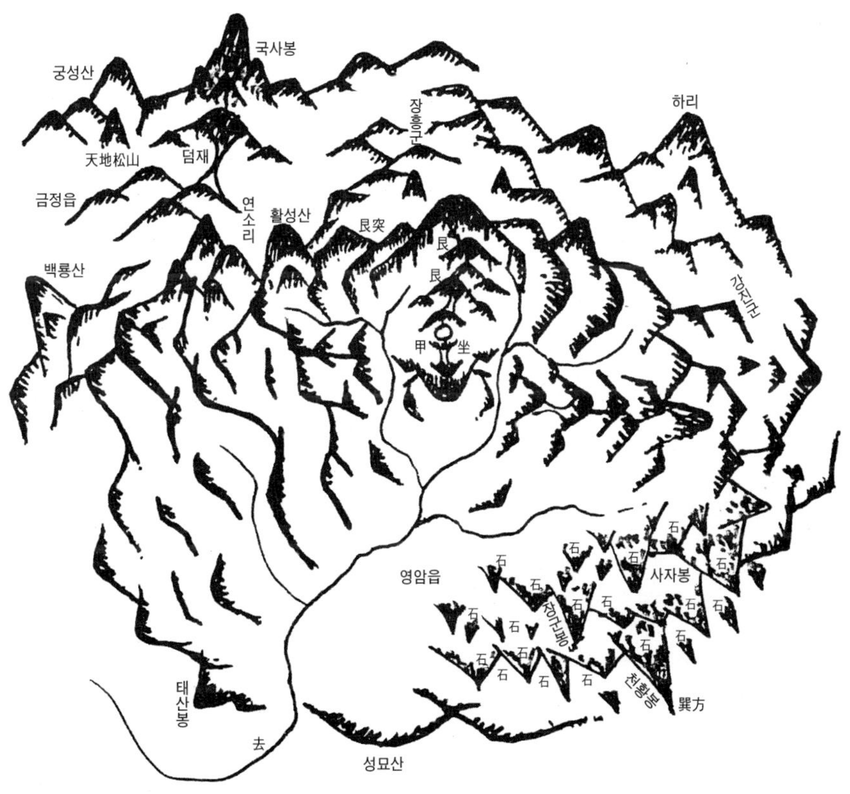

＊현재까지도 능주 맹호출림형은 주인을 기다리고 있다.

＊명신 60명을 죽이고 자신은 반역죄로 몰려 부관참시 당한 석살
  이다.

간인행룡 을진손진전신 갑좌 경향 정건파 유합거(艮寅行龍 乙辰巽
辰 轉身 甲坐 庚向 丁乾破 酉合去)

손방(巽方) 동남쪽 월출산(온통 바위뿐인 산)이 커다란 불화살로 하
늘을 찌르는 날카로운 석살의 사로써, 이를 이기지 못하므로, 극히 성
하거나 극히 쇠하니, 왕성한 물줄기가 없어야 길한데, 이 땅은 순전과
안산의 몸집이 크다. 그러므로 한번 장례를 한 후 개장하면, 살을 면하
니, 전화위복이고, 명당을 운용하는 묘법이다.

＊뒤쪽 연소리에 연소형이 있는데, 이곳 비봉포란형보다 월등하게 좋은
  흠 없는 대지명당으로 자손이 흥성하고 부귀를 누릴 명당길지이다.

유상운(柳尙運 ; 1636~1707)의 본관은 문화, 자는 유구(悠久), 호는
일퇴(一退), 시호는 충간(忠簡)이다. 1660년(현종 1) 진사가 되고,
1666년 별시문과에 급제하여 교리 등을 지냈다. 1679년(숙종 5) 문
신정시에 장원, 1680년 대사간에 특진되었다. 이때 서인으로 경신대
출척(庚申大黜陟)이 일어나자 남인에 의해 추대되었다하여 복성군을
탄핵하고 평안도관찰사로 나갔다. 1683년 사은부사로 청나라에 다녀
온 뒤 서인이 분당되자 소론에 속하여 노론 김석주(金錫胄)의 전횡을
탄핵했다. 1685년 호조판서 등에 이어 형조판서를 지냈다.

1694년 인현왕후 민씨를 비방하는 서한을 장희빈(張禧嬪)에게 보
낸 장희재(張希載)의 처형을 둘러싸고 노론의 반대에 부딪혀 사직, 성
밖에서 대죄했다. 그 뒤 우의정과 좌의정을 지냈고 1698년 영의정 때
소론의 영수 최석정(崔錫鼎)을 변호하다가 삭직되었다. 1699년 다시

영의정에 복직되었으나 당쟁을 일삼는다는 노론의 탄핵으로 중추부판사가 되었다. 1701년 무고(巫蠱)의 옥사가 일어나 장희빈까지 연루되자 세자의 생모를 사사할 수 없다고 주장하다가 파직되고, 1702년 직산에 유배, 1705년 중추부행판사로 복직되었다. 글씨를 잘 썼으며, 나주 죽봉사(竹峰祠)에 제향되었다.

유봉휘(1659~1721)의 본관은 문화, 자는 계창(季昌), 호는 만암(晚庵)이다. 영의정 유상운(柳尚運)의 아들이며 청송부사 이행원(李行源)의 외손이고 충청도 도사 조근(趙根)의 사위. 1684년 진사시에 오르고 1699년 식년문과에 을과로 급제하여 홍문관수찬, 부제학 등을 역임하고 동지의금부사가 되었다.

1721년(경종 1) 때 사직으로서 노론이 세제(영조) 책봉을 주장하자 이를 반대하였으며, 이어 세제의 대리청정이 실현되자 소론의 영수로서 왕이 병을 앓지 않도록 대리 청정케 함은 부당하다고 극간하여 마침내 이를 철회시키고 노론을 실각시켰다. 이 사건을 신임사화라 하는데 노론사대신, 삼학사, 삼장신, 오절도 등 명신 60명을 반역죄로 몰아 죽인 사건이다. 이듬해 세자시강원우부빈객이 되고 1723년 이조판서를 거쳐 1725년 영조가 즉위한 후 탕평책으로 노론 소론의 연립정권이 수립될 때 우의정에 올랐다. 이어 소론사대신의 한사람으로 좌의정에 제수되었으나 신임사화를 일으킨 주동자라는 노론의 탄핵으로 경흥에 안치되어 배소에서 죽었다. 죽은 뒤 관작이 복구되었으나 1755년(영조 31) 다시 반역죄로 추형(追刑)되어 부관참시를 당했다. 같은 소론이었던 이광좌(李光佐)와는 달리 과격파에 속하여 노론의 탄압에 적극적이었으므로 노론 집권 후 신원되지 못했다. 묘는 정경부인 함안조씨(咸安趙氏)와 함장묘로서 묘 앞에는 상석, 묘비, 향로석 그리고 망두석이 각각 배치되어 있다.

여의주석如意珠石을 깨고 망한 명당
─ 비룡농주형(飛龍弄珠形)

진사 배인량(裴仁亮)의 조산(祖山)

간인룡 건해전신 임좌 진손입해(艮寅龍 乾亥轉身 壬坐 辰巽入海)

고산 윤선도(孤山 尹善道 ; 1587년 선조 20년~1671년 현종 12
년)는 송강 정철(松江 鄭澈)과 함께 조선 가사문학의 쌍벽이요, 정치가
요, 풍수사격론(風水砂格論)의 일인자이다.

그의 당고숙인 이의신(李懿信)은 광해군 시절의 국풍이요, 교하천도
(交河遷都)를 주청한 사람이다.

이의신은 신후지를 잡아놓고 작고했다. 상주는 묘 자리를 파고 배석
(拜席)을 덮어놓은 뒤 다음 날 하관하려고 배석을 젖히니 물이 괴어 있
었다. 부득이 물이 안 나오는 곳에 묻고 후일에 이장했다.

이의신의 누이가 하나 있었는데 배씨문중으로 출가했다. 자식 하나
를 낳고 과부가 되었는데, 그녀가 밤새도록 이의신의 묘 자리에다 물을
길어다 부었던 것이다. 이의신의 이장 후에 과부는 죽은 자신의 남편을
이의신의 신후지(身後地)에 안장했다.

장례 후에 배인량(裴仁亮)이 태어났다.

초시와 문과에 급제했으나 인색하고 교만불손하고 간교한 졸부였다.

하루는 중 하나가 배인량을 찾아와서 말하기를 "묘 앞의 괴석을 제거
하면 삼남갑부가 대를 이어 끊이지 않으리라" 하였다.

배인량은 부덕하고 과욕한 자라 그 말을 곧이곧대로 믿고 묘 앞에 있
는 여의주석(如意珠石)을 파괴했다. 그 순간 청천벽력과 함께 폭우가
내려 중도에 그만두었다. 그 후에 40여 호의 배씨집성촌이 차차 쇠하
여 현재 배정만이라는 배인량의 14세손 한 집만이 살고 있다. 배정만
은 파괴된 암석을 복원한다고 최근 시멘트로 땜질을 하였다.

* 교하천도론이란 1612년 경 광해군 시절에 천도론을 둘러싼 임금
  과 조정 대신들의 논쟁이다.
  이의신이 광해군에게 다음과 같은 상소를 올렸다.
  왜란과 역병이 계속하여 일어나는 것, 조정의 관리들이 분당하는

것, 도성 주변 사방의 산들이 벌거벗은 것 등이 모두 도성의 왕기가 쇠한 데 있는 것입니다. 도성을 교하현에 세워 순행(임금이 나라 안을 두루 돌아다니며 살피는 일)을 해야 합니다. 교하 땅은 한양과 개성의 중간지점으로서 동으로는 멀리 삼각산의 영산이 병풍같이 보이고, 북으로는 송악산이 웅장하게 섰으며, 남으로는 기름진 들이 천리에 펼쳐 있어 오곡이 풍성하고, 서로는 한강이 넓게 흘러 배가 다니기에 좋은 땅입니다….

광해군은 상소를 예조에 보내 논의케 하였다. 그러자 예조판서 이정귀(李廷龜)는 상소 내용이 가당치 않다며 이의신을 처벌해야 한다고 간하였다. 그로부터 이의신을 벌주라는 상소가 수백 건에 이를 정도로 올라왔으나 광해군은 오히려 이의신을 종6품인 예빈시 주부로 삼아 등용했다.

이 과정에서 대신들의 반대로 결국 교하천도는 이루어지지 못했으나 도읍지 천도에 대한 사람들의 관심을 불렀고, 최근 통일 후의 수도 후보지로 교하(交河)가 떠오르기도 하였다.

석산명당론

석산명당론石山名堂論

선천지묘(先天之墓) 후천지묘(後天之墓)

옥룡자(玉龍子), 남사고(南師古), 이토정(李土亭), 이서구(李書九), 윤고산(尹孤山), 이의신(李懿信), 일지승(一指僧), 일이승(一耳僧), 율봉(栗峰), 법품(法品), 나봉안(羅鳳眼), 홍성문(洪成文), 금헌 이대윤(琴軒 李大胤), 문의전(文宣傳), 두사충(杜思忠), 유겸암(柳謙庵) 등이 산유록(山遊錄)과 명산도(名山圖)를 보며 경기, 강원, 충청, 전라, 경상, 제주도의 여러 산을 올라본 다음 선사(先師)들의 노고에 대하여 경의를 표했다.

한국(韓國)의 산천(山川)은 확실히 금수강산(錦繡江山)이요, 천하제일지지(天下第一之地)요, 선택받은 복지(福地)란 것을 실감했다.

중국(中國)이나 일본(日本) 땅과는 그 유(類)가 다르다. 여행자가 주의 깊게 살펴보면 공감할 것이다.

讀書가 不如按圖요, 按圖가 不如登山이라. 屋裡先生이 開卷了了이나 登山茫然이라 山川之妙를 識之乎아(책 읽는 것이 지도를 보는 것만 못하고 지도 보는 것이 등산하는 것만 못하다. 앉은뱅이 선생이 책읽기를

마쳤다고 장담했으나 등산해 본 다음 망연해 하니 산천의 묘함을 어찌
지식에 비하랴).

소위 주독지서(走讀之書)하고 자작총명(自作聰明)하나 반수가지
(反受假地)의 해(害)를 끼치는 경우가 없지 않으니 심히 걱정이다.

최근에 그런 사람들이 한국(韓國)의 명당(名堂)은 다 쓰고 없다느
니, 석산(石山)에는 명당(名堂)이 없다느니 하는 해괴망측한 치인(癡
人)의 몽중설몽(夢中說夢)을 책으로 펴냈다. 하나를 알고 둘을 모르는
격이다. 그로 인하여 효자위선가(孝子爲先家)들이 당황하고 있다. 춘
추필법(春秋筆法)은 신중을 기해야 한다.

한국(韓國)의 명당길지(名堂吉地)는 천 년 동안 1할을 다 못 썼다.
그뿐 아니라 이미 쓴 발복명당(發福名堂)보다 그 역량을 몇 배나 능가
하는 대지가 부지기수요, 각도 8대 명산(八代名山)의 태반은 석산(石
山)에 있다. 보은 속리산 석상와우형(石上臥牛形)은 한국의 4대지(四
大地)다. 순창 석산인 회문산 금혈(禁穴 ; 君王地)은 다시 말할 필요도
없거니와, 고흥 팔영산 운중선좌형(雲中仙坐形)은 석중토혈(石中土
穴)이요, 충청도 8대지(八大地)인 목단반개형(牧丹半開形)은 보령 성
주산에 있는데 석중토혈(石中土穴)이요, 관악산 천봉혈(天封穴)도 석
혈(石穴)이요, 북한산 청제혈(靑帝穴)도 만신석골산중토혈(萬身石骨
山中土穴)이요, 장성 제일지지(第一之地) 백암산 군신봉조형(君臣奉
朝形)은 5천년 향화지(五千年香火地)로 요석요중(繞石曜中 ; 돌로 얽
었으되 빛이 머무는 곳) 명혈(名穴)이요, 합천 오도산 12봉 아래 주사
함로형(蛛絲含露形)도 석중혈(石中穴) 영남 8대지(嶺南八大地) 요,
회문산의 오선위기형(五仙圍碁形)도 호남 8대지(湖南八大地)인데 파
탄모호(破綻模糊)하여 보토엄관물혐지지(補土掩棺勿嫌之地) 요, 석산
보토혈(石山補土穴)이다. 옥과 작산 갈마음수형(渴馬飲水形) 역시 호
남 8대지(湖南八大地)인데 석산요석중토혈(石山繞石中土穴)이다.

춘천 사북면 승방골에 있는 호승예불형(胡僧禮佛形)도 토산석혈(土山石穴)이요, 강원도 8대지(江原道八大地)다.

홍천 내면 오대산 천자지지(天子之地)도 석혈(石穴)로 강원도 8대지(江原道八大地)다.

충남 예산군 덕산의 가야산 삼승예불형(三僧禮佛形)도 석혈대지(石穴大地)다.

지리산 상정 상취혈(上停 上聚穴)인 연화개양형(蓮花開陽形)도 석혈(石穴)이요, 국 4대지(國四大地)다.

변산 석상와우형(石上臥牛形)도 호남 8대지(湖南八大地)다. 이러하건대 누구의 말이 정답인가 짐작이 갈 것이다. 그러나 이러한 자리는 아무나 쓰는 것이 아니요, 하늘의 뜻이 닿아야 한다.

옥룡자 김도선(玉龍子 金道詵 ; 827~898)은 영암 구림(靈岩 鳩林)에서 태어난 신라말(新羅末)의 승려인데 15세에 지리산 화엄사로 출가했으며, 인접 마산면 사도리에서 풍수지리를 배워 현묘비법(玄妙秘法)을 터득, 음양지리설(陰陽地理說)을 고려화(高麗化)하여 널리 보급함으로써 고려조(高麗朝)와 조선조(朝鮮朝)를 통하여 큰 영향을 끼쳤다.

한국(韓國) 풍수지리(風水地理)의 비조(鼻祖)라 할 것이다.

상통천문(上通天文)하고 하달지리(下達地理)한 선사(先師)이다.

전국(全國) 사찰(寺刹) 터의 태반은 그의 정점(定點)이요, 춘천에 있는 장절공 신숭겸(壯節公 申崇謙)의 묘도 옥등괘벽형(玉燈掛壁形)으로 신좌을향(辛坐乙向)인데 옥룡자(玉龍子) 소점(所點)이다. 그 묘는 평산신씨(平山申氏) 시조산(始祖山)이요, 만년향화지지(萬年香火之地)이다.

그러나 옥룡자는 영암 비봉포란형(飛鳳抱卵形)에 장기친(葬其親)하였으나 불과 3년 만에 천파상(天破傷)이 되었고, 남사고(南師古)는 울진 태생으로 조선(朝鮮) 명종(明宗) 때의 국풍(國風)이자 풍수지리(風水地理)의 영웅(英雄)이었다. 그러나 부덕하고 과욕한 나머지 구천십장(九遷十葬)의 어리석음을 범했다. 최종적으로는 군왕지지(君王之地)인 줄 알고 구룡쟁주형(九龍爭珠形)에 장기친(葬其親)하고, 봉분을 끝마칠 즈음에 단발초동(短髮草童)이 노래를 부르며 지나갔다. 그 노래에 이르기를 "남사고야 남사고야 네가 천하에 제일이라면 구룡쟁주 어데 두고 사사괘지(死蛇掛枝) 웬말이냐?" 했다.

남사고(南師古)가 깜짝 놀라 그 쪽을 쳐다보니 황새봉이 찍바수는 사혈(死穴)이었다. 바삐 초동을 찾으려고 쫓아가 보니 인홀불견(人忽不見)이었다. 남사고(南師古)의 무덤은 울진 수곡초등학교 후록(後麓)에 지금도 남아있는데 취수장(聚水場) 같은 흉지(凶地)였다.

남사고(南師古)의 신후지(身後地)는 윤가(尹家)에 출가(出嫁)한 딸이 망부(亡夫)를 써서 지금까지 후손(後孫)이 수복(受福)하고 있다. 윤씨(尹氏)와 남씨(南氏)는 그로 인하여 수구지간이 되어 '남가다리', '윤가다리'를 놓아 따로 따로 다닌다.

이의신(李懿信)은 고산 윤선도(孤山 尹善道)의 당고숙(堂姑叔)이요, 해남 맹진 태생으로 광해군(光海君) 때의 국풍(國風)이요, 교하(交河)로 천도하자고 주청(奏請)한 사람이다.

해남 해하농주형(海蝦弄珠形) 대지(大地)에 장기친(葬其親)할 즈음에 일꾼의 실수로 반석(盤石)을 뚫음으로써 설기파혈(洩氣破穴)하여 무용지물이 되었고, 선조(宣祖) 때 국풍(國風)인 박상의(朴相宜)는 장성 선기낙준형(仙機落浚形)에 묻히고자 하였으나 천불태지(天不胎地) 불수(不受)로 안장고개(鞍峙) 밑 정좌 와우형(丁坐臥牛形) 소혈(小穴)에 있다.

한때 경상경하(京上京下)로 유명한 모씨(某氏)의 조여부모(祖與父母)의 묘는 울진에 있는데 용맥(龍脈)이 부진하고 혈형(穴形)이 모호

무양(模糊無樣)이라 장래지사(將來之事)는 미지(未知)로다.

천하명사(天下名師)들이 자기의 선영(先靈)들을 만세영화지지(萬世榮華之地)에 써서 발복무궁(發福無窮)한다면 후세군자(後世君子)들은 장지(葬地)가 없을 것이 아니겠는가? 대지명당(大地名堂)은 적덕(積德)한 자가 하늘의 뜻으로 명사(名師)의 인도(引導)를 받아 쓰는 것이다.

적덕지공(積德之功)이 없으면서 욕탐대지(欲貪大地)한다는 것은 연목구어격(緣木求魚格)이라 할 것이다.

모름지기 구산효자(求山孝子)는 하나도 적덕(積德)이요, 둘도 적선(積善)이다. 모든 선사(先師)들이 누누(累累)이 적덕(積德)할 것을 강조하는 까닭이 여기에 있다.

송(宋)나라 주부자 희(朱夫子 熹)는 주자학(朱子學)의 원조(元祖)요, 만세유방(萬世遺芳)의 성현군자(聖賢君子)다. 조선조5백년(朝鮮朝五百年) 통치철학(通治哲學)은 주자학(朱子學)이 근간(根幹)이었다.

주자(朱子)가 태수(太守)로 있을 때 지방 순찰중(地方巡察中) 소나기를 만나 부득이 길가 주막에 들게 되었는데, 앞산을 보니 신묘(新墓)가 보였다. 공경대부(公卿大夫)가 수3대(數三代) 배출(輩出)될 길지(吉地)였다.

주자문왈(朱子問曰), "저 묘는 희유(稀有)의 명당(名堂)인데 수가지묘(誰家之墓)인가?" 하니, 주모(酒母)가 답하기를, "일세(一世)의 악자(惡子) 모가(某哥)의 부묘(父墓)요." 했다.

주자탄왈(朱子嘆曰), "차처(此處)가 유지(有地 ; 名堂)이라면 시무천리(是無天理)요, 차처(此處)가 무지(無地)라면 시무지리(是無地理)라." 하니, 그 말이 끝나자마자 뇌격기묘(雷擊其墓)하여 패이흔적(敗而痕迹)도 없었다. 천리(天理)가 소소(昭昭)하고 인리(人理)도 명명(明明)한데 어찌 지리밀밀(地理密密)하겠는가.

선천세계(先天世界 ; 1884년 이전)에서는 건도수(乾度數)의 남성시대(男性時代)라. 음양조화상(陰陽調和上) 저지 명당시대(低地 名堂時代)이다. 기왕발복명당(旣往發福名堂)의 9할이 촌락주변(村落周邊) 저지(低地)에 있다.

덕소의 옥호저수형(玉壺貯水形), 한산의 금계포란형(金鷄抱卵形), 의왕의 금계포란형(金鷄抱卵形), 동래의 야자형(也字形), 순창의 천마동주형(天馬東走形), 나주의 봉형(蜂形) 등이 모두 저지(低地)에 있다.

양택(陽宅)도 평탄지대(平坦地帶)는 부자(富者)와 권세가(權勢家)가 차지하고 고지대(高地帶)는 빈민(貧民)의 소굴(巢窟)이었다.

그러나 후천세계(後天世界 ; 1884년 이후)는 곤도수(坤度數)의 여성시대(女性時代)라 선천세계(先天世界)와 반대로 고처(高處)에 명당(名堂)을 쓰고 양택(陽宅) 또한 고지(高地)라야 발복(發福)한다. 현대 산업사회에 들어와 저지대(低地帶)는 공해(公害) 때문에 살 수가 없다.

관습(慣習)에 찌든 속안(俗眼)들은 짐작이나 하겠는가. 하루속히 해원도수(解怨度數)가 무엇인지를 알아야 한다. 그러나 현재 한국지운(韓國地運)이 8백고지(八百高地) 이상의 지대에는 미치지 못한다는 점도 아울러 알아야 한다.

어떤 이는 1996년 5월 15일 지리산 중봉(1480m) 고지(高地)에 곤좌(坤坐)로 쓰려고 천광(穿壙) 했으나 구멍이 뚫리지 않으므로 후일에 이장하기로 하고 흙무더기를 찾아 묻고 내려왔다가 이장도 못하고 1998년 겨울에 사망했으니 선영을 산상(山上)에 기시(棄尸)한 셈이다. 위선가(爲先家)는 참고할 만한 일이다.

석산토혈 – 영광靈光 조영규曺泳珪 선산山先

갈마음수형 갑좌 건득 정파(甲坐 乾得 丁破)
묘지소재 : 전남 장성군 삼계면 수각동 손간진국(巽艮震局)

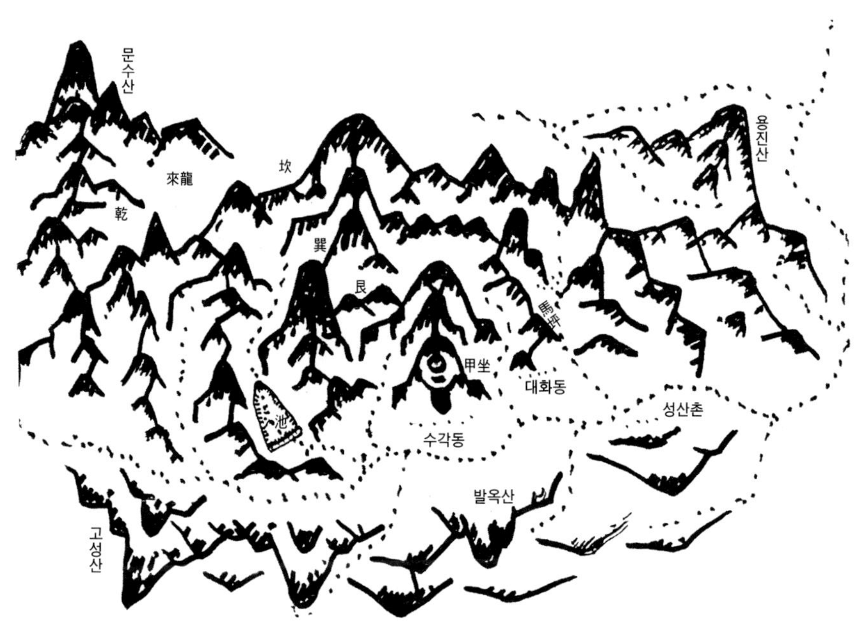

천인발복지지(賤人發福之地)다.

어느 날 장성 땅에 명당을 사라고 외치는 기인(奇人)이 나타났다. 하지만 아무도 그 말을 귀담아 듣지도 않았거니와 관심을 보이지도 않았다. 오로지 한 사람, 천한 자신의 신분을 비관하면서 후손들에게는 가난을 물려주지 않으려고 몸부림치고 있던 조씨(曺氏)만이 어려운 살림살이임에도 불구하고 선뜻 쌀 두 섬을 내주고 이 자리를 사서 묘를 썼다.

과연 이 자리에 장례를 치른 뒤 3, 4대손은 만석꾼이 되었고, 조선조

말 대원군(大院君) 시대에는 박사가 나왔다.

5대손 조영규(曺永珪)는 초대 제헌국회의원(制憲國會議員)이 되어 자유당의 독재에 맞서 활약했으며, 6대손 조기상(曺淇相)은 5공화국에서 11대 국회의원과 정무장관(政務長官)을 지냈다.

＊안산에 호승예불형(胡僧禮佛形) 대지(大地)가 있다. 한세지보물(罕世之寶物)을 속수가호(屬誰家乎)아.

석산명당 – 적계장씨 조묘績溪張氏 祖墓 음등혈陰騰穴

일산개 석골산 조천랍촉혈 광명혈 산정혈(一山皆 石骨山 照天蠟燭
形 光明穴 山頂穴)

　이러한 혈(穴)을 괴혈(怪穴)이라고도 하고 천교혈(天巧穴)이라고도 하는데, 높은 산꼭대기에 있는 모습이 아름다우면서도 동시에 괴이한 혈을 말한다.

　일찍이 장자미(張子微 ; 중국 송나라 때의 유명한 풍수학자)가 자신의 저서인 옥수진경(玉髓眞經)에서 천교혈에 대해 말한 바 있다.

　제일천교(第一天巧)는 가장 높은 혈이니 보통 사람은 두렵고 무서워하며 버리는 곳인데 공부가 얕아서 높은 곳에는 혈이 없는 줄로만 알기 때문이다. 천교산정(天巧山頂)은 청룡과 백호가 나뉘는 곳이며, 높은 자리라도 평평하여 외부와 교류하기 위한 통로가 있고, 혈의 가운데에 이르러 보면 절반은 하늘에 오른 듯 높아 보인다. 사방으로 백리가 보이는 곳에서 혈을 정하는데, 이와 같은 곳에 장례를 모시면 신동이 장원급제하고 자자손손이 다 관록을 크게 받는다고 한다. 높이 솟아서 마치 하늘에 있는 것 같으므로 천교혈이라 하는데, 비록 높은 산 위에 있으나 올라보면 시원하게 활짝 열려 평지에 있는 느낌이다. 하지만 아주 높은 산꼭대기이므로 사면팔방으로 보이는 것이 수려한 봉우리들이요, 조산과 안산이 중첩되고, 명당자리가 무리를 이루며, 물이 기울지 않고 춥거나 외롭게 느껴지지 않으니 진혈이 맺히는 것이다.

　이런 혈(穴)은 하늘의 뜻으로 명사(名師)나 신령(神靈)이 인도하여 쓰는 것이다. 장요흥(張饒興) 같은 선사가 목국공 조모산(沐國公 祖母山)인 양호상교형(兩虎相交形)을 3개월 만에 찾아 써주었고, 뇌포의(賴布衣) 같은 명사(名師)도 황씨(黃氏)에게 황사청합형(黃蛇聽合形)을 써주는데 세 번이나 옮기면서 진혈(眞穴)을 찾았고, 김성의(金誠意) 같은 명사도 정씨(鄭氏)에게 편산(鞭山)에 있는 선녀등공형(仙女騰空形) 명당(名堂)을 20년 동안 왕래 끝에 혈을 찾아 써주었다. 모두 대지교혈(大地巧穴)이었기 때문인 것이다. 철사(哲師)도 이러하거늘, 불과 몇 년 공부에 아는 체 하면 큰 오류를 범한다.

장구씨(張九氏)가 적덕지공(積德之功)으로 꿈에서 얻은 명당

장구씨(張九氏)가 경장(卿莊) 땅을 가다가 들판의 측간에서 보따리 하나를 주워 끌러보니까 거금과 금은보화가 가득 들어 있었다. 주인을 기다려도 오지 않으므로, 방을 크게 써 붙여놓고 집으로 와서 기다렸더니 며칠 후에 주인이 찾아왔으므로 보따리 주인이 확실한지를 확인하고 되돌려 주었다. 10여 일 뒤 꿈에 조부(祖父)가 나타나서 말하였다.

"네가 드러나지 않은 덕을 쌓아 하늘에서 길지명당(吉地名堂)을 주신다니 내일 서쪽으로 10여 리를 가면 다리가 있다. 그곳에 가면 산을 팔려는 사람이 있을 터인즉 그 산을 사거라."

조부가 일러준 대로 그곳에 도착하니까, 두 사람이 오더니 그중 한 사람이,

"내가 당신에게 갚을 빚을 저 산으로 이전하겠소."

하고 말하자, 다른 한 사람이,

"아니 되오. 나는 객지사람인데 저 산이 무슨 소용이 있겠소, 돈으로 갚으시오"

했다.

이때 장씨가 거액을 대신 지불하고 그 석산(石山)을 샀다. 그 후 지사에게 보였으나 산이 온통 석산이라 혈(穴)이 될 만한 곳을 찾지 못했다. 계속 100여 명의 지사(地師)를 청해서 보였으나 역시 허사였다. 실망하였다. 결국 '내가 덕이 모자라는 것' 이라고 생각하고 많은 사람이 지나다니는 냇물에 다리를 놓아주고 그 밖의 좋은 일도 계속하였다.

그로부터 3년이 지난 어느 날 장씨의 처가 꿈을 꾸었는데 신령(神靈)이 나타나서 "조천랍촉혈(照天蠟燭穴)이 그 산의 정상에 있으니 찾아 써라. 대부대귀(大富大貴) 한다"고 말하였다.

이 말을 들은 장씨는 기뻐서 산의 정상에 올라가 보니 역시 이곳도 석

산이지만 그럴듯한 곳이 있기로 돌멩이를 제거하여 보니 진실로 좋은 흙이 있는데 겨우 관(棺) 하나를 놓을만한 자리였다. 장씨는 택일(擇日)하여 장기친(葬其親)하였다. 이곳은 산꼭대기라 원진수(元辰水)가 곧장 빠져나가 초년에는 불리하였으나 50년이 지나면서부터 크게 발복하였다.

세상 사람들은 음덕명당(蔭德名堂)이라고 불렀다. 괴혈(怪穴)은 천지(天地)의 기밀(氣密)이라 적덕(積德)으로 얻어지는 것이요, 인력(人力)으로 구한다 하여 얻어지는 법이 아니다. 그러므로 이런 괴혈은 마음을 바로 쓰고 사색을 밝게 하면 수년 만에 얻기도 한다.

고인(古人)이 이르기를 '1년학득(一年學得)에 심룡(尋龍)이나 10년을 배워도 점혈(點穴)은 못한다'고 하였고 '바라봄으로써 용을 찾기(望勢尋龍)는 쉬우나 산에 올라 혈을 찾기(登山尋穴)은 어려운 것이다. 만약 손가락 하나 차이만이라도 그르치면 만산(萬山)이 가로막힌 것과 같은 차이가 난다' 하였다. 그러므로 생기(生氣)를 탄다함은 오로지 점혈(點穴)하는데 있다.

석산토혈 – 언양 봉화산彦陽 烽火山 비룡등공형飛龍騰空形

건간감국 임좌 진파(乾艮坎局 壬坐 辰破)

H건설 P소장 선산(先山)

운중반룡형(雲中蟠龍形) 간감건국 해좌(艮坎乾局 亥坐)
D건설 G사장의 선산(先山)
백자천손부귀지지(百子千孫富貴之地)

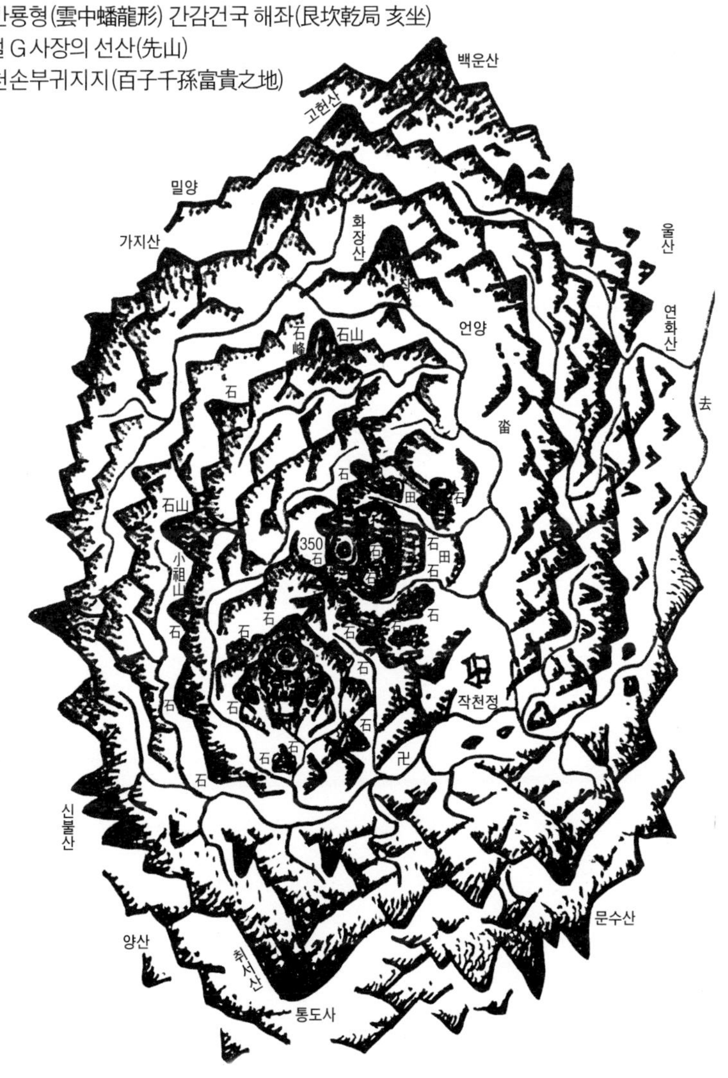

영남알프스라고 불리는 고헌산, 천황산, 신불산, 취서산(혹은 영취산) 등등 해발 1천 미터 이상의 용봉(聳峰)들이 첩첩으로 하늘을 찌르며 서북방을 대병풍보전(大屛風寶殿)처럼 둘러싸고 있는 가운데 동남방으로 통하는 어름에 해발 350미터의 봉화산(烽火山)이 단정히 자리를 잡고 있어서, 언양 입구에서 바라보니 금반옥과(金盤玉果) 같다. 등혈(登穴)하여 보니 관음보살(觀音菩薩)이 연꽃 위에 앉아 있는 모습이었다.

옥도끼로 다듬어 놓은 것 같이 생긴 거암(巨巖) 위에 일눈지지(一嫩之地)가 심교(甚巧)하게 결혈(結穴)하였으니 어찌 아름답지 않으리오. 그야말로 운중반룡이요, 비룡등공형이라, 사시장류 청계지상(四時長流 淸溪之上) 작천정(酌川亭)에서는 풍류를 즐기는 시인묵객들의 음률소리가 귀를 즐겁게 하도다.

장후(葬後) 양가(兩家)가 다같이 치부(致富)하였다.

석산토혈 – 임실任實 금계포란형金鷄抱卵形

국회의원 진직현(晉直鉉)의 조산(祖山)

건해룡 곤신전신 유입수 경좌 축득손파(乾亥龍 坤申轉身 酉入首 庚坐 丑得巽破) (洪成文大師 遷)

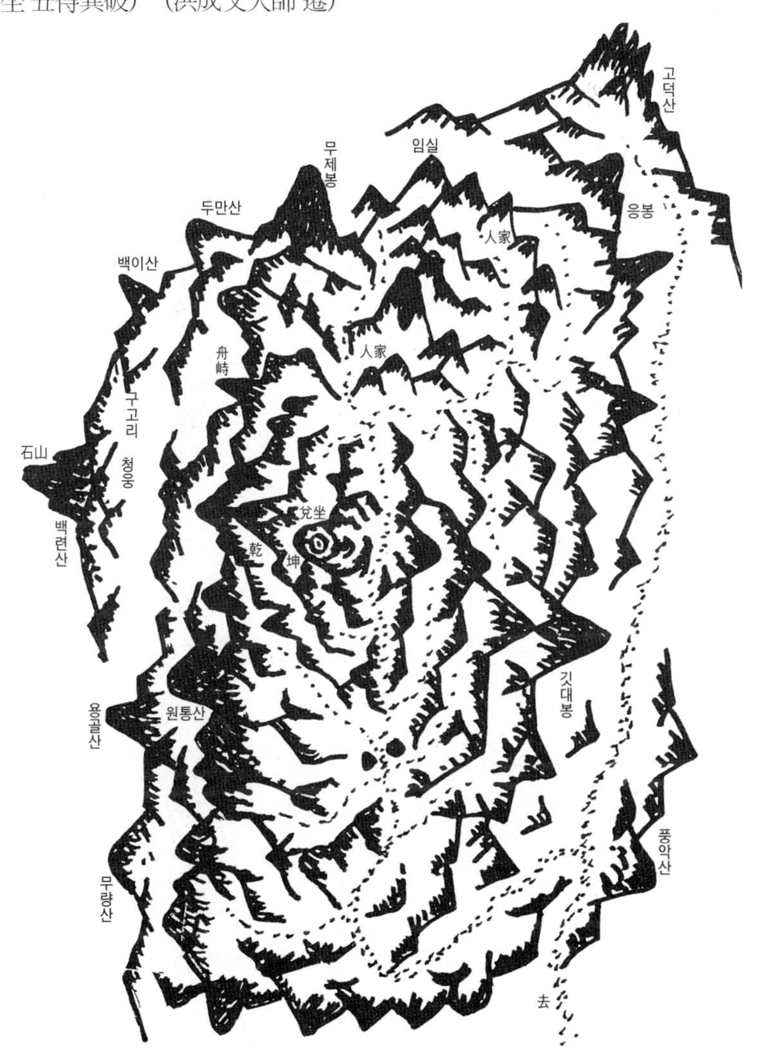

1880년대 구한말(舊韓末)에 진대엽(晋大燁)은 임실의 아전(衙前)이었다.

그 무렵 임실 장날이면 명당(名堂) 사라고 외치고 다니는 주정뱅이가 있었다. 그가 홍성문대사(洪成文大師)인지라 양반층에서는 거들떠보지도 않았다.

진씨(晋氏)는 명당을 써서 양반(兩班)이 되어 행세하고 싶었다. 홍성문대사를 후히 대접하여 얻어 쓴 묘가 금계포란형(金鷄抱卵形)이다. 장례 후 진씨는 4형제를 낳았는데 재석(在碩), 재학(在學), 재택(在澤), 재황(在璜)이다.

4형제 모두 인물이 준수하고 풍만하여 대웅전(大雄殿)의 부처님같이 잘 생겼다. 점차 치부해서 만석꾼이 되었고, 군수(郡守)는 허수아비로 두고 진씨(晋氏)가 군수 행세를 했다. 대원군(大院君) 시절에 4형제가 모두 참봉(參奉)이 되었으며, 장손 직현(直鉉)은 일제시대에 조선총독부(朝鮮總督府) 중추원참의(中樞院參議 ; 지금의 국회의원격)이었고, 해방 후에는 대한민국 초대 제헌국회의원(制憲國會議員)에 당선되었다.

＊전라도(全羅道) 아전(衙前)은 전부 고려조(高麗朝) 충신(忠臣)들의 후손인데 명당(名堂) 쓰고 다 잘 되었다.

＊해방 후 1공화국 때 전라도 국회의원 절반 이상이 아전들의 후손이었다.

＊이 근처에 비봉포란형(飛鳳抱卵形) 명당이 있다. 결왈(訣曰) 백자천손 십상팔장 삼왕비지지(百子千孫 十相八將 三王妃之地)라 하였다.

암상명당 – 예천醴泉 문경聞慶 사이 연주패옥형聯珠佩玉形

임란시(壬亂時) 명(明)나라 두사충(杜思忠)이 정탁(鄭琢)에게 알려
준 자리

조선조 선조(先祖) 때 동양 3국(朝鮮, 明, 日本)은 대변혁기였다. 명
(明)나라는 서서히 쇠퇴하는 데 반하여 여진족(女眞族)의 세력은 날로

팽창하고 있었으며, 일본(日本)은 서양문물을 받아들여 국력(國力)이 눈부시게 신장(伸長)하고 있었다. 일본은 그 여세로 조선(朝鮮)을 침략했으니 임진왜란(壬辰倭亂)이다. 당시 조선(朝鮮)은 동인(東人)과 서인(西人) 간의 당쟁으로 조정(朝廷)은 혼미(昏迷)했으며 백성(百姓)들은 궁핍(窮乏)했다.

임진(1592)년 4월 13일 오후 5시 일본군(日本軍) 30여만 명이 침입한 지 불과 20일 만인 5월 2일에 수도 한양(漢陽)을 내주고 말았다.

조선(朝鮮)은 이때 명(明)나라에 조공(朝貢)을 바치고 있었으므로 명나라에 원병(援兵)을 청했다. 명나라는 이여송(李如松)을 주장으로 삼아 원병을 보냈는데, 지사 두사충(杜思忠)이 군진(軍陣)의 장소(場所) 등을 정하는 임무를 맡아 함께 들어왔다.

정탁(鄭琢 ; 1526~1605)은 선조 때의 문신으로 정이충(鄭以忠)의 아들이며 예천 사람이다. 퇴계 이황(退溪 李滉)의 문인(門人)으로 1552년 생원시에 합격하고 1558년 문과에 급제했다. 교서관(校書館)의 향실(香室)에서 당직을 할 때 문정왕후(文定王后)가 불공(佛供)에 쓸 향을 보내라 하자, "향은 교사(郊祀 ; 임금이 동지와 하지에 교외에서 지내던 제사)에 쓸 것이므로 불공에 쓸 수는 없다"고 거절하였다. 이로써 명성이 높아져 사간원 정언(司諫院 正言)이 되자 윤원형(尹元衡)을 탄핵했으며, 여러 청직(淸職)을 역임한 뒤 이조판서를 거쳐 좌찬성에 올랐을 때 일본(日本)의 사신(使臣)을 만나보고 난(亂)이 있을 것을 예견하였다.

임진왜란이 일어나자 약방제조로서 왕을 의주까지 호종(扈從)했으며, 1594년에 우의정, 1600년에 좌의정에 올랐다. 박학다식하여 경서(經書)는 물론 천문, 지리, 병법에 이르기까지 정통했으며 이순신(李舜臣), 곽재우(郭再佑), 김덕령(金德齡) 등 명장을 발탁했고, 특히 이순신이 무고를 당해 사경에 이르렀을 때는 죄가 없음을 주장하여 구원

(救援)하였다. 예천의 도정서원(道正書院)에 제향(祭享)되었고, 시호
는 정간공(貞簡公)이다.

　임진왜란이 한창일 때 정탁(鄭琢)이 명(明)나라의 지사 두사충(地
師 杜思忠)과 함께 현재의 문경시 동로면에서 유숙하게 되었다. 빼어
난 좌우의 산세를 두루 살펴보던 두사충이 감탄하면서 "36대에 걸쳐
장군과 정승이 나올 땅이 여기에 있구나" 하였다. (문경군지 참조)

　두사충이 이어서 말하기를 "연주패옥형은 일암지상 월암지하(日岩
之上 月岩之下)라. 개점미단(蓋粘尾端) 결혈(結穴), 계축룡 임감좌 명
경사(癸丑龍 壬坎坐 明鏡砂), 용도, 화호, 공덕봉안, 불견천주봉(龍桃,
花虎, 功德峰案, 不見天柱峰). 우수좌류 미파 진거(右水左流 未破 辰去)
라서 36대에 걸쳐 장군(將軍)과 정승(政丞)이 나올 땅이다" 하였다.

　두사충이 우의정 정탁을 위하여 위치를 표시하여 주었으나, 정탁이
유언(遺言) 한마디 없이 작고(作故)하여 오늘날까지 비어 있는 채 버
려진 자리다.

　1997년 7월 6일 경향신문에 게재된 '손모(孫某)가 여러 날 찾다가
뜻을 이루지 못하고 돌아갔다' 는 기사를 읽고 8월 10일 동로면에 가
서 도면을 그려보았다. 어진 사람, 효성이 지극한 사람, 덕을 쌓은 집안
에서 쓸 자리란 것만 밝혀둔다. 지금도 부호들이 지사를 대동하고 심혈
(尋穴)하나 공행(空行) 한 사람이 많다는 이야기를 지방인사(地方人
士)에게 들었다. 속안(俗眼)들이 백식견지(百拭見之) 한들 어찌 각점
(覺點) 할 것인가.

　＊문경 새재의 비조형(飛鳥形)과 상등지지(相等之地)다.
　월령(越嶺) 연풍(延豊)의 옥녀직금형(玉女織錦形)도 조령(鳥嶺)
　아래의 명당(名堂)이다.

이다.

화성혈(火星穴) 사병오정좌(巳丙午丁坐) 기왕형응지국(氣旺形應
之局), 법장(合法葬)이면 병정사오생(丙丁巳午生)
과 진술축미생(辰戌丑未生)이 발복(發福)하고 임오
술년(寅午戌年)에 길응(應吉)한다.

토성혈(土星穴) 간곤진술축미좌(艮坤辰戌丑未坐) 기왕형응(氣旺形
應)에 합법장(合法葬)하면 무기진술축미생(戊己辰
戌丑未生), 갑자진년(申子辰年)에 발복(發福)한다.

천주 황상서 조산(泉州 黃尙書 祖山) 신좌인향 안산수려 임술년장
장후 5년 병인생 기축년등과 관지상서(申坐寅向 案山秀麗 壬戌年葬
葬後五年 丙寅生 己丑年登科 官至尙書)

임해 하상서 조산(臨海 何尙書 祖山) 경좌 갑향 갑경계유묘생 대발
부귀(庚坐 甲向 甲庚癸酉卯生 大發富貴)

손상서 조지(孫尙書 祖地) 묘좌유향 진방인석심교원평(卯坐酉向 辰
方印石甚巧圓平) 조부(祖父)와 손자(孫子)가 다 승상(丞相)이었는데
모두 무진생(戊辰生)이었다.

송시열선산(宋時烈先山) 묘좌유향 병오용수려(卯坐酉向 丙午龍秀
麗)한 고로 병오생 송동춘 준길 문묘배향군자(丙午生 宋同春 浚吉 文
廟配享君子)요, 주산목성(主山木星)이 수려(秀麗)하여 정미생 우암
송시열(丁未生 尤庵 宋時烈)이 생(生)하여 노론(老論)의 영수요, 정승
이요, 문묘배향(文廟配享)이요, 숙질배향(叔姪配享) 집이다.

＊국내(局內)에 특수(特秀)한 봉(峰)이 있으면 기봉방위생(其峰方
位生)이 나와 대발(大發)한다. 여 국내(如 局內)에 오봉(午峰)이 수려
(秀麗)하고 기운(氣運)이 충만하였다면 오년생(午年生)이 나와 크게

발복한다.

 * 여 병좌(如 丙坐)에 정사, 정해분금(丁巳, 丁亥分金) 명당(名堂)이면 정사생(丁巳生)과 정해생(丁亥生)이 발복한다.

 * 여 정미입수(如 丁未入首)가 노편맥(蘆鞭脈)으로 곱게 들어와서 작혈명당(作穴名堂)이라면 정미생(丁未生)이 대발(大發)한다.

 * 인신사해택(寅申巳亥擇)은 장자발(長子發), 자오묘유택(子午卯酉擇)은 중자발(中子發), 진술축미택(辰戌丑未擇)은 삼자발(三子發).

해남海南의 금계포란형金鷄抱卵形 고산 윤선도孤山 尹善道의 묘

묘지소재 : 전남 해남군 현산면 만안리

곤신룡 병오전신 병입사좌 현무파 장원순평무흠지지
(坤申龍 丙午轉身 丙入巳坐 玄武破 長遠順平無欠之地)

윤선도(尹善道 ; 1587~1671)의 본관은 해남, 자는 약이(約而), 호는 고산(孤山), 시호는 충헌(忠憲)이다. 1612년 진사가 되고, 1616년 성균관 유생으로 권신 이이첨(李爾瞻) 등의 횡포를 상소했다가 함경도 경원에 유배되었다. 1623년 인조반정(仁祖反正)으로 풀려나 의금부 도사가 되었으나 곧 사직하고 낙향, 여러 관직(官職)을 모두 사퇴(辭退)했다. 1628년 별시문과 초시에 장원, 왕자사부가 되어 봉림대군(孝宗)을 도왔다.

1629년 형조정랑을 거쳐 1632년 한성부서윤을 지내고 1633년 증광문과에 급제하였으나 모함을 받고 파직되었으며, 1636년 병자호란(丙子胡亂) 때 왕(王)을 호종(扈從)하지 않았다 하여 영덕에 유배(流配)되었다가 풀려나 은거(隱居)했다.

1652년 효종(孝宗)의 명으로 복직(復職), 예조참의 등에 이르렀으나 서인(西人)의 중상(中傷)으로 사직했다가 1657년 중추부첨지사에 복직되었다. 1658년 동부승지 때 남인(南人) 정개청(鄭介淸)의 서원 철폐(書院撤廢)를 놓고 서인 송시열(宋時烈) 등과 논쟁(論爭), 탄핵(彈劾)을 받고 삭직(削職)되었다.

1659년 남인(南人)의 거두(巨頭)로서 효종(孝宗)의 장지(葬地) 문제와 자의대비의 복상(服喪)문제를 가지고 서인(西人)의 세력을 꺾으려다가 실패, 삼수에 유배당하였다. 치열한 당쟁(黨爭)으로 일생을 거의 벽지의 유배지에서 보냈으나 경사(經史)에 해박하고 의약(醫藥), 복서(卜筮), 음양(陰陽), 지리(地理)에도 통하였으며, 특히 시조(時調)에 더욱 뛰어났다. 그의 작품(作品)은 한국어(韓國語)에 새로운 뜻을 창조(創造)하였으며 정철(鄭澈)의 가사(歌辭)와 더불어 조선시가(朝

鮮詩歌)의 쌍벽을 이루었다. 사후(死後)인 1675년 숙종(肅宗) 때에 남인(南人)의 집권으로 신원(伸寃)되어 이조판서가 추증(追增)되었으며, 저서에 '고산유고(孤山遺稿)'가 있다.

고산(孤山)은 풍수지리(風水地理)에 밝아 조선사격길흉론(朝鮮砂格吉凶論)의 1인자다.

해남군 현산면 만안리 금쇄동의 금계포란형(金鷄抱卵形)은 운중반룡격 초중반사격(雲中盤龍格 草中盤蛇格)으로 대회룡작국(大回龍作局) 명당(名堂)인데 고산(孤山)의 만년유택(萬年幽宅)이다.

이의신(李懿信)은 광해군(光海君) 때의 국풍(國風)인데 원주이씨(原州李氏)요, 해남군 마산면 맹진리 태생이다.

고산(孤山)은 처음에 자신의 신후지(身後地) 좌향(坐向)을 병좌(丙坐)로 잡았다(離坤離는 不成交라서 발복하지 않는다).

이의신(李懿信)은 고산(孤山)의 당고숙(堂姑叔)이다. 그는 사좌해향(巳坐亥向)으로 바로잡아 주었다(離坤巽은 태교혈이다).

＊아무리 명당길지(名堂吉地)라도 좌향(坐向)과 분금재혈(分金裁穴) 및 택일(擇日)에 오류(誤謬)가 있으면 화선발(禍先發)하고 복불래(福不來)요, 여기시동(如棄尸同)이라고 경(經)에 일렀다.

고산(孤山)의 장후(葬後) 윤씨(尹氏)들은 백자천손(百子千孫)이요, 부귀겸전(富貴兼全)한 해남호족(海南豪族)이 되었다.

남원 비홍치南原 飛鴻峙 호곡단풍형鴻鵠斷風形

을좌 간손진국 수출대귀이빈국(乙坐 艮巽震局 雖出大貴而貧局)

영의정 돈촌 황희 조지(旽村 黃喜 祖地) 〈懶翁大師 遷〉
묘지소재 : 남원군 대강면 풍산리 산촌 풍계서원 손방황산(楓溪書院 巽方黃山)

부국 숙호형 손이곤국 곤좌(富局 宿虎形 巽離坤局 坤坐)

나옹대사(懶翁大師)는 홍곡단풍형(鴻鵠斷風形)이 출대귀지지(出大貴之地)이나 빈국(貧局)이기 때문에 부국지지(富局之地)인 숙호형(宿虎形)을 써주었다.

나옹대사(懶翁大師)는 고려말(高麗末) 공민왕(恭愍王) 때의 왕사(王師)요, 지공(指空), 무학(無學)과 함께 삼대화상(三大和尙)으로 불렸고 신륵사(神勒寺)에서 죽어 이색(李穡)이 글을 지어 세운 부도(浮屠)가 양주 회암사(楊州 檜巖寺)에 있다.

나옹대사가 수년 동안 남원의 산사(山寺)에 머물 때 윤진사(尹進士)한테서 비홍치 홍곡단풍형(飛鴻峙 鴻鵠斷風形) 명당(名堂)을 잡아주기로 하고 3년에 걸쳐 천냥(千兩)을 가져다 썼다.

삼년이 지나도 차일피일(此日彼日)하고 명당(名堂) 자리는 일러주면서 재혈(裁穴)과 택일(擇日)을 해주지 않았다. 화가 난 윤진사(尹進士)는 노발대발 나옹대사를 묶어놓고 무수히 구타했다. 나옹대사가 사경(死境)에 이르자 풀어놓았다. 유혈 낭자한 나옹대사가 광한루(廣寒樓) 앞을 지날 즈음에 황돈촌 부친(黃旽村 父親)께서 가련히 여기고 집으로 데려다 상처 치료를 해주고 윤진사에게 천냥(千兩)을 대불(代拂)했다.

월여 만에 황씨(黃氏)와 나옹대사는 비홍치로 왔다. 그 전에는 비홍치에만 오면 운무(雲霧)가 가리거나 비가 와서 재혈(裁穴)을 못했는데, 그날따라 일기화창(日氣和暢)하여 백리산천(百里山川)이 명경(明鏡)알같이 훤히 보였다.

돈촌 조부(旽村 祖父)를 안장(安葬)한 후에 말하기를, "하루 속히 개성(開城)으로 이사를 가라. 2대 후 명재상(名宰相)이 둘이 나오고 충장(忠將) 하나가 나올 것이며, 명전천추(名傳千秋)할 것이다. 이후 적성강(赤城江) 물이 보일 때까지는 부귀하나 그 후의 일은 미지(未知)

로다.” 하였다.

과연 그 후 조선조 세종대왕(朝鮮朝 世宗大王) 때 돈촌(旽村)은 영상(領相)의 자리에 올라 18년간을 재임하고 많은 치적을 올렸다. 그의 아들 황수신(黃守身)은 음보(蔭補)로 도승지(都承旨)를 거쳐 우상, 좌상, 영상(右相, 左相, 領相)에 오름으로써 조선조 부자정승(朝鮮朝 父子政丞)집이 되었다.

황진(黃進) 장군은 임란(壬亂)의 삼대장(三大將 ; 忠武公. 權慄과 함께)이요, 진주성(晋州城)에서 전사했다. 증좌찬성(贈左贊成) 진주 창렬사(晋州 彰烈祠)에 제향(祭享)하고 시호(諡號)는 충민공(武愍公)이다.

장후 세월이 여류하여 600년이 되었다. 그간에 토사(土砂)가 밀려 적성강(赤城江) 한가운데 섬이 생겨 물줄기가 바뀌어졌다. 처음 장사(葬事)할 때에는 적성강(赤城江) 물이 화산(華山) 바로 밑으로 흘렀으나 지금은 천미터 밖으로 물러났다. 그 후로는 경무현관(竟無顯官)이다.

나옹대사(懶翁大師)와 같은 형안(炯眼)이 아니면 몇 백년 후사(後事)를 짐작이나 했을 것인가. 여차관지즉 물각유주(如此觀之則 物各有主)요, 적덕(積德)을 해야 명당(名堂)을 써서 부귀영화(富貴榮華)를 누린다는 것을 독자들은 깨달았을 것이다.

순창 마흘리淳昌 馬屹里 천마동주형天馬東走形

광김부자(光金父子) 현인혈식지지(賢人血食之地)
감간건 태교혈(坎艮乾 胎交穴) 김극유(金克忸)의 묘

조선조(朝鮮朝) 성종(成宗 ; 1457~1494) 때 독상(獨相 ; 정승 세 자
리 중 두 자리가 빈 채 홀로 정승을 지냄)으로 8개월을 지낸 것을 부끄

럽게 여겨 장남의 이름을 극유(克忸)라고 지은 김국광(金國光)의 장남
김극유(金克忸) 대사간의 묘다.

김극유의 장인 박성양(成陽) 감찰이 찾아준 자리다.

조선최대발복(朝鮮最大發福) – 광산김씨 선산(光山金氏 先山)

광산김씨(光山金氏)는 우리나라의 으뜸가는 명문가(名門家)이다.
특히 사계 김장생(沙溪 金長生)의 자손에서 대대로 석학(碩學)과 거유
(巨儒)가 나왔기 때문에 명문으로 꼽힌다. 조선조(朝鮮朝)에서 광산김
씨 집안의 대제학 7명은 모두 사계 김장생의 자손이다. 광산김씨는 조
선조에서 265명의 문과급제자(文科及第者)를 배출하였는데 그 가운
데 정승(政丞)이 2명이다.

*사계 김장생(沙溪 金長生)은 광산김씨의 초대 정승인 김국광(金國
光)의 5대손이며 천마동주형(天馬東走形)에 묻힌 대사간 김극유(金
克忸)의 4대손이며, 대사헌 김계휘(金繼輝)의 장남이다.

*사계(沙溪)는 문묘(文廟)에 배향(配享)된 큰 학자인 의암 송시열
(尤庵 宋時烈)의 스승이다.

*사계(沙溪)의 아들 신독재 김집(愼獨齋 金集)은 효종(孝宗) 때 대
사헌과 이조판서를 지내고 학덕이 높아 문묘에 배향되었으니, 부자(父
子)가 문묘(文廟)에 배향(配享)된 집안이 되었다.

*김집(金集)의 아우 반(槃)은 인조(仁祖) 때에 이조참판을 역임했
고 그의 여섯 아들 중 익렬(益烈)은 남원부사, 익희(益熙)는 대제학, 익
겸(益兼)은 병자호란(丙子胡亂) 때 순절(殉節), 익훈(益勳)은 형조참
판, 익후(益煦)와 익경(益炅)은 대사헌으로 모두 뛰어났으며 그 후손
(後孫)이 번창하여 전성기를 이루었다.

*김천택(金天澤)은 익렬(益烈)의 증손이요, 그가 지은 청구영언(靑

丘永言)은 국문학(國文學)의 귀중한 자료다.

 * 영조(英祖) 때의 영의정 김상복(金相福)은 익희(益熙)의 고손자
(高孫子)이다.

 * 정조(正祖) 때의 우의정 김희(金熹)는 익희(益熙)의 5대손이다.

 * 유명한 대제학 김만기(金萬基)와 김만중(金萬重)은 익겸(益兼)의
아들이다.

 * 김만기(金萬基)는 숙종비 인경왕후(肅宗妃 仁敬王后)의 부친이기
도 하다.

 * 김만기(金萬基)의 아들 김진규(金鎭圭)는 숙종(肅宗) 때 예조판서
에 대제학을 지냈고, 김진규의 아들 김양택(金陽澤)은 영조 때 대제학
을 거쳐 영의정을 지냈으니 3대 대제학이었다.

 * 또 김진규(金鎭圭)의 아들이 8형제 가운데 춘택(春澤)은 숙종(肅
宗) 때의 유명한 문인이며 그의 5대손은 이조판서와 대제학을 역임한
김영수(金永壽)이고, 보택(普澤)은 숙종(肅宗) 때 관찰사를 지냈는데
노론(老論)의 선봉(先鋒)으로서 문장과 필법 그림에 일가를 이루었고,
운택(雲澤)은 참판을 지냈다.

 * 이처럼 사계(沙溪) 선생 한 사람의 자손이 부귀를 누렸는데, 알고
보면 순창 마흘리에 있는 천마동주형(天馬東走形) 명당의 음덕(蔭德)
이다.

 전설에 따르면 300년 대발복(大發福)에 만년향화지지(萬年香火之
地)라 한다.

 ① 용장혈졸(龍壯穴拙)이라 묘 앞이 짧아 석축(石築)으로 순전(脣
氈)을 달아냈다.

 ② 천마동주형(天馬東走形) 명당을 찾아준 이는 박감찰(朴監察)인
데 3형제가 모두 명사(名師)였다. 장남인 박감찰은 아들이 없었다.

외손봉사(外孫奉祀)로 향화(香火)를 받겠다고 정혈(正穴)은 사위, 딸은 정혈 바로 위, 자기는 딸의 자리 위에 묻어달라고 유언했다. 그래서 그리 넓지 않은 땅에 3기(三基)가 상중하(上中下)로 있다.

둘째 아들이 천하제일(天下第一)의 땅을 신후지(身後地)로 정하고 죽어서 쓴 묘가 갈담(葛潭) 뒷산 기슭에 있다. 속칭 잉어명당(鯉魚名堂)인데 절손무후(絶孫無後)하다. 풍문에는 후손이 중국에 들어가 이부상서가 되었다는데 알 수 없는 일이다.

막내아들(季子)이 "나는 백자천손지지(百子千孫之地)로 가야겠다"고 정해 놓은 자리가 금계포란형(金鷄抱卵形)인데 갈담 동북방에 있다. 3형제의 자손 가운데 이 집 자손만이 임실군 청웅면 구고리에서 행세하고 있다.

③ 이를 미루어 보건대 명사(名師)라 하여 언제나 대지명당(大地名堂)을 쓰는 것이 아니다.

이곳에서 멀지 않은 갈담에 명안낙수형(鳴雁落水形), 옥녀직금형(玉女織錦形), 금두괘벽형(金斗掛壁形), 평사낙안형(平沙落雁形) 등등 명당(名堂)이 있는데 다 버리고 소소지혈(小小之穴)인 금계형(金鷄形), 잉어형(鯉魚形)을 신후지(身後地)로 정했으니 말이다. 명당(名堂)은 적덕주인(積德主人)이 따로 있기 때문이다.

의왕 고천동儀旺 古川洞 금계포란형金鷄抱卵形

(二奇僧 所點)

청풍김씨(淸風金氏) 인백공(仁伯公)의 부인 안동권씨(安東權氏)의 묘. 독자(獨子) 김극형(金克亨)이 매토용산(買土用山), 천인발복지(賤人發福地).

성산발 손사 수십리 내룡(城山發 巽巳 數十里 來龍) 수원북 20리 광교산(水原北二十里 光敎山)에 이른다. 손사과협 경기(巽巳過峽 更起)하여 중조산(中祖山)을 만들고 간인낙10리 전신손사6리 회룡고조

(艮寅落 10里 轉身巽巳六里 回龍顧祖)로 오봉산(五峰山 ; 小祖山)에 이른다. 소조산(小祖山)에서 곤신오봉 소봉삼봉 술회신입수 유좌묘향 손사득 계축파 건해방장류(坤申五峰 小峰三峰 戌回辛入首 酉坐卯向 巽巳得 癸丑破 乾亥方長流).

북 관악산(北 冠岳山), 남 구봉산 칠보산(南 九峰山 七寶山), 동 백운산(東 白雲山) 바라산, 서 수리산 수암산(修理山 秀岩山) 삼길육수 구비(三吉六秀 具備).

청풍김씨(淸風金氏) 시조는 김대유(金大猷)인데 고려말기(高麗末期)에 문하시중에 올랐다.

그러나 수백 년 동안 청풍김씨는 벼슬도 시원치 않고 외로워 유야무야 지자지(有耶無耶 知者知)하고 부지자(不知者)는 부지(不知)한 미미한 집안이었다.

때에 이르면 풍송등왕각(風送騰王閣)이라더니 조선조후기(朝鮮朝後期)에 금계포란형(金鷄抱卵形)을 쓰고 일약 욱일승천격(旭日昇天格)으로 명문세족(名門世族)이 되었다.

숙종(肅宗 ; 1661~1720) - 영조(英祖 ; 1694~1776) - 정조(正祖 ; 1752~1800) 시대를 중심으로 하여 크게 권문세가(權門勢家)로서 명성(名聲)을 떨쳤다.

이 가문에서 정승 8명을 비롯하여 대제학 3명, 왕비 2명이 나왔는데 모두 이 시기의 인물이며, 특히 이 가문에서 조자손(祖子孫) 3대영상(三代領相)과 부자영상(父子領相)을 배출하였다.

청풍김씨(淸風金氏)를 명문세족(名門世族)의 반석(盤石) 위에 올려놓을 중흥인물은 김육(金堉 ; 효종 때의 영의정)과 김징(金澄 ; 현종 때의 전라관찰사) 두 사람이다.

김육(金堉)의 자손에서 정승 2명, 대제학 1명, 왕비 2명, 김징(金澄)의 자손에서 정승 6명, 대제학 2명이 배출되어 양대 주축을 이루었다.

영의정 김육의 장남 김좌명(金佐明 ; 현종 때 국구)은 예조와 병조판서를 역임했으며, 김좌명의 아들인 김석주(金錫胄)는 좌의정이었고, 김좌명의 고손자인 김시묵(金時默)은 정조의 국구이자 병조판서였다. 김시묵의 고손자인 김원식(金元植)은 고종 때 판서다. 김구(金構)는 숙종 때 4도의 관찰사와 6조의 판서를 두루 거친 사람이다.

김구의 아들인 김재로(金在魯)는 영조 때 영의정인데 40년 벼슬살이에 정승 자리에만 20년 있었다. 김구의 증손인 김종수(金鍾秀)는 좌의정, 김치인(金致仁)은 영의정이었다.

김징의 차남인 김배(金背)는 대제학, 김배의 5남 중 2남 취로(取魯)는 판서, 4남 약로(若魯)는 좌의정, 5남 상로(尙魯)는 영의정이 되어 일가의 세력을 크게 떨쳤다.

근대 인물로는 김윤식(金允植)이 김홍집(金弘集) 내각에 외무장관이요, 김규식(金奎植)은 상해 임시정부(臨時政府) 외무총장이었고 해방 후 입법의원 의장(立法委員 議長)이었다.

쇠잔(衰殘)한 청풍김씨(淸風金氏) 집안의 독자로 태어난 김극량(金克亮)은 가난하여 이대감댁(李大監宅)의 머슴이었다.

금계포란형(金鷄抱卵形) 명당(名堂)을 얻어 쓴 뒤 그 집 사위가 되고 만학(晩學)으로 글공부를 하여 도학(道學)과 문장(文章)으로 당시 저명한 학자가 되었으며 그 후손이 위와 같이 입신출세하였다.

“바람 가운데 땅바람이 가장 크다”고 선사(先師)가 말하였는데 과연 그렇지 않은가?

동래정씨 선산東萊鄭氏 先山 성교혈成交穴 야자형也字形

임감수두 간인 건해성교 계축입수 자좌(壬坎垂頭 艮寅 乾亥成交 癸
丑入首 子坐)

조선조 최대발복 명당(朝鮮朝 最大發福 名堂)

경(經)에 이르기를 "독서불여 안도(讀書不如 按圖)요, 안도불여 등산(按圖不如 登山)"이라 하였다.

안도(按圖)란 산도(山圖)를 말함이요, 산도를 그리지 못하면 용맥(龍脈)의 내력을 모르고 물의 오고가는 것을 모른다. 즉 용맥(龍脈)이 어느 방향에서 와서 무슨 결인(結咽)을 하고, 입수(入首)는 어떤 방위요, 좌(坐)와 득파(得破)의 방위 또한 분간할 수 없다. 그와 같이 중요한 것이 산도이다. 그 산도를 익힌 뒤에 산에 올라 사실을 확인하여 용진혈정(龍眞穴正)하면 용산(用山)하는 것이다.

옥리풍수(屋裏風水 ; 방안풍수)는 개권(開卷)이면 요요(了了)이나 등산(登山)하면 망연(茫然)이라.

산도를 잘 그릴 줄 알아야 하고 개안공부(開眼工夫)를 해서 격물치지(格物致知)라 일견(一見)하여 혈(穴)의 대소(大小)와 발복(發福)의 지속(遲速)과 잠발지지(暫發之地)인가 장원지지(長遠之地)인가를 알아야 하고 그 혈의 장단점과 지살(地煞)의 유무를 살펴야 한다. 혈(穴)은 혈이나 제살(制煞)할 수 없는 곳은 버려야 한다.

위의 산도(山圖)는 동래정씨(東萊鄭氏)가 이미 쓰고 발복(發福)한 명당(名堂)이다. 명당은 이와 같이 성교(成交 ; 태교혈의 조건을 갖춤)하여야 명당이다.

*천인(賤人)이지만 명당(名堂) 쓰고 크게 발복(發福)하여 귀하게 된 집안이 많다. 그 명당은 한결같이 성교혈(成交穴)이다.

진혈대지(眞穴大地)는 은장추졸(隱藏醜拙)하기 때문에 속안(俗眼)은 부지(不知)로다.

가국허화지지(假局虛花之地)는 사격(砂格)만 화려하지 성교(成交)치 못하여 패절(敗絶)한 것이다.

속안(俗眼)들은 자작총명(自作聰明)하여 가국허혈(假局虛穴)만 쓰고 부지불식간(不知不識間)에 절망한다.

＊성교법(成交法)을 다독(多讀)하여 숙지(熟知)해야 한다.

동래정총(東萊鄭塚) 명당해설(산도 참조)

乾亥龍⑥ 癸丑入首⑧ 乾亥角⑥과 艮寅角⑧下에 子坐①라.

河洛理數로 重重成交⑮ 度數다.

＊乾亥龍⑥ 癸丑入首⑧ 子坐① 計 15 度數 成交龍脈.

＊乾亥角⑥과 艮寅角⑧下에 子坐① 計 15 度數 成交穴.

단, 혈처(穴處)만 성교(成交)되고 용맥성교(龍脈成交)가 못된 자리는 일발후 패망(一發後 敗亡)한다.

진묵대사 모친震默大師 母親의 묘 행주형行舟形

모악산 진두 손이위이 평양미맥 득전(母岳山盡頭 巽離逶迤 平洋微脈 得田)

경기율산 진손혹계혹속 오정미기두 요뇌천재술락 신기입수유좌 삼노안축간파 요청룡 전현무 천년향화지지(更起栗山 辰巽或繼或續 午丁未起頭 凹腦天財戌落 辛氣入首酉坐 三櫓案丑艮破 繞靑龍 纏玄武 千年香火之地)

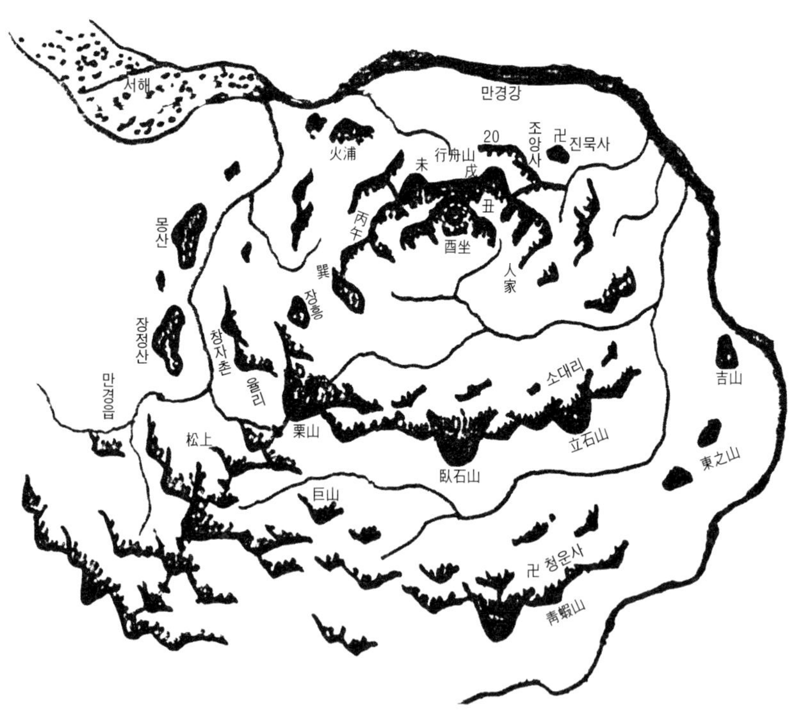

진묵대사(震默大師 ; 1562 明宗 17 年)는 김제시 만경면 화포리 불거촌(佛居村)이란 해변의 소촌(小村) 출생이다. 효행지극(孝行至極)하였으며 7세에 출가하여 전주 서방산 아래 봉서사(鳳棲寺)에서 선공부(禪工夫)를 하고 득도한 대선사(大禪師)다. 그의 기종이적(奇踪異跡)의 일화(逸話)가 이곳에서는 수없이 많다.

소어(川魚)를 먹고 잠시 후 토하면 수백 마리 산 물고기가 헤엄쳐 갔다. 해인사(海印寺)에 대화재(大火災)가 일어났는데 도술로 진화했다. 모악산 대원사(母岳山 大源寺) 마당에 목조(木造)로 사자상을 만들어 놓았는데 노천에 있는데도 400年 동안 썩지 않고 그대로 있다. 그가 남긴 시(詩) 한 수가 있는데,

天衾地褥山爲枕(천금지욕산위침)
月燭雲屏海作樽(월촉운병해작준)
大醉擧然因起舞(대취거연인기무)
小嫌長袖掛崑崙(소혐장수괘곤륜)

이라 하였다. 그의 비석문(碑石文)에『소석가, 조선진묵 역석가응신야(小釋迦, 朝鮮震默 亦釋迦應身也)』라 하였다.

진묵대사 모묘(震默大師 母墓)는 무자손(無子孫)이나 이 묘의 벌초를 하거나 제례(祭禮)를 지내면 면화치복(免禍致福)한 응험(應驗)이 있어서 세인(世人)이 연중(年中) 다투어 행하니 400년에 걸쳐 묘소수호(墓所守護)와 제례(祭禮)가 다자손(多子孫)의 명묘(名墓)보다 승(勝)하여 향화(香火)가 끊일 날이 없다.

진묵대사(震默大師)의 부도(浮屠)가 봉서사(鳳棲寺)에 있는데 요즘 기이한 일이 일어나고 있어서 찾는 이들을 신비감(神秘感)에 빠지게 만든다. 이 부도(浮屠)는 원래는 회색 화강암(花崗巖)으로 만들었다.

　최근 갑자기 수정석(水晶石)처럼 하얗게 변하기 시작할 뿐 아니라 새살이 돋아난 듯이 돌이 살아나서 더욱 신기(神奇)하다고 한다.

　혹자(或者)의 저서(著書)에 내룡(來龍)이 생기가 없고 향(向)도 절파태향을 놓아 살인 황천살(殺人黃泉殺)을 범했다고 사진까지 곁들여 오평(誤評)했다. 실로 가소로운 일이다. 곤건태 태교혈(坤乾兌 胎交穴)이요, 천덕파(天德破)이기 때문에 천년향화지(千年香火地)다. 더 공부(工夫)해야 할 것이다.

조선조(朝鮮朝)의 왕(王)

동구릉과 조선조(519년)의 왕

1대 태조(太祖 ; 1336~1408년) 재위 1392~98년, 6년 2월, 왕자의
　　난 골육상쟁

2대 정종(定宗 ; 1357~1419년) 재위 2년 2월, 차남, 양위

3대 태종(太宗 ; 1367~1418년) 재위 17년 10월, 5남

4대 세종(世宗 ; 1397~1450년) 31년 6월, 3남

5대 문종(文宗 ; 1414~62년) 재위 2년 3월, 장남

6대 단종(端宗 ; 1441~57년) 재위 3년 2월, 장남, 양위, 피살(무자)

7대 세조(世祖 ; 1417~68년) 재위 13년 3월, 차남

8대 예종(睿宗 ; 1450~69년) 재위 1년 2월, 차남

9대 성종(成宗 ; 1457~94년) 재위 25년 1월, 차남, 세조의 장남 덕
　　종(德宗) 추존, 윤비(尹妃 ; 연산군의 생모) 사사

10대 연산군(燕山君 ; 1476~1506년) 재위 12년, 장남, 폐출

11대 중종(中宗 ; 1488~1544년) 재위 38년 2월, 차남

12대 인종(仁宗 ; 1515~45년) 재위 9월, 장남(무자)

13대 명종(明宗 ; 1534~67년) 재위 22년, 차남(무자)

14대 선조(宣祖 ; 1552~1608년) 재위 40년 7월, 3남(중종의 9남
　　인 덕흥대원군의 3남), 임진왜란 7년

15대 광해군(光海君 ; 1575~1641년) 재위 15년 1월, 차남, 폐출

16대 인조(仁祖 ; 1595~1649년) 재위 26년 2월, 장남(선조의 5남
　　元宗추존의 장남), 병자호란

17대 효종(孝宗 ; 1619~59년) 재위 10년, 차남

18대 현종(顯宗 ; 1641~74년) 재위 15년 3월, 장남

19대 숙종(肅宗 ; 1661~1720년) 재위 45년 10월, 장남, 장희빈 사
　　건, 민비 출입사건

20대 경종(景宗 ; 1688~1724년) 재위 4년 2월 (무자)

21대 영조(英祖 ; 1694~1776년) 재위 51년 7월, 차남, 숙종과 최씨
　　사이에서 태어남

22대 정조(正祖 ; 1752~1800년) 재위 24년 3월, 차남(영조의 차남
　　인 사도세자의 차남)

23대 순조(純祖 ; 1790~1834년) 재위 34년 4월, 차남

24대 헌종(憲宗 ; 1827~49년) 재위 14년 7월, 장남(무자)

25대 철종(哲宗 ; 1831~63년) 재위 14년 6월, 3남(영조 → 사도세
　　자 → 사연군 3남 → 전계군 3남 → 강화도령 · 무자)

26대 고종(高宗 ; 1852~1919년) 재위 43년 7월, 차남(영조 → 사
　　도세자 2남 → 사신군 → 남연군의 입양 인평군의 3남 → 흥선
　　대원군의 차남)

27대 순종(純宗 ; 1874~1926년) 재위 3년 1월, 장남(무자)

28번째 영친왕(英親王 ; 1897~1970년)

대한제국의 마지막 황태자요, 고종의 3남이며, 이름은 은(垠)이다.

　*① 순종의 이복동생으로 엄빈(嚴嬪)의 소생이다. 순종이 한일합
방으로(1910년) 폐위되고 1926년 순종이 돌아가시자 이왕가

(李王家)를 계승하여 이왕(李王)이라 하였다. 70세에 서울서 서거했다.

② 창엽문(蒼葉門 ; 창경궁의 정문)의 파자 해석(破字 解釋)에 따르면, 조선조는 28세의 왕조라 한다. 초두(艸)와 여덟팔(八)은 28이요, 그 아래의 <丿, 日, 口>는 군(君)자이다. 그러니까 창경궁의 정문 이름을 지을 때 이미 조선조의 운명은 28대 왕으로 끝난다는 암시였다고 전해진다.

동구릉東九陵

소재 : 구리시 동구동

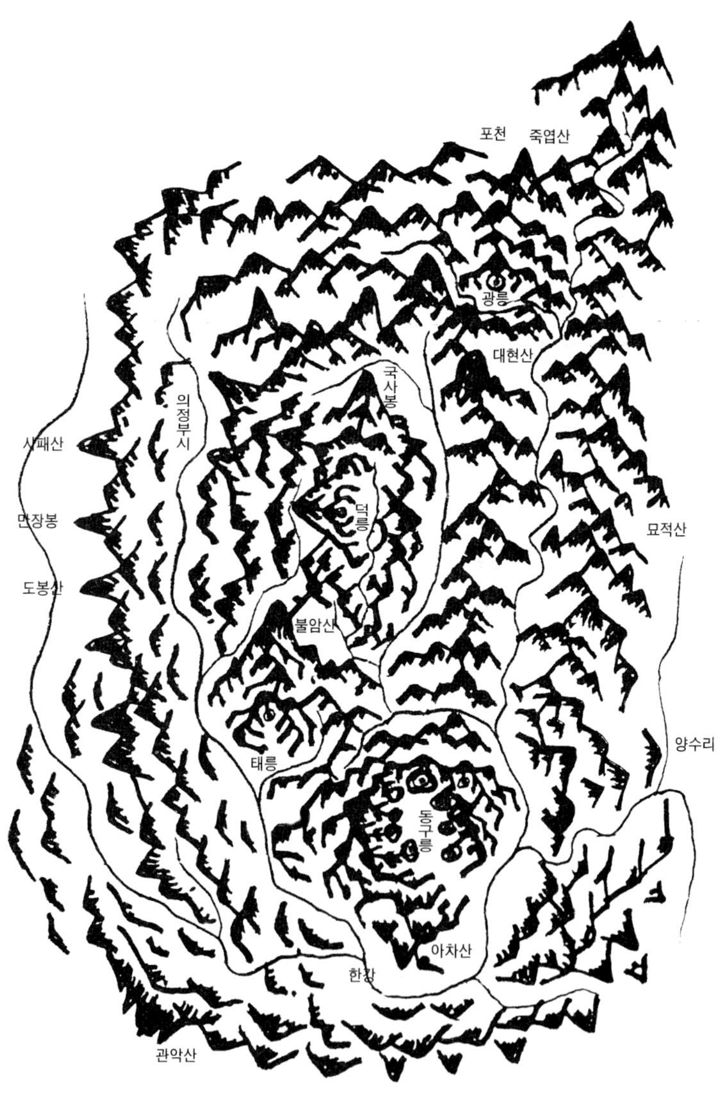

조선조(朝鮮朝) 개국 태조대왕 이성계(李成桂)의 건원릉(建元陵)를 위시하여 9릉 17위(九陵十七位)의 왕(王)과 왕비(王妃), 후비(后妃) 등을 안장(安葬)한 왕릉(王陵). 경기도 구리시 동구동(東九洞)에 있다. 태조(太祖)가 죽은 뒤 태종(太宗)의 명을 받아 서울 가까운 곳에서 명당을 물색하다가 김인귀(金仁貴)의 추천으로 하륜(河崙)이 정하였다고 한다. 동구릉이라고 부른 것은 문조(文祖)의 능인 수릉(綏陵)이 아홉 번째로 조성되던 1855년 이후의 일이며, 그 이전에는 동오릉, 동칠릉으로 불렀던 사실이 실록에 전하고 있다. 태종 때 명(明)나라 사신들이 건원릉을 둘러보고 그 산세의 묘함에 감탄하여 "어떻게 이와 같은 천작지구(天作地區)가 있는가? 필시 인간이 만든 조산(造山)일 것이다"라고 찬탄하였다고 한다. 현재 59만여 평을 헤아리는 광대한 숲에 태조의 건원릉을 비롯하여 제5대 문종과 현덕왕후(顯德王后)의 능인 현릉(顯陵), 제14대 선조와 의인왕후(懿仁王后) 인목왕후(仁穆王后)의 능인 목릉(穆陵), 제18대 현종과 명성왕후(明聖王后)의 능인 숭릉(崇陵), 제16대 인조의 계비 장렬왕후(莊烈王后)의 능인 휘릉(徽陵), 제20대 경종의 비 단의왕후(端懿王后)의 능인 혜릉(惠陵), 제21대 영조와 정순왕후(貞純王后)의 능인 원릉(元陵), 제24대 헌종과 효현왕후(孝顯王后) 효정왕후(孝定王后)의 능인 경릉(景陵), 제23대 순조의 원자인 문조와 신정익왕후(神貞翼王后)의 능인 수릉 등이 있다. 사적 제193호로 지정되었다.

* [조선의 풍수] 482~483p에는 건원릉(太祖)은 무학대사(無學大師)가 찾아낸 곳인데 일월상포형(日月相抱形)으로서 아주 드문 명당지라고 씌어있다.

* 문화재관리국 편 [한국민속종합보고서] 20권에는 "좌청룡우백호의 형세가 완벽함에는 미치지 못한다"고 하였다.

＊왕조실록(王朝實錄)에는 태조가 태종 8년(1408) 붕어하자 의정부사 김인귀(金仁貴)가 좋은 땅이 있다고 보고하여 하륜(河崙) 등이 결정하여 충청도에서 3,500명, 황해도에서 2,000명, 강원도에서 500명 합계 6,000명이 60일간에 걸쳐 능을 조성했다고 한다.

＊풍수지리학설(風水地理學說)로는 도저히 명당길지(名堂吉地)라 할 수 없다. 첫째, 산줄기의 흐름이 부진하고 혈의 증좌가 없다. 청룡(靑龍)의 허리는 짧은데다 백호(白虎)가 흩어져 어지럽고 자못 안산(案山)과 조산(朝山)이 수려하니 허화가국(虛花假局)이었다. 속안(俗眼)들이 인공으로 조경을 한 동구릉을 보고 좋다고 감탄을 금치 못함은 가소로운 일이다. 태종(太宗) 이후 적자(嫡子)로 대통을 잇지 못했음은 물론이요, 내금부의 소란이 끊이지 않았음은 필연적인 형세이다.

＊조선조 5백년 통치는 천운(天運)이요, 27 왕릉 가운데 헌릉(獻陵), 영릉(英陵 ; 세종), 광릉(光陵 ; 세조), 장릉(長陵 ; 仁祖) 외에는 길지명당(吉地名堂)이 없을 뿐 아니라 위 4릉 등도 군왕지지(君王之地)는 아니다. 이것이 천리(天理)다. 국내(國內)에 군왕지지(君王之地)가 많다. 그러나 그 자리는 하늘의 뜻이다. 명당은 대주지물(待主之物)이라는 뜻이다.

태조(太祖)가 개국(開國)하게 된 명당(名堂)은 어디인가. 전주이씨(全州李氏) 시조(始祖)인 신라(新羅) 때의 사공 이한(司空 李翰)의 3세손인 이천상(李天祥)이 지리에 도통하여 전주 인지산(全州 麟趾山) 아래 덕진 땅에 을좌신향(乙坐辛向)으로 서룡시우형(瑞龍施雨形)에 시조(始祖)를 안장(安葬)하였다.

그 16세손인 이인(李璘)이 고려(高麗) 명종(明宗 ; 1174) 때 집주(集注)에 임명되었다. 그 무렵 국지사 이대극(國地師 李大克)이, 전주이씨가 임신년(壬申年)에 한양(漢陽)에서 등극(登極)하게 된다. 그것은 서룡시우형(瑞龍施雨形) 음덕(蔭德)의 발복(發福)이라고 하였다.

고려 명종은 이인(李璘)을 유배하고 국풍(國風)과 일꾼 300명으로 하여금 이한(李翰)의 묘를 파헤치도록 명령했다. 그런데 파묘(破墓)를 하려는 찰나 청천벽력(靑天霹靂)과 동시에 폭우가 내려 인부 수십 명이 죽고 봉분(封墳)이 없어졌다. 명종(明宗)은 탄식하면서 "천시(天時)로다" 하고 파묘(破墓)하라는 명령을 거두었다.

조선조(朝鮮朝) 고종(高宗) 때 덕진의 연못 보수공사 때 이한(李翰)의 묘비(墓碑)가 발견되었다. 고종은 국풍(國風)으로 하여금 묘지를 복원(復元)하게 하고 조경전(肇慶殿)을 건립하여 참봉(參奉)으로 하여금 수호토록 하였다.

용진정혈(龍眞穴正)하니 군왕(君王)의 땅이 분명하다. 이 묘 때문에 삼척 맹호출림형(猛虎出林形)을 쓰게 되었다. 삼척시 미로면 활기리에 있는 준경묘(濬慶墓)는 태조(太祖)의 6세조인 대장군 이양무(李陽茂)의 묘소다. 백리곡장중 곤건태국 신좌 맹호출림형(百里斛帳中 坤乾兌局 辛坐 猛虎出林形)으로 천태을 층립 38장 웅위첨수 분대연화(天太乙 層立 三十八將 雄圍尖秀 粉黛烟花)가 나열하여 군왕의 땅이었다.

그러나 태조(太祖)가 건국한 후 519년간 편안한 날이 없었음은 산림비기(山林秘記)에 "한양 도읍(漢陽 都邑)에 중의 말을 좇으면 길하고 정(鄭)의 말을 들으면 궁궐 좌향(宮闕 坐向)을 자계좌(子癸坐)로 할 것이라. 그러면 남산(南山)이 더 높으니 신하(臣下)가 군왕(君王)을 능가(凌駕)할 것이요, 한강(漢江)에 여울이 많아 나라가 10년을 편치 못할 것이다. 변화가 있는 해는 신자진(申子辰), 인오술(寅午戌)인데 충돌이 있거나 난이 일어나거나 국상(國喪)이 있을 것이다" 하였다.

과연 비기(秘記) 대로였다. 개국수년(開國數年)에 왕자(王子)의 난(亂)이 일어나 골육상쟁(骨肉相爭)이 있었고, 정종(定宗)의 양위(讓位), 단종(端宗)의 애사(哀史), 연산 광해군(燕山 光海君)의 폭정(暴

政)과 반정(反正), 임진왜란(壬辰倭亂) 7년, 정묘 병자호란(丁卯 丙子胡亂) 등을 겪었으며, 연산군(燕山君)의 생모(生母)인 윤비(尹妃)를 퇴출(退出)하고 사사(賜死)하는가 하면, 사도세자(思悼世子)를 사살(射殺)하는 등 비극(悲劇)이 잇따랐고, 27명의 왕 가운데 아들 없는 왕이 8명이나 되어 적자(嫡子)로 대통(大統)을 계승하는 일이 어려웠으며, 경술년(庚戌年)에 나라가 망하니, 군약강신(君弱臣强)으로 명당(名堂) 쓴 권신(權臣)과 척신(戚臣)들이 국권(國權)을 장악(掌握)했을 뿐 왕(王)은 허수아비였다.

이러한 모든 일은 천운(天運)이요, 국운(國運)이요, 불가항력(不可抗力)이었다.

태릉(泰陵)은 중종(中宗)의 계비(繼妃)요, 명종(明宗)의 모후(母后)인 문정왕후 윤씨(文定王后 尹氏)의 능이다. 1545년 명종(明宗)이 12세에 왕위에 오르자 8년 동안 수렴청정(垂簾聽政)을 하면서 막강한 권력을 행사했다. 그의 동생인 윤원형(尹元衡)에게 정권을 쥐게 하여 을사사화(乙巳士禍)를 일으켜 윤임(尹任 ; 인종의 외숙)을 죽이고 대윤일파(大尹一派)를 무자비하게 숙청(肅淸)했다. 윤비(尹妃)는 성질이 표독하고 질투가 심했다. 인종(仁宗)을 독살시켰다고 전해온다.

수렴청정(垂簾聽政)에서 손을 뗀 뒤에도 왕(王)이 자신의 말을 안 들으면 왕에게 매질도 하고 독설을 쏟아 놓기도 했다. 요승 보우(妖僧 普雨)를 병조판서(국방부장관)에 임명하게 한 희대의 악독한 왕후(王后)였다.

1565년 65세에 세상을 떠나서 노원구 공릉동에 묻혔다. 모후(母后)의 죗값으로 명종(明宗)은 윤비 사후인 1567년 6월에 후사(後嗣) 없이 붕어(崩御)했다.

덕릉(德陵)은 추존 덕흥대원군(追尊 德興大院君)의 능이다. 남양주시 별내면 덕송리의 수락산 아래에 있다. 감간건국 유좌진파(坎艮乾局

酉坐辰破)로 건방(乾方)에 수락산, 곤방(坤方)에 불암산, 손방(巽方)에 묘적산, 간방(艮方)에 국사봉(國師峰)이 있으며, 백리산천(百里山川)이 웅위(雄圍)하였다. 이 산 후손이 300년 동안 태교혈(胎交穴)의 위력을 발휘했다. 덕흥대원군(德興大院君)은 중종(中宗)의 아들로 창빈 안씨(昌嬪 安氏) 소생이다. 1530년생이요, 1542년 정인지(鄭麟趾)의 손녀와 혼인했다. 세 아들(하성군, 하릉군, 하원군)을 두고 1559년 30세에 죽었다. 그 후 1567년 명종(明宗)이 후사 없이 죽은 뒤 그 3남인 하성군(河城君)이 조선 14대 왕으로 등극했으니 그가 바로 선조(宣祖)다.

홍릉洪陵 유릉裕陵, 옥호저수형 보검출갑형玉壺貯水形 寶劍出匣形

* 덕소 석실(石室)에 있는 옥호저수형(玉壺貯水形)은 안동김씨 조산(安東金氏 祖山)이다. 간인룡 건해박환 계입수 자좌 갑득 미곤파(艮寅龍 乾亥剝換 癸入首 子坐 甲得 未坤破)로 대지명당(大地名堂)이다. 묘 주인은 서윤 김도(庶尹 金韜 ; 1479~1544)와 남양홍씨(南陽洪氏) 부인이다. 학조선사(學祖禪師) 점소(點所)이다.

봉요십자도심혈(蜂腰十字道心穴)로 김조순(金祖淳), 김좌근(金佐根), 김병기(金炳冀) 3대에 66년간, 국권을 쥐고 흔들게 한 자리다. 조선팔도 360 고을 삼공육경 수령 목사 부사가 모두 안동김씨 사랑방에서 나왔다. 후일 고종황제(高宗皇帝)의 부친인 흥선대원군(興宣大院君)이 김씨 전성기에 상갓집개로 천대받았다. 김씨들의 권세는 무소불위(無所不爲)였다.

* 여흥 민씨(驪興 閔氏)의 선산(先山)인 보검출갑형(寶劍出匣形)은 묘적산이 안산(案山)이요, 회룡고조국 건태곤국(回龍顧祖局 乾兌坤局)이다. 민영기(閔泳綺) 대신의 13 대 조산(祖山)인데 왕비(王妃)가 셋이나 나오고 한말(韓末)에 명성황후 민비(明成王后 閔妃)의 비호 아래 민영환(閔泳煥), 민영준(閔泳駿), 민응식(閔應植), 민영기(閔泳綺), 민태호(閔台鎬), 민승호(閔升鎬), 민규호(閔奎鎬), 민영목(閔泳穆) 등이 20여 년간 국권(國權)을 좌지우지(左之右之) 했다.

홍릉(洪陵)과 유릉(裕陵) — 남양주시 금곡동

정만인(鄭萬仁) 소점(所點)으로 충남 예산군 덕산읍 상가리에 남연군(南延君)의 묘를 쓰고 고종(高宗)과 순종(純宗) 2대 왕이 나와 흥선대원군 이하응(興宣大院君 李昰應)이 설원(雪寃)한 것은 세상 사람이 다 아는 사실이다.

고종(高宗)이 생전에 국풍(國風) 전기응(全基應), 주운한(朱雲漢),

김광석(金光石), 제갈책(諸葛策)으로 하여금 신후지(陵所)를 선정하게 하였다. 그곳이 홍릉(洪陵)이다. 땅을 파보니 '5백년권조지(五百年權措地)'란 표석이 나왔다.

국풍(國風)들은 의기양양하게 천하명당 매화낙지형(天下名堂 梅花落地形)이라고 임금께 보고했다. 윤허(允許)를 받아 을좌신향(乙坐辛向)으로 묘역 조성을 호화롭게 하였다. 그러나 이 자리는 간인룡하 묘입수 을좌(艮寅龍下 卯入首 乙坐)요, 이향사(離鄕砂)와 퇴전필사(退田筆砂)가 붙은 자리요, 태교(胎交)가 이루어지지 못한 자손패절지지(子孫敗絶之地)였다.

안산만 화려한 호화가국(虛花假局)이란 뜻이다.

유릉(裕陵)은 순종(純宗)의 능이다. 1926년 순종이 붕어하니 김기응(金基應), 김공석(金共石) 등 국풍들이 이곳은 내팔거 팔기용혈(來八去 八騎龍穴)로서 대길지(大吉地)라 하여 묘좌유향(卯坐酉向)으로 썼다.

자세히 살피니 태교(胎交)가 이루어지지 못한 땅이요, 취수장(聚水場)이니 묘 쓸 자리가 아니었다.

오호(嗚呼)라. 조선조(朝鮮朝)의 국운(國運)이 다 되어 하늘이 내주지 않고(天不胎), 땅이 받지 않는단(地不受) 말인가? 소위 국풍들이 그 정도도 몰랐단 말인가? 일제(日帝)의 흉계에 말려들어 고의(故意)로 우(愚)를 범(犯)했단 말인가?

한말(韓末 ; 1894~1895) 청일전쟁(淸日戰爭), 1905년 노일전쟁(露日戰爭)에 이긴 일본(日本)은 한국 침략의 마수를 뻗치게 되었다. 1898년 대원군(大院君)은 파란만장한 일생을 마쳤다. 일제는 1906년 공덕동에 있던 대원군 묘를 양주(楊洲)로 이장(移葬)했다.

1910년 8월 29일 한일합방(韓日合邦)이 되었다.

1919년 고종(高宗)이, 그리고 1926년에는 순종(純宗)이 붕어(崩

御)했다. 이러하니 어찌 일제(日帝)의 흉측(凶測)한 간계(奸計)가 없을 수 있겠는가?

일제(日帝)의 흉계(凶計)에 국풍(國風)들이 말려들지 않았으면 이런 자리에 능을 정할 수는 없는 법이다. 독자 여러분의 판단에 맡길 수밖에 없다.

조선조 말엽에 안동김씨(安東金氏) 선산(玉壺形)과 여흥민씨(驪興閔氏) 선산(寶劍形)은 명당인지라 후손들이 크게 발복하여 부귀를 누렸으나, 절대권력자(絶對權力者)이며 지엄한 군왕(君王)이라도 흉한 땅에 들어가면 멸망의 길을 걷는 것이다.

명당은 개천명 도수(改天命 度數)가 있다. 천명을 바꾼다는 뜻이다. 과거 5, 6백년을 회고컨대 한국(韓國)의 명문거족(名門巨族)은 거의 삼한갑족(三韓甲族)과 삼노팔리(三奴八吏)의 집안이었다. 봉건사회(封建社會)에서 가장 천대받은 사람이 노비(奴婢;종살이) 집안이요, 아전(吏屬) 집안이 아니었던가. 그러나 명당 쓰고 크게 발복하여 부귀영화를 누리고 양반(文武)이 된 집안이 삼노팔리(三奴八吏)의 집안이다. 동래의 정문도 호장(鄭文道 戶長)을 화지산 야자형(華池山 也字形)에 안장함으로써 정승만 17명이요, 대제학이 2명이요 문과급제자만도 198명이다. 권세가였으나 조선조 519년 동안 유배되거나 사약을 받은 사람이 전혀 없다.

반남박씨(藩南朴氏)는 나주 봉현에 명당 쓰고 정승 7명, 대제학 2명, 문과급제자가 215명이다.

청풍김씨(淸風金氏)는 의왕시 고천동에 금계포란형(金鷄抱卵形)을 쓰고 정승 8명, 대제학 3명, 왕비 2명이 나왔다. 그 가운데 김재로(金在魯)는 40년 벼슬살이에 20년간 정승자리에 있었다. 대단한 세도가였다(KBS 진품명품 프로그램에서 김재로의 초상화 한 장이 2억원을 호가했다).

한산이씨(韓山李氏)는 호장 이윤경(李允卿)을 금계포란형(金鷄抱卵形)에 쓰고 정승이 4명, 대제학이 2명, 문과급제자가 195명이다.

광주이씨(廣州李氏), 달성서씨(達城徐氏), 연안이씨(延安李氏) 집들도 모두 명당 쓰고 발복하여 부귀를 누렸고 나라 살림을 좌지우지했다.

氏族別	文科及第數	相臣(政丞)	文衡(大提學)	王妃	有　名　人　物
全州李氏	8 7 3	2 2	7		敬輿, 健命, 相璜, 陽元, 晬光
坡平尹氏	3 3 1	1 1	2	4	瓘, 任, 元衡, 拯, 趾完, 宣擧,
安東金氏	3 1 5	1 9	6	3	礩 自点, 九, 佐根, 炳冀, 炳淵
光山金氏	2 6 5	5	7	1	沙溪, 愼獨齋, 國光, 天澤 万重
延安李氏	2 5 0	8	7		石亨, 廷龜, 貴, 時白, 晶協, 端相
靑松沈氏	2 2 4	1 3	2	3	德符, 義謙, 舜澤, 貞
潘南朴氏	2 1 5	7	2	2	訔 世采, 珪壽, 趾源
東萊鄭氏	1 9 8	1 7	2		蘭宗, 光弼, 太和, 致和, 元容
廣州李氏	1 8 8	5	2		德馨, 集, 克培 克墩, 浚慶
慶州李氏	1 7 8	8	3		恒福, 台佐, 宗城, 裕元, 爾瞻
全義李氏	1 6 5	4	1		棹, 德壽, 晩庵, 尙眞
豊川任氏	1 4 4	1			百經, 聖周, 惟政
宜寧南氏	1 3 8	6	6		九萬, 怡, 誾, 在, 兗, 以恭
安東權氏	3 5 9	8	3	1	近, 踶, 擥, 轍, 憬, 大運
南陽洪氏	3 2 9	9	3	1	春卿, 聖民, 端鳳, 命吉, 命夏
淸州韓氏	2 8 7	1 2	1	5	明澮, 確, 致亨, 用龜, 百謙
密陽朴氏	2 6 1	1	1		忠元, 泳孝,, 丞宗
驪興閔氏	2 3 3	1 2	3	4	汝翼, 霽, 齊仁, 鼎重, 光勳, 泳煥
晋州姜氏	2 1 9	5	1		希顔, 希孟, 弘立, 沆
慶州金氏	2 0 2	6	3		正喜, 弘集, 興慶
韓山李氏	1 9 5	4	2		山海, 土亭, 穡, 塏
豊壤趙氏	1 8 2	7	4	2追	相愚, 文命, 顯命, 載浩
平山申氏	1 7 2	7	2	尊	砬, 景禛, 欽, 翼熙, 師任堂
延安金氏	1 6 3	6	2	1	詮, 安老 悌男, 載瓚
達城徐氏	1 4 0	9	6	1	居正, 渻, 箕淳, 載弼
昌寧成氏	1 3 4	5	2		石璘, 三問, 渾, 守琛
晋州柳氏	1 3 2	2	1		順汀, 溥
文化柳氏	1 2 6	8	1		洵, 寬, 尙運, 鳳輝, 誠潾
延日鄭氏	1 1 9	5	3		夢周, 澈
昌寧曺氏	1 1 3	1			錫文, 植, 友仁
豊山洪氏	1 2 9	8	1		國榮, 良浩, 昌男
金海金氏	1 2 3	1			庚信, 馹孫, 宇杭
順興安氏	1 1 6	2			珦,, 重根, 昌浩
淸風金氏	1 1 0	8	3	2	堉, 佐明, 錫冑, 構, 在魯, 致仁
海平尹氏	1 1 0	6	3	1	斗壽, 昉, 根壽, 殷輔

氏族別	文科及第數	相臣(政丞)	文衡(大提學)	王妃	有 名 人 物
全州崔氏	109	3	1		鳴吉, 錫鼎
星州李氏	107	1			兆年 稷
驪州李氏	107				彦迪, 奎輔, 重煥, 瀷
礪山宋氏	106	2	1		翼弼, 象賢
德水李氏	105	7	5		栗谷, 忠武公, 植, 畲, 端夏
義城金氏	96		1		誠一, 宇顒, 安國, 泗
江陵金氏	96	1			尙喆, 時習
陽川許氏	93	5			琮琛, 曄, 穆, 蘭雪, 筠
全州柳氏	93				永慶
楊州趙氏	90	8	3	1	師錫, 泰采, 秉世
海州吳氏	89	2	3		允謙, 命恒
漢陽趙氏	89	2	2		光祖
杞溪兪氏	85	3			應孚, 拓基, 吉濬
高靈申氏	83	3	3		叔舟, 用溉, 景濬
龍仁李氏	83	3	1		宜顯, 湛, 世伯
恩津宋氏	74	2	1		時烈, 浚吉, 相琦

*문과(文科) 70명 이상 배출한 씨족(氏族)이다.

*문과(文科) 70명 이하이지만 상신(相臣) 2명 이상 배출한 씨족(氏族)은 장수황씨(長水黃氏), 거창신씨(居昌愼氏), 풍산유씨(豊山柳氏), 순천김씨(順天金氏), 죽산박씨(竹山朴氏), 능성구씨(綾城具氏), 온양정씨(溫陽鄭氏), 삭녕노씨(朔寧盧氏), 교하노씨(交河盧氏), 광주노씨(光州盧氏), 청주정씨(淸州鄭氏), 원주원씨(原州元氏), 풍산심씨(豊山沈氏), 진주하씨(晋州河氏), 원주김씨(原州金氏) 집 등이다.

*상신(相臣) 총 365명중 무신(武臣) 7명, 음보(蔭補) 20명, 유일(遺逸) 5명, 계 32명이요, 그 외는 전원 333명이 문과출신(文科出身)이다.

장법(葬法)

장법택일葬法擇日 중요성과 조명택造命擇

　*나주땅 남평에 이소재 이중호(履素齋 李仲虎 ; 광주이씨)의 묘가 있는데 속칭 매화낙지형(梅花落地形)이라 한다. 세인(世人)들이 명당길지(名堂吉地)이나 장흉소치(葬凶所致)로 멸문지화(滅門之禍)를 당했다고 한다. 이중호(李仲虎 ; 1512 中宗 7년 ~ 1554 明宗 9년)는 학문이 뛰어나 1554년 사과(司果)가 되었는데 시문(詩文)에도 뛰어났다. 시호는 문경공(文敬公)이다. 슬하에 4형제를 두고 특히 차남 이발(李潑 ; 1544 中宗 39년 ~ 1589 宣祖 22년)은 선조(宣祖) 때의 문신(文臣)이다. 1573년 문과급제하여 관로(官路)에 진출, 대사간에 이르렀다. 동인(東人)의 거두로서 송강 정철(松江 鄭澈) 처벌문제에 강경파를 영도하여 북인(北人)의 수령이 되었고 조광조(趙光祖)의 지치주의(至治主義)를 이념으로 사론(士論)을 지도했다. 당시 국중인물(國中人物)이었다. 1554년 부친이 작고하여 음8월 금왕절(金旺節)에 묘좌(卯坐 － 木)로 썼다. 소위 금극목 극살택(金克木 剋煞擇 ; 大凶擇)이다. 1589년(宣祖 22년) 정여립 모반사건(鄭汝立 謀反事件) 때 대사간을 사퇴하고 시죄(待罪)하던 중 체포되어 장살(杖殺)되었다. 그 외 모

든 형제자질(兄弟子姪)은 물론 손자, 유아, 80노모(孫子, 乳兒, 八十老母)까지 몰사(沒死) 당했다.

* 송명신언행록(宋名臣言行錄)에 의하면 유명한 진희이선사장(陳希夷仙師章)에 진희이선사(陳希夷仙師)가 중방(仲倣)이란 친구를 위하여 장군대좌형 명당처(將軍大坐形 名堂處)를 정해주면서 지금은 시불리(時不利)하다 하면서 후일을 기약하고 떠났다. 중방(仲倣)이란 자는 그 사이를 못 참고 불복택일(不卜擇日)하여 유좌 5월장(酉坐 五月葬)으로 장기친(葬其親)하였다.

진희이선사(陳希夷仙師)는 때가 되어 8월에 와서 보고 어이없어 탄식왈(歎息曰), "수출수대재상(雖出數代宰相)이거늘 불의장법(不宜葬法)하고 시불리(時不利)하여 지출삼인장수(只出三人將帥)할 것이다." 하였더니, 후에 과연 그러했다.

명당길지(名堂吉地)를 구득했더라도 장법(葬法)을 그르치면 경왈(經曰) '여기시(如棄尸)라' 하였다. 장법(葬法)이란 좌향(坐向)과 생왕분금법(生旺分金法)과 투지왕생분금법(透地旺相分金法)과 택일법(擇日法) 등 4법(四法)이 합치되어야 부귀예성 대발(富貴裔盛 大發)하는 것이다.

택일법서(擇日法書)도 많이 있다. 속사(俗師)들이 [천기대요(天機大要)]란 서적을 다용(多用)하나 2할은 정법(正法)이요, 8할은 유설(謬說)이다. 택일법(擇日法)을 연구하려면 [선택종경(選擇宗鏡)], [영길통서(永吉通書)], [선택구진(選擇求眞)], [선택탐원(選擇探原)], [조명천금가(造命千金歌)]를 읽어 요령을 터득하면 될 것이다. 선택(選擇 ; 擇日)의 도(道)는 [양공조명택일법(楊公造命擇日法)]이 정종(正宗)이다. 양공설(楊公說)이 아닌 것은 모두 사지곡학(私智曲學)의 위술(僞術)이다.

[두수택일(斗首擇日)]이나 [기문택일(奇門擇日)] 등 수십여 종이

있으나 혹세무민지설(惑世誣民之說)이다.

 * 명사(名師)인 육포 심신주공왈(六圃 沈新周公曰), "오가장, 삼대육관, 개용조명 기타 불시야(吾家葬, 三代六棺, 皆用造命 其他 不視也)라. 무여세인지혹야(無如世人之惑也)"라고 했다.

 경왈(經曰), "부득룡(不得龍)이나 득진연월(得眞年月)이면 야응 부귀 왕인가(也應 富貴 旺人家)"라 하였다.

 * 이사성공왈(李士星公曰), "발복은 그 지맥(地脈)에 있고 초복(招福)과 초화(招禍)는 연월일시의 선택에 있다." 하였다.

 학룡미혈(鶴龍美穴)이라도 발복은 안되고 반치화자(反致禍者)는 개선택(皆選擇 ; 擇日)의 잘못에 있다.

 * 의룡경왈(疑龍經曰), "길지(吉地)라도 장흉(葬凶)이면 선발화(先發禍)하고 복후래(福不來)라. 명왈 기시(名曰 棄屍)"라 하였다.

 * 양공(楊公)의 조명택(造命擇)이란 연월일시가 보룡부산 상주(補龍扶山 相主)한 택일(擇日)이다.

 * 송국사 오경만선생왈(宋國師 吳景鸞先生曰), "선택(選擇)은 막여조명체용겸전야(莫如造命體用兼全也)라. 이는 가탈신공법(可奪神功法)"이라 하였다.

 * 구평보공왈(邱平甫公曰), "제가연월(諸家年月 ; 擇日) 다차년(多差年)이나 유유자백각하빙(惟有紫白却可憑)"이라 하였다.

 * 선사결(先師訣), "삼기팔문구자(백)용[三奇八門九紫(白)用] 불선종응복(不旋踵應福)"이라 하였다.

조명길택편람造命吉擇便覽 – 분금절후택일分金節候擇日

*조명택(造命擇)은 체(體)요, 자백 태양 태음 귀인 녹마 삼기 팔문 삼덕(紫白 太陽, 太陰, 貴人 祿馬 三奇 八門 三德)은 용(用)이다. 체용 겸비(體用兼備)하면 대길택(大吉擇)이다.

壬坐	우수	丁亥分金	申子辰 年月日時擇 亥子丑亦吉
	用 처서	辛亥分金	申子辰 巳酉丑 年月日時擇
子坐	입춘	丙子分金	申子辰 巳酉丑 年月日時吉 亥子丑亦可
	입추	庚子分金	申子辰 巳酉丑 年月日時吉
癸坐	用 대한	丙子分金	申子辰 巳酉丑 年月日時吉 亥子丑亦吉
	대서	庚子分金	巳酉丑 申子辰 年月日時吉
丑坐	用 소한	丁丑分金	巳酉丑 申子辰 年月日時吉
	소서	辛丑分金	己酉丑 年月日時吉 巳午未亦吉
艮坐	用 동지	丁丑分金	巳酉丑 年月日時吉 亥子丑亦可
	用 하지	辛丑分金	寅午戌 年月日時吉 巳午未亦吉
寅坐	用 대설	丙寅分金	亥卯未 年月日時吉
	망종	庚寅分金	亥卯未 年月日時吉
甲坐	用 소설	丙寅分金	亥卯未 年月日時吉 寅卯辰亦吉
	소만	庚寅分金	亥卯未 年月日時吉
卯坐	입하	丁卯分金	亥卯未 年月日時吉
	用 입동	辛卯分金	亥卯未 年月日時吉
乙坐	상강	丁卯分金	亥卯未 年月日時吉 寅卯辰亦吉
	用 곡우	辛卯分金	亥卯未 年月日時吉
辰坐	한로	丙辰分金	申子辰 年月日時吉
	用 청명	庚辰分金	申子辰 年月日時吉

정침분금(正針分金)을 쓰되 혹 봉침분금(縫針分金)을 쓸 때도 있다. 국내정세(局內情勢)가 유정(有情)한 분금(分金)을 쓰되 입수(入首)가 천덕 월덕 건록(天德 月德 建祿)인가를 보아서 합치(合致)된 분금(分金)을 쓰면 된다.

巽坐	추분	丙辰分金	亥卯未 年月日時吉 申子辰亦可
	用 춘분	庚辰分金	亥卯未 年月日時吉 寅卯辰年月吉
巳坐	백로	丁巳分金	亥卯未 年月日時吉 巳午未亦吉
	用 경칩	辛巳分金	亥卯未 年月日時吉
丙坐	처서	丁巳分金	寅午戌 年月日時吉 巳午未亦可
	用 우수	辛巳分金	寅午戌 年月日時吉
午坐	입추	丙午分金	寅午戌 年月日時吉 巳酉丑亦可
	用 입춘	庚午分金	寅午戌 年月日時吉
丁坐	대서	丙午分金	寅午戌 年月日時吉 亥卯未亦可
	用 대한	庚午分金	亥卯未 年月日時吉
未坐	소서	丁未分金	申子辰 年月日時吉
	用 소한	辛未分金	申子辰 年月日時吉
坤坐	하지 後用	丁未分金	寅午戌 年月日時吉
	동지 後用	辛未分金	申子辰 年月日時吉
申坐	망종	丙申分金	巳酉丑 年月日時吉
	대설	庚申分金	巳酉丑 年月日時吉 申酉戌亦吉
庚坐	用 소만	丙申分金	巳酉丑 年月日時吉
	소설	庚申分金	巳酉丑
酉坐	用 입하	丁酉分金	巳酉丑 年月日時吉 申酉戌亦可
	입동	辛酉分金	巳酉丑 年月日時吉

辛坐	곡우	丁酉分金	巳酉丑 年月日時吉 中酉戌亦可
	用 상강	辛酉分金	巳酉丑 年月日時吉
戌坐	用 청명	丙戌分金	寅午戌 年月日時吉
	用 한로	庚戌分金	寅午戌 年月日時吉
乾坐	춘분	丙戌分金	巳酉丑 年月日時吉 中酉戌亦吉
	用 추분	庚戌分金	年月日時吉
亥坐	경칩	丁亥分金	申子辰 年月日時吉 亥子丑亦可
	用 백로	辛亥分金	申子辰 年月日時吉

*① 해입수 임좌 곤득 을파 우수도 좌국 명당 장택 정해분금(亥入首 壬坐 坤得 乙破 右水倒左局 名堂 葬擇 丁亥分金)이 합법(合法)이다.

처서 후 신월자일진시하관대길(申月子日辰時下棺大吉) 혹 사유축 연월일시하관대길(巳酉丑年月日時下棺大吉).

예 : 1996년 병자(丙子) 음7월 15일은 처서 후 5일째(丁酉日) 날 이다.

② 병자년 병신월 정유일 진시(丙子年 丙申月 丁酉日 辰時)는 신자 진택(申子辰擇)이다. 조명택 사시(造命擇 巳時)는 사유축택(巳酉丑 擇)이다. 조명택(造命擇)과 아울러 이 날은 진태양(眞太陽)이 향(向) 에 와 비추고 진태음(眞太陰)이 좌(坐)에 와 비춘다.

이러한 택일(擇日)을 조명체용겸전택일(造命體用兼全擇日)로 가탈 신공법(可奪神功法)이라 한다. 그러면 제백살(諸百煞)이 사라지고 만 복이 병지(竝至)한다. 천금불역지길택(千金不易之吉擇)이다.

양(楊), 증(曾), 요(廖), 뇌(賴) 4선사(四仙師)가 이 법(法)으로 택일 (擇日)했다.

조명택造命擇

—고지명사(古之名師)는 다같이 조명택(造命擇)으로 용산(用山)했다.

亥壬子癸坐　　　水山　　申子辰 巳酉丑 年月日時 用吉

寅甲卯巽乙坐　　木山　　亥卯未 申子辰 年月日時 用吉

巳丙午丁坐　　　火山　　寅午戌 年月日時 用吉

申庚酉辛乾坐　　金山　　巳酉丑 年月日時 用吉

艮坤辰戌丑未坐　土山　　寅午戌 申子辰 年月日時 用吉

* 단 망명(亡命)과 형충(形沖) 파해(破害)를 기(忌)한다.

선택법選擇法

삼원자백법(三元紫白法) – 부귀관세법(富貴冠世法) : 고사(古師)들이 자백법(紫白法)을 선용(善用)하여 불선종응복(不旋踵應福)하도록 했다. 자백(紫白)이 좌, 향(坐, 向) 입중궁즉(入中宮則) 대길(大吉)하다.

연백법(年白法 : 楊公曰 千工不如年白)

戊申 丁巳 壬申 辛巳 庚寅 己亥年	丁未 丙辰 辛未 庚辰 己丑 戊戌年	丙午 乙卯 庚午 己卯 戊子 丁酉年	乙巳 甲寅 癸亥 己巳 戊寅 丁亥 丙申年	甲辰 癸丑 壬戌 戊辰 丁丑 丙戌 乙未年	癸卯 壬子 辛酉 丁卯 丙子 乙酉 甲午年	壬寅 辛亥 庚申 丙寅 乙亥 甲申 癸巳年	辛丑 庚戌 己未 乙丑 甲戌 癸未 壬辰年	庚子 己酉 戊午 甲子 癸酉 壬午 辛卯年	一九八四年以後 二〇四三年까지 下元年
兌	乾	中	巽	震	坤	坎	离	艮	白一
震	坤	坎	离	艮	兌	乾	中	巽	白六
中	巽	震	坤	坎	离	艮	兌	乾	白八
乾	中	巽	震	坤	坎	离	艮	兌	紫九
									備考

坎(壬坐癸坐)　艮(丑艮寅坐)　震(甲卯乙坐)　巽(辰巽巳坐)

離(丙午丁坐)　坤(未坤申坐)　兌(庚酉辛坐)　乾(戌乾亥坐)

가령 1998년(戊寅)의 경우 진손사좌(辰巽巳坐)는 1백길년(一白吉年), 병오정좌(丙午丁坐)는 6백길년(六白吉年), 미곤신좌(未坤申坐)는 8백길년(八白吉年), 갑묘을좌(甲卯乙坐)는 9자길년(九紫吉年), 이상 12좌향(十二坐向)은 대길년(大吉年)이다. 조장대길(造葬大吉)하다.

연월일시(年月日時)가 도백좌향(到白坐向)이면 장군살 태세살 대소모살 관부살(將軍煞 太歲煞 大小毛煞 官府煞)과 모든 흉살(凶煞)이 소멸(消滅)된다. 또는 약득 연월일시 구득조림(若得 年月日時 俱得照臨)하면 백살개소(百煞皆消)하고 만복이 병지(竝至)한다. 부귀관세, 인선우지(富貴冠世, 人鮮遇之)라 하였다.

삼원 월백정국(三元 月白定局)

下元 寅申巳亥年				中元 辰戌丑未年				上元 子午卯酉年				三元
九紫	八白	六白	一白	九紫	八白	六白	一白	九紫	八白	六白	一白	紫白／月
震	坤	离	巽	离	艮	乾	坎	乾	中	震	兌	1
巽	震	坎	中	坎	离	兌	坤	兌	乾	巽	艮	2
中	巽	坤	乾	坤	坎	艮	震	艮	兌	中	离	3
乾	中	震	兌	震	坤	离	巽	离	艮	乾	坎	4
兌	乾	巽	艮	巽	震	坎	中	坎	离	兌	坤	5
艮	兌	中	离	中	巽	坤	乾	坤	坎	艮	震	6
离	艮	乾	坎	乾	中	震	兌	震	坤	离	巽	7
坎	离	兌	坤	兌	乾	巽	艮	巽	震	坎	中	8
坤	坎	艮	震	艮	兌	中	离	中	巽	坤	乾	9
震	坤	离	巽	离	艮	乾	坎	乾	中	震	兌	10
巽	震	坎	中	坎	离	兌	坤	兌	乾	巽	艮	11
中	巽	坤	乾	坤	坎	艮	震	艮	兌	中	离	12

삼원자백택(三元紫白擇) 해석 구궁도(九宮圖)로 음(陰), 양순역(陽順逆)으로 계산하여 연월일시의 자백(紫白)이 중궁(中宮)과 좌향(坐向)에 닿으면 재복(財福)을 누린다(陰宅이나 陽宅을 같이 쓴다).

그러나 잘못 계산하면 피길추흉(避吉趨凶)이 되므로 일목요연하게 일람표(一覽表)를 작성했다. 활용하여 피흉살(避凶煞)하고 추복(趨

福)할지어다. 초패명당(初敗名堂)이라도 이 법을 쓰면 제살(制煞)하
여 불선종응복(不旋踵應福)하기로 고사(古師)들이 이 법을 많이 썼다.
잔 좌산(坐山)의 생왕월(生旺月)에 이 법을 써라. 여자좌(如子坐)라면
신월(申月 ; 7월)이나 자(子 ; 11월)이 생왕월(生旺月)이다.

삼원자백 일국(三元紫白 日局)

遁陰				遁陰				遁陰				遁陽				遁陽				遁陽				遁 / 節候 / 紫白
大雪小雪立冬霜降下元				寒露秋分白露處暑中元				立秋大暑小暑夏至上元				芒種小滿立夏穀雨下元				清明春分驚蟄雨水中元				立春大寒小寒冬至上元				日辰
九紫	八白	六白	一白	九紫	八白	六白	一白	九紫	八白	六白	一白	九紫	八白	六白	一白	九紫	八白	六白	一白	九紫	八白	六白	一白	
坤	震	中	坎	艮	离	坤	兑	中	乾	艮	巽	坎	离	兑	坤	兑	乾	巽	艮	巽	震	坎	中	戊己庚辛壬癸甲 午酉子卯午酉子
坎	坤	巽	离	兑	艮	坎	乾	巽	中	兑	震	离	艮	乾	坎	乾	中	震	兑	震	坤	离	巽	己庚辛壬癸甲乙 未戌丑辰未戌丑
离	坎	震	艮	乾	兑	离	中	震	巽	乾	坤	艮	兑	中	离	中	巽	坤	乾	坤	坎	艮	震	庚辛壬癸甲乙丙 申亥寅巳申亥寅
艮	离	坤	兑	中	乾	艮	巽	坤	震	中	坎	兑	乾	巽	艮	巽	震	坎	中	坎	离	兑	坤	辛壬癸甲乙丙丁 酉子卯午酉子卯
兑	艮	坎	乾	巽	中	兑	震	坎	坤	巽	离	乾	中	震	兑	震	坤	离	巽	离	艮	乾	坎	壬癸甲乙丙丁戊 戌丑辰未戌丑辰
乾	兑	离	中	震	巽	乾	坤	离	坎	震	艮	中	巽	坤	乾	坤	坎	艮	震	艮	兑	中	离	癸甲乙丙丁戊己 亥寅巳申亥寅巳
中	乾	艮	巽	坤	震	中	坎	艮	离	坤	兑	巽	震	坎	中	坎	离	兑	坤	兑	乾	巽	艮	○ 乙丙丁戊己庚 卯午酉子卯午
巽	中	兑	震	坎	坤	巽	离	兑	艮	坎	乾	震	坤	离	巽	离	艮	乾	坎	乾	中	震	兑	○ 丙丁戊己庚辛 辰未戌丑辰未
震	巽	乾	坤	离	坎	震	艮	乾	兑	离	中	坤	坎	艮	震	艮	兑	中	离	中	巽	坤	乾	○ 丁戊己庚辛壬 巳申亥寅巳申

삼원자백 시국(三元紫白 時局)

<table>
<tr>
<td colspan="4">癸壬辛庚己 巳辰卯寅丑
癸壬辛庚己 亥戌酉申未</td>
<td colspan="4">戊丁丙乙甲 下 寅丑子亥戌 元
戊丁丙乙甲 申未午巳辰</td>
<td colspan="4">戊丁丙乙甲 子亥戌酉申
戊丁丙乙甲 午巳辰卯寅</td>
<td colspan="4">癸壬辛庚己 中 酉申未午巳 元
癸壬辛庚己 卯寅丑子亥</td>
<td colspan="4">癸壬辛庚己 未午巳辰卯
癸壬辛庚己 丑子亥戌酉</td>
<td colspan="4">戊丁丙乙甲 上 辰卯寅丑子 元
戊丁丙乙甲 戌酉申未午</td>
<td rowspan="3">日辰
陰陽遁
紫白
局時</td>
</tr>
<tr>
<td colspan="4">後至夏</td>
<td colspan="4">後至冬</td>
<td colspan="4">後至夏</td>
<td colspan="4">後至冬</td>
<td colspan="4">後至夏</td>
<td colspan="4">後至冬</td>
</tr>
<tr>
<td>九紫</td><td>八白</td><td>六白</td><td>一白</td>
<td>九紫</td><td>八白</td><td>六白</td><td>一白</td>
<td>九紫</td><td>八白</td><td>六白</td><td>一白</td>
<td>九紫</td><td>八白</td><td>六白</td><td>一白</td>
<td>九紫</td><td>八白</td><td>六白</td><td>一白</td>
<td>九紫</td><td>八白</td><td>六白</td><td>一白</td>
</tr>
<tr>
<td>坤</td><td>震</td><td>中</td><td>坎</td>
<td>坎</td><td>离</td><td>兑</td><td>坤</td>
<td>艮</td><td>离</td><td>坤</td><td>兑</td>
<td>兑</td><td>乾</td><td>巽</td><td>艮</td>
<td>中</td><td>乾</td><td>艮</td><td>巽</td>
<td>巽</td><td>震</td><td>坎</td><td>中</td>
<td>戊己庚辛壬癸甲
午酉子卯午酉子</td>
</tr>
<tr>
<td>坎</td><td>坤</td><td>巽</td><td>离</td>
<td>离</td><td>艮</td><td>乾</td><td>坎</td>
<td>兑</td><td>艮</td><td>坎</td><td>乾</td>
<td>乾</td><td>中</td><td>震</td><td>兑</td>
<td>巽</td><td>中</td><td>兑</td><td>震</td>
<td>震</td><td>坤</td><td>离</td><td>巽</td>
<td>己庚辛壬癸甲乙
未戌丑辰未戌丑</td>
</tr>
<tr>
<td>离</td><td>坎</td><td>震</td><td>艮</td>
<td>艮</td><td>兑</td><td>中</td><td>离</td>
<td>乾</td><td>兑</td><td>离</td><td>中</td>
<td>中</td><td>巽</td><td>坤</td><td>乾</td>
<td>震</td><td>巽</td><td>乾</td><td>坤</td>
<td>坤</td><td>坎</td><td>艮</td><td>震</td>
<td>庚辛壬癸甲乙丙
申亥寅巳申亥寅</td>
</tr>
<tr>
<td>艮</td><td>离</td><td>坤</td><td>兑</td>
<td>兑</td><td>乾</td><td>巽</td><td>艮</td>
<td>中</td><td>乾</td><td>艮</td><td>巽</td>
<td>巽</td><td>震</td><td>坎</td><td>中</td>
<td>坤</td><td>震</td><td>中</td><td>坎</td>
<td>坎</td><td>离</td><td>兑</td><td>坤</td>
<td>辛壬癸甲乙丙丁
酉子卯午酉子卯</td>
</tr>
<tr>
<td>兑</td><td>艮</td><td>坎</td><td>乾</td>
<td>乾</td><td>中</td><td>震</td><td>兑</td>
<td>巽</td><td>中</td><td>兑</td><td>震</td>
<td>震</td><td>坤</td><td>离</td><td>巽</td>
<td>坎</td><td>坤</td><td>巽</td><td>离</td>
<td>离</td><td>艮</td><td>乾</td><td>坎</td>
<td>壬癸甲乙丙丁戊
戌丑辰未戌丑辰</td>
</tr>
<tr>
<td>乾</td><td>兑</td><td>离</td><td>中</td>
<td>中</td><td>巽</td><td>坤</td><td>乾</td>
<td>震</td><td>巽</td><td>乾</td><td>坤</td>
<td>坤</td><td>坎</td><td>艮</td><td>震</td>
<td>离</td><td>坎</td><td>震</td><td>艮</td>
<td>艮</td><td>兑</td><td>中</td><td>离</td>
<td>癸甲乙丙丁戊己
亥寅巳申亥寅巳</td>
</tr>
<tr>
<td>中</td><td>乾</td><td>艮</td><td>巽</td>
<td>巽</td><td>震</td><td>坎</td><td>中</td>
<td>坤</td><td>震</td><td>中</td><td>坎</td>
<td>坎</td><td>离</td><td>兑</td><td>坤</td>
<td>艮</td><td>离</td><td>坤</td><td>兑</td>
<td>兑</td><td>乾</td><td>巽</td><td>艮</td>
<td>○乙丙丁戊己庚
卯午酉子卯午</td>
</tr>
<tr>
<td>巽</td><td>中</td><td>兑</td><td>震</td>
<td>震</td><td>坤</td><td>离</td><td>巽</td>
<td>坎</td><td>坤</td><td>巽</td><td>离</td>
<td>离</td><td>艮</td><td>乾</td><td>坎</td>
<td>兑</td><td>艮</td><td>坎</td><td>乾</td>
<td>乾</td><td>中</td><td>震</td><td>兑</td>
<td>○丙丁戊己庚辛
辰未戌丑辰未</td>
</tr>
<tr>
<td>震</td><td>巽</td><td>乾</td><td>坤</td>
<td>坤</td><td>坎</td><td>艮</td><td>震</td>
<td>离</td><td>坎</td><td>震</td><td>艮</td>
<td>艮</td><td>兑</td><td>中</td><td>离</td>
<td>乾</td><td>兑</td><td>离</td><td>中</td>
<td>中</td><td>巽</td><td>坤</td><td>乾</td>
<td>○丁戊己庚辛壬
巳申亥寅巳申</td>
</tr>
</table>

사람 얼굴의 신기神氣를 보아 그 집 분묘풍수墳墓風水의 흥패興敗를 아는 법

사람 얼굴을 오악(五岳)으로 보자면 이마는 북악(北岳), 턱은 남악(南岳), 좌경골(左耿骨)은 동악(東岳), 우경골(右耿骨)은 서악(西岳), 코(鼻)는 중악(中岳)이다. 골고자(骨高者)는 용맥지세(龍脈地勢)의 기운을 얻고 사수(四獸;靑龍 白虎 玄武 朱雀)와 득수(得水)와 파구(破口)가 균호(均好)한 묘(墓)를 쓴 자요, 얼굴에 자기(紫氣)가 영만(盈滿)한 자는 명당(名堂)집 자손이요, 얼굴색이 췌고(驟枯)한 자는 그 집 묘를 설기(洩氣)하는 곳에 쓴 자요, 기골(氣骨)이 조(粗)한즉 노묘(露墓) 탓이요, 골세자(骨細者)는 명묘(名墓) 덕이요, 노목독로자(露目瀆露者)의 묘는 폭로처(暴露處)나 기암하(奇岩下)나 무기(無氣)한 후원에 선영장지자(先靈葬之者)다.

무릇 장후(葬後)에 생자(生子)의 얼굴에 일월각(日月角)이 나타나면 용호(龍虎)와 안산(案山)과 후산(後山)이 수려한 묘요, 얼굴에 자기(紫氣)가 요면(繞面)하고 안목(眼目)에 신광(神光)이 있는 자는 지령(地靈)을 득(得)하여 인재양왕(人財兩旺)한 것이다.

장후(葬後)에 생남(生男) 했는데 기(氣)가 탁(濁)하고 육조골경(肉粗骨硬)하고 오악(五岳)이 부정(不正)하고 기운이 없는 자는 그 묘가 기세(氣勢)를 얻지 못한 것이다. 두골(頭骨)이 개륭(皆隆)하고 백부(百部)가 완만(完滿)하나 기혈(氣血)이 고고(枯槁)하고 목광실신(目光失神)하고 미산(眉散)에 발초(髮焦)하면 그 집 묘가 설기(洩氣)되는 곳에 있다. 수년 내에 필패(必敗)한다. 얼굴이 만결(滿潔)하나 문충지파(紋沖痣破)하고 구이(口耳)와 음성(音聲)이 손상된 자는 수항, 교량, 노살(水港, 橋樑, 路煞)이 충(沖)하고 내룡(來龍)이 옹색(壅塞)한 곳에 쓴 묘 때문이다.

수족요배질자(手足腰背帶疾者)나 치인(痴人) 전광자(顚狂者)는 수항하(鬚項下)에, 여초 여모자(如草 如毛者)는 조토(燥土)에 필수 수목지조벌(必受 樹木之凋伐) 탓이다. 얼굴색이 초고(焦枯)하고 무신광자(無神光者)나 무기운자(無氣運者)는 필연전도착란(必然顚到錯亂)하는 묘지 때문이다.

혈내증험 선법비전穴內證驗 仙法秘傳

용진정혈처(龍眞穴正處)는 세지처(勢止處)다. 그곳이 명당(名堂)이다. 그렇기 때문에 발복(發福)이 유구(悠久)한 것이다.

1. 안계(眼界)가 분명하고 견궁윤택(堅宮潤澤)해야 내위진토(乃爲眞土)요, 발복지지(發福之地)다.

2. 그러나 오직 세지처(勢止處)가 분명한데 완석개착 무토(頑石開鑿無土)라면 왕방지토(旺方之土)를 취지(取之)하라. 속기발복 무궁(續氣發福 無窮)할 것이다.

3. 혈재와탄(穴在窩坦)으로 토색(土色)이 다악(多惡)하면 불구니(不拘泥)하고 순용객토(純用客土)로 봉분(封墳)을 지으면 영구발복(永久發福)한다.

4. 부혈(浮穴)은 관형찰색불니토(觀形察色不泥土)하고 배토봉영(培土封塋)하면 필발(必發)이라.

상법지외(常法之外)에 또 있으니 다음의 3종(三種)이라. 인소기치이(人所棄置而)이 고사용지(古師用之)하여 개수복(皆受福)하였다. 토색(土色)이 좋은 것을 사람마다 갈모(渴慕)하나 혈(穴)의 결작(結作)은 세지(勢止) 2자(二字)뿐이다. 세지처(勢止處)가 석반(石盤)이라면 개착(開鑿)하고 써라. 속인(俗人)은 이를 보고 대해(大駭)를 면치 못한다. 그러나 열성(列聖)의 규법(規法)이 산천(山川)과 합하여 융결지처(融結之處)라면 의법용지(依法用之)하여 대발복(大發福)케 했다.

만일에 세지처(勢止處)가 모매(冒昧)하고 흙만 견윤호토(堅潤好土)라면 장후(葬後)에 화해(禍害)가 우심(尤甚)하여 패절(敗絶)한다. 업술자(業術者)가 모두 세지처(勢止處)를 부지(不知)하고 토색(土

色)만 택한다면 무슨 소용이 있겠는가. 세지처(勢止處)가 불급(不及)하면 배지(培之)하고 태과(太過)하면 삭지(削之)한다. 천지(天地)가 무전(無全)하니 공차인력(功借人力)으로 보지(補之)하는 것이다. 석룡(石龍)에 무토(無土)이나 혈정(穴正)하면 1척정도(一尺程度)로 보토(補土)하고 기원전(起圓墳)하여 성분(成墳)하면 구원발복(久遠發福)한다. 그러나 이런 작업은 형안명사(炯眼名師)만이 지지(知之)하고 속안(俗眼)은 부지(不知)인 것이니 신지신지(愼之愼之)해야 한다.

적덕지공(積德之功)이 없는 자는 신명지마사(神明之魔事)로 길지명당(吉地名堂)에 들지 못한다는 것은 선성(先聖)들이 누누이 설파한 바 있다.

양택―집

양택陽宅 보는 법

양택법(陽宅法)은 음택법(陰宅法)보다 수월하다.

집터를 잡아 건축(建築)을 하고 사람이 편리하게 살면 족한 것이다. 그러나 동가홍상(同價紅裳)이라, 길방(吉方)에 대문(大門)을 내고 출입하면 다자다손(多子多孫)하고 부귀(富貴)를 누리는 법이다.

양택법에는 동사택(東四宅)과 서사택(西四宅)이 있다.

동사택은 8방(八方) 가운데 감진손이(坎震巽離) 방위의 좌향(坐向)을 말하고, 서사택은 간곤태건(艮坤兌乾) 방위의 좌향을 말하며, 또한 여덟 방위는 아래와 같이 24방위(二十四方位)의 좌향을 포함한다.

동사택(東四宅)

　감좌(坎坐) ― 임자계(壬子癸)

　진좌(震坐) ― 갑묘을(甲卯乙)

　손좌(巽坐) ― 진손사(震巽巳)

　이좌(離坐) ― 병오정(丙午丁)

서사택(西四宅)

　　간좌(艮坐) ― 축간인(丑艮寅)

　　곤좌(坤坐) ― 미곤신(未坤申)

　　태좌(兌坐) ― 경유신(庚酉辛)

　　건좌(乾坐) ― 술건해(戌乾亥)

　이때 동사택(東四宅)인 감좌(坎坐 ; 壬子癸) 집을 지었다 하면 터(垈地 ; 건물과 마당 및 기타 공간 포함)의 중앙에 쇠(羅針盤)를 놓고 보아서 부엌(廚房)과 두방(頭房 ; 머릿방)과 대문(大門)이 동사택 방위에 있으면 길(吉)하다. 서사택(西四宅)인 태좌(兌坐 ; 庚酉辛) 집을 짓고 산다면 부엌(廚房)과 두방(頭房)과 대문(大門)이 서사택 방위에 있으면 길(吉)하다.

　＊사무실(事務室)과 아파트의 경우는 공간(空間)의 중앙에 쇠(羅針盤)를 놓고 본다.

　＊사무실의 경우는 주인(主人)의 자리와 출입문(出入門)의 방위가 중요하고, 점포(店鋪)나 업소(業所)의 경우는 주방과 카운터와 출입문의 방위가 중요하다.

　＊부엌(廚房) 두방(頭房) 대문(大門) 창고(倉庫)는 길방(吉方)에 설치하고, 측간(厠間) 방수(放水)는 흉방(凶方)에 설치한다.

　＊길성(吉星)이 부엌(廚房)과 두방(頭房)과 대문(大門)에 임(臨)해야 한다.

　＊3길성(三吉星)이란 탐랑생기(貪狼生氣) 연년무곡(延年武曲) 천을거문(天乙巨門)이다.

　＊터(垈地)의 좌우는 경사(傾斜) 없이 반듯해야 하나 앞쪽의 기울음은 무방하다.

　＊터(垈地)도 중요하지만 건물(建物)의 상(相)이 더 중요하다. 좌우

대칭(左右對稱) 및 균형(均衡)과 조화(調和)가 길흉(吉凶)을 갈음하는 것이다.

*건물내부(建物內部)가 중요한 게 아니라 지붕의 모양이 중요하다. 돔형이든 일자형이든 용마루가 휘어 가라앉아서는 안 되고, 중심은 반드시 높아야 한다.

*터(垈地)가 좋고 집의 좌향과 부엌(廚房) 두방(頭房) 대문(大門) 창고(倉庫)의 방위가 맞아 가상(家相)이 조화(調和)를 이루면 인패(人敗)는 절대로 없으며, 양택(陽宅)에 약간의 문제가 있다 해도 큰 화(禍)는 피한다.

*터(垈地)를 대국(大局)으로 볼 때는 음택(陰宅) 보는 것과 동일(同一)하다.

부엌廚房과 문門의 방위법方位法

아래의 표는 가옥(家屋)에 있어 좌향(坐向)이 정해지면 그 좌향에 따른 출입문(出入門) 및 부엌(廚房)의 길흉방(吉凶方)을 보는 법이다.

坐＼方	坎	艮	震	巽	離	坤	兌	乾
坎	伏吟	五鬼	天乙	生氣	延年	絶命	禍害	六殺
艮	五鬼	伏吟	六殺	絶命	禍害	生氣	延年	天乙
震	天乙	六殺	伏吟	延年	生氣	禍害	絶命	五鬼
巽	生氣	絶命	延年	伏吟	天乙	五鬼	六殺	禍害
離	延年	禍害	生氣	天乙	伏吟	六殺	五鬼	絶命
坤	絶命	生氣	禍害	五鬼	六殺	伏吟	天乙	延年
兌	禍害	延年	絶命	六殺	五鬼	天乙	伏吟	生氣
乾	六殺	天乙	五鬼	禍害	絶命	延年	生氣	伏吟

좌(坐)로 문(門)과 부엌(廚房)의 방위를 대조하고, 또는 문방위(門方位)로 좌(坐)와 부엌방위(廚房方位)의 길흉(吉凶)을 본다.

동사택(東四宅)은 생기방(生氣方)이 상길(上吉)하고 연년방(延年方)이 중길(中吉)하며 천을방(天乙方)이 소길(小吉)하다.

서사택(西四宅)은 연년방(延年方)이 상길(上吉)하고 천을방(天乙方)이 중길(中吉)하며 생기방(生氣方)이 소길(小吉)하다.

오귀(五鬼), 육살(六殺), 화해(禍害), 절명방(絶命方)은 흉(凶)하며 복음(伏吟)은 반흉반길(半凶半吉)이다. 그러므로 동사택 서사택(東四宅 西四宅)을 막론하고 좌(坐)와 문(門)과 부엌(廚房)의 방위(方位)가 생기(生氣), 천을(天乙), 연년(延年)이 되도록 맞춰야 한다.

방위법方位法에 대한 해석解釋

동사택(東四宅) 생기(生氣) 탐랑(貪狼)이 득위(得位)하니 남녀준수(男女俊秀)하고 자효손현(子孝孫賢)하며 부녀현량(婦女賢良)하며 가무백정(家無白丁)이다.

동사택(東四宅) 연년(延年) 복록수(福祿壽)가 온전하고 자효손현(子孝孫賢)하며 충의현량(忠義賢良)하고 생사자(生四子)로 아손(兒孫)이 만당(滿堂)이나 오래면 목다질병(目多疾病)이로되 진손주(震巽廚)를 안정(安定)하면 전길(全吉)이다.

동사택(東四宅) 천을(天乙) 수목상생(水木相生)으로 초년(初年)에는 대길(大吉)하나 순양무음(純陽無陰)하여 오래면 인정(人丁)이 불리(不利)하다. 그러나 남녀호선(男女好善)하니 다인다의(多仁多義)한다.

서사택(西四宅) 생기(生氣) 지산(地山)으로 토(土)가 거듭하니 전산(田産)이 풍족(豊足)하다. 남녀고수(男女高壽)하며 아녀만당(兒女滿堂)하고 자효손현(子孝孫賢)하나 오래면 재앙(災殃)이 있어 차길(次吉)이다.

서사택(西四宅) 연년(延年) 택산(澤山)은 복(福)을 더하고 작은집의 영화(榮華)다. 남총여수(男聰女秀)하고 충효현량(忠孝賢良)하며 가도화순(家道和順)하고 부귀영창(富貴榮昌)하며 4년9년(四年九年)에 발복(發福)하고 사유축년(巳酉丑年)에 응길(應吉)이다.

서사택(西四宅) 천을(天乙) 하늘이 산상(山上)에 강림(降臨)하니 부귀(富貴)를 누린다. 초년(初年)에 인구(人口)가 왕성(旺盛)하고 남인여의(男人女義)하나 순양(純陽)이 불화하니 오래면 불길(不吉)하다.

복음(伏吟) — 공통 산업(産業)이 번성하여 초년(初年)에 대발(大發)하나 순양무음(純陽無陰)하여 오래면 불길(不吉)이다.

오귀(五鬼) — 공통 패가(敗家)하고 극처상자(剋妻傷子)하며 오역불효(忤逆不孝)하니 불길(不吉)이다.

절명(絕命) — 공통 전산(田産)이 패퇴(敗退)하며 도적(盜賊) 광증(狂症)과 관재(官災) 구설(口舌)이니 불길(不吉)이다.

화해(禍害) — 공통 초년(初年)에는 간혹 부귀(富貴)를 발(發)하되 부녀(婦女)가 성강(性剛)하고 소부(少婦)가 요망(夭亡)하여 음인(陰人)이 가성(家聲)을 흔든다.

육살(六殺) — 공통 노공(老公)이 정수(精水)가 다하고 중자(中子)가 음도(淫逃)하며 부녀(婦女)가 단명(短命)하다. 간혹 초발복(初發福)이 있으나 오래면 불길(不吉)이다.

명당으로 세상이 바뀐 이야기

서울 종로구 이화장梨花莊의 경우

내가 서울 종로구 이화동에 살았던 때니까, 1981년 늦가을로 기억된다. 내 집으로 가는 어귀에 우리나라 초대 대통령 이승만 박사가 유했던 이화장(梨花莊)이 있었다. 1964년 7월 18일 하와이에서 부인 프란체스카 여사를 남기고 서거한 이 박사.

내가 이화장(梨花莊)을 찾아갔을 때 92세인 프란체스카 여사만 그의 양아들인 이인수(李仁秀) 내외와 두 명의 손자의 보필을 받으며 마지막 여생을 보내고 있었다. 내 또래 세대가 다 그렇듯 이 박사에 대한 연민의 정이 넘치는 데다 초대 대통령 말고도, 대한민국 건국의 아버지라는 존경심까지 겹쳐 이화장을 지날 때마다 걸음을 멈추어 이 박사의 명복을 따로 빌곤 했다.

그러다가 어느 날 이화장 내부를 구경하는 기회를 갖게 되었다. 물론 이화장은 세상이 다 아는 서울 장안에 몇 안 되는 명당 중의 한 곳이다. 낙산(駱山)의 주봉에서 서쪽으로 뻗어 내린 용(龍) 위에 포근하게 자리 잡고 있기 때문이다. 산세가 힘차고 단정한 것이 낙산의 특징이다.

실제로 이화장의 일부인 조각당(組閣堂 ; 대한민국 초대 각료들을 선

이화장에서 여생을 보내던 프란체스카 여사를
모시고 기념촬영한 김성수 씨 부부.

정한 곳) 입구에 서면 중요한 서울의 핵심이 한눈에 내려다보인다. 조
각당은 건평 5평에 불과한 작은 방 하나지만, 이곳이야말로 우리가 흔
히 말하는 명당의 기가 살아 숨쉬는, 소위 사람에게 이로운 신기의 방
이다. 원래 기라는 것은 넓은 면적을 차지하지 않는다. 길이가 고작
6~7자고 넓이는 그보다 작은 한 자 정도나 될까. 하지만 그처럼 작은
면적을 차지할 뿐인 기의 위력은 대단해서 한 개인은 물론이고, 그 가
족, 그 사회, 그 국가의 흥망성쇠까지 영향을 미칠 지경이다.

　어쨌거나 이화장의 본관은 그 터나 기가 모여 있는 조각당 보조건물
에 비해 명당의 조화를 형성하지 못하고 있다. 이화장의 총 평수는 1천
8백20평에 이르고, 이승만 대통령이 살았던 본채 건물은 70여 평 정
도다. 한데 그 70평이 잘못 앉아있다. 남쪽을 향해 ㄷ자 형태를 이루고
있는데 그 자체가 이화장을 어둡게 만드는 요인이다. 전체 중심력을 와
해시키기 때문이다. 집은 중심에 강한 공간이 있어야 생기를 발생하게

되어 있다. 내부도 그렇지만, 지붕도 마찬가지다. 당연히 낙산의 지세를 그대로 이어줘야 함에도 불구하고 이화장의 지붕선은 역으로 끊어지게 자리 잡은 것이다.

왜 그랬을까. 낙산의 용이 서쪽으로 내려오는 방향으로 보아 서향으로 앉히는 것이 배산임수(背山臨水) 원칙에도 어긋나지 않는데 무슨 연유로 남향을 고집해서 아름답고 편안한 생기를 반감시킨 것일까.

나는 이화장을 처음 구경하고 지세는 명당이지만 건물 형태나 배치 방법이 원칙을 무시해 이승만 대통령이 이곳에 거주하는 동안 경제적으로 어려움에 봉착하게 하고 국민의 압력에 의해 하야당하여 결국 천리만리 이국 타향에서 서거하지 않으면 안 되었을 것이라고 나름대로 회한에 잠겨보곤 한다.

하나, 지나간 세월은 지나간 세월이고 지금 현재가 문제다. 대통령이 살아 계셨을 때, 그러니까 1946년 1월부터 1948년 8월 경무대로 옮기기 전 2년 7개월과 1960년 4월 경무대에서 물러난 뒤 하와이로 망명하기 직전 1개월 동안 유했던 그 본채는 대통령 내외가 쓰던 침실, 거실, 서재, 응접실 등 6개의 방과 주방, 화장실로 구성되어 있다.

평생 대한민국 정부수립을 위한 독립운동가로 나그네처럼 살았던 부군과 사별한 유럽의 심장부 오스트리아 출신의 할머니, 프란체스카 여사. 지금은 그녀가 이화장의 주인이다. 일국의 대통령 부인이었으므로 당연히 호사스러운 일상을 누려야 옳겠지만, 프란체스카 여사의 그것은 전혀 그렇지 못하다.

호사는커녕 그런 고통이 없다. 우선 한옥구조라 주방이 따로 없다. 옛날 같으면 머슴들이 장작을 패서 군불을 넣고, 가마솥에 밥도 짓고, 사골도 고고, 시래기도 삶겠지만, 이화장 건물에는 온돌방이 없고 모두가 널빤지 마루로 깔려 있어서 설사 장작이 쌓였더라도 땔 아궁이가 없다. 대신 알루미늄 스팀기기가 설치되어 있었지만 얼마나 오래 되었던지

불만 지피면 날개 달린 개미떼가 무한정 튀어나오는 것이었다. 다른 가족들은 그런대로 참을만한데 프란체스카 여사는 그 개미를 이기지 못해 온통 피부가 벌겋게 부어오를 지경이다. 그런 판국이니 불을 지필 수도, 꺼놓고 벌벌 떨 수도 없다. 어쨌거나 한겨울에도 연탄난로에다, 밥도 찌개도 석유곤로를 사용할 수밖에 없다. 보기에는 멀쩡하지만 실제는 밑바닥 서민층의 그것과 전혀 구별되지 않는다.

엄동설한은 더 그러하다. 숫제 이불을 둘러쓰지 않으면 보존이 어렵다. 젊은 사람이야 혈기왕성하므로 얼마든지 견딜 수 있지만 90 객에 접어든 노쇠한 할머니로서는 말 그대로 고행이 아닐 수 없다.

나는 그 점이 안타까웠다. 일국의 국모였던 분이 호강은 못할망정, 그래도 기본적인 추위는 면해 드려야지…. 나는 어느 누구의 도움 없이 혼자 그 방도를 연구했다. 그렇다고 겨울철에만 호텔로 옮겨 모실 수도 없고 또 그럴 처지도 아닌 터여서, 영락없이 이화장에서 모든 것을 해결하지 않으면 안 되는 일이었다.

그 때 내 뇌리에 들어오는 것은 서쪽의 빈터다. 내가 보기에는 본채의 ㄷ자 형태의 중심력 와해를, 빈터에 또 다른 건축물을 건립함으로써 보완한다는 해결책이다.

그래, 빈터를 채워줌으로써 비로소 배산임수 원칙이 지켜지는 셈이야.

나는 혼자 무릎을 쳤다. 나는 무턱대고 프란체스카 여사의 양아들인 이인수 씨 내외를 만났다. 그리고 내 생각과 뜻을 정중하게 밝혔다. 이인수 씨는 전주이씨 문중이 백방으로 수소문하여 최종 선택한 이승만 대통령의 법적 아들이다. 수많은 전주이씨 후보 젊은이 중에 이인수 씨가 이대통령의 양아들로 결정된 것은 무엇보다 영어가 유창한 데다 정치학박사 학위를 따낸 장래가 촉망되는 학자라는 사실 때문이었다.

그래서인지 그는 예의가 바르다. 아니, 적어도 내 애기를 끝까지 경청

해줄 줄 아는 사람이다. 아무리 내가 어떤 계산속에서 이권을 마음에 두고 접근하지 않았다 하더라도 말 그대로 우리의 국모였던 프란체스카 여사를 위한 충정의 뜻에서 제안한 내용이라 하더라도, 난생 처음 보는 사람이 불쑥 들어서서 풍수지리가 어떻고, 양택(陽宅)이 어떻고 진부하게 떠들어대는 판이니, 내가 이인수씨 입장이라도 옳거니, 덥석 끌어안을 리가 만무한 터다.

그래도 나는 계속 이화장을 찾아가고 또 찾아갔다. 그리고 설득했다. 물론 이화장 아래쪽 버려진 땅을 활용하자는 그 계획이다. 말이 정원의 일부지, 움푹 파인 골짜기인데다, 아름드리 은행나무 두 그루와 가시덤불 밭이라 온종일 사람 발이 가지 않는 곳이다. 이인수씨가 딱 부러지게 내 제안을 받아들이지 못하는 이유는 우선 몇 백년 묵은 나무라 손을 댈 수 없다는 것이고, 두 번째는 설사 집을 지을 상황이 만들어진다 하더라도 그 막대한 비용을 감당할 길이 없다는 것이었다.

그래도 나는 물러서지 않았다. 이미 조사를 끝낸 은행나무는 문화재나 서울시가 지정한 나무로 등록된 바 없으므로 그냥 베어내면 그만이고, 건축비 또한 당장 손에는 쥐고 있지 않다고 하더라도 나 같은 충정에 뜻을 둔 사람들이 한둘이 아닐 터고, 실제로 이박사기념사업회도 존재하는 데다, 그 사업회에 소속된 회원들 면면만 봐도 생전에 이 박사 덕을 입어도 크게 입은 실력자들 아닌가. 일단 일만 시작하면 그까짓 건축비는 문제도 아니다.

만약 일을 시작했는데도 예상한 자금이 모이지 않으면 국민운동이라도 벌려 반드시 건축비를 충당하겠다고 나는 큰소리를 쳤다. 내가 이화장을 처음 찾아가고 3개월쯤 지났을까. 지성이면 감천이라고 드디어 이인수씨 부부의 결심이 떨어졌고 나는 그날로, 내 집에서 일하던 목수 두 사람을 앞세워 아름드리 은행나무를 잘라 눕혀 토막을 냈고, 그 움푹 파인 땅은 근처 기독교여신도회관 지하 건축현장에서 흙을 구해 3일 만에 감쪽같이 평지로 바꾸는데 성공했다. 그리고 나는 그곳에 지을 집을 설계했다.

아니 설계가 따로 없다. 이화장의 주건물(主建物)을 남쪽으로 앉힘으로 하여, 신선하고 편안한 생기를 반감시킨 건물 형태와 배치 방법을 역으로 이용했을 뿐이다. 낙산의 용이 서쪽으로 내려오는 지세를 그대로 끌어안았다고나 할까. 물론 향은 서쪽이다.

지붕선 역시 낙산의 용과 자연스럽게 조화를 이루도록 했다. 그러니까 낙산의 용이 이화장에서 막힌 것이 아니라 그 흐름이 강물의 여울 타듯 부드럽게 흘러가게 자리 잡도록 한 것이었다.

다시 말해 내가 그린 설계는 전문적인 설계도면이 아니라, 풍수 이치에 걸맞은 배산임수 원칙에 입각한 설계원도라고 해야 옳다.

그 설계원도로 종로구청에 신축허가 신청을 냈다. 당시만 해도 주택 신축허가를 받기 위해서는 우물을 파도록 하는 의무사항이 따랐다. 아마도 전시를 대비한 행정이 아니었는가 싶다. 시시콜콜 내막은 자세히 몰라도 내 보기에 당시 이화장 재정은 완전히 고갈상태였던 것 같다. 우물 하나 팔 여유가 없는지 구청에서 공문이 내려왔는데도 아예 손을 놓고 있었다. 나는 이인수 씨와 구체적인 상의도 하지 않고 그 무렵 그 분야의 일인자로, 종교 활동만큼이나 바쁘게 불려 다니던 신부님을 비싼 출장비로 이화장에 모셨다. 지하 수맥을 잡기 위해서다. 그리고 나는 장비를 동원하여 우물을 파기 시작했고 일주일 만에 공사를 끝낸 다음 이인수 씨를 만났다.

"이 우물은 제가 이화장에 드리는 선물입니다. 작지만 정성으로 받아주십시오."

이인수 씨 내외도, 프란체스카 여사께서도 콸콸 솟구치는 우물 물맛을 보며 감사하다는 말을 몇 번씩이나 되풀이했다. 이제 일은 순풍에 돛 단 듯 척척 진행되어 갔다.

다행히 이인수 씨는 내가 그린 설계원도에 손끝 하나 대지 않았다. 그것으로 나에 대한 신뢰를 표현해 주는 것 같았다. 확실히 그분은 마음이 따뜻하고 온화한 사람이다. 물론 나의 제안을 백퍼센트 수용해 준 가장 큰 이유는, 어려우리라고 예상했던 우남기념사업회가 이화장 신축계획을 아무 이의 없이 쌍수를 들어 환영해 준 탓이다.

사실 그 일에 선뜻 나서지 못한 것도 과연 어디서 건축비를 조달할 것인가 막막했던 탓 아니던가. 한데 입 떼기 바쁘게 일이 일시에 해결되는 판이니, 어찌 이인수 씨의 마음이 가볍지 않을 수 있었겠는가.

'보세요, 내가 말한 그대로 아닙니까!' 라고 나는 그 점을 강조하지는 않았지만 그렇다고 그 일에 대해 시치미를 뗀 적도 없다. 내 아내와 둘이서 프란체스카 여사를 모시고 기념촬영을 한 것이 그 무렵이니까 나도 소인배였던 것 같다. 그것이 바로 '나도 한 건 했습니다' 식의 생색에 다름 아니었으니까.

결과적으로 사람들도 다 나 같은 생각을 갖고 있었다는 얘기다.

아니, 대통령의 부인으로서 호사는 누리지 못할망정 고초는 당하지 않아야 한다는 충정이 그분들에게도 적절히 넘쳤다는 이야기다. 정말 일사천리란 바로 이런 때 쓰는 말 같다. 내가 나서지 않아서 자세히는 알 수 없지만, 얼핏얼핏 들은 얘기로는 정일권 전 국무총리가 벽돌을, 백두진 전 국회의장이 시멘트를, 대림산업이 골조를, 삼성그룹이 난방시스템과 전기공사와 타일 등 내부설비를, 또 아무개가 지붕과 유리를⋯. 그런 식으로 도맡아 하루에도 장비와 자재를 실은 트럭이 수십 차례 드나들었고, 그리고 아름드리 은행나무를 자르고 나서 꼭 반년 만에 지금의 살림집이 완성된 것이었다.

물론 내가 그려주었던 지붕선과 실내배치가 그대로 반영된 건축물이다. 실로 감개무량하다. 나의 제안이 가감 없이 받아들여졌다는데 대한 무량함이 아니라 전 국모(國母)였던 프란체스카 여사에 대한 충정을 많은 사람들, 아니 어쩌면 국민 대다수가 가슴 깊이 묻고 있었다는 사실이 그 같은 감개무량함에 빠지게 하는 것이었다.

이인수 씨는 소박한 준공식을 준비하고 이화장을 위해 음으로 양으로 도와준 많은 인사를 초청했는데 나도 그 명단에서 빠지지 않았다. 그러나 준공식을 위해 새 양복까지 준비했으나 나는 결국 참석을 포기했다. 이유는 간단했다. 원래 이화장 개조사업에 소매를 걷고 나서준 인사들이 대한민국을 대표한 정치인이거나 재력을 가진 기업인이거나 여타 어떤 분야거나 그 분야의 리더들이 분명했으므로, 당연히 그분들 앞에서 오늘의 이화장이 있게 한 장본인으로 내가 소개될 것이고, 그렇게 되면 자연히 풍수지리 얘기가 나올 것이고, 그러다보면 자신들이 살고 있는 집터와 선영을 모신 묘지가 화제로 떠오르게 될 것이고…. 그렇게 해서 나의 명성을 높이는 것은 물론, 그만큼 명성을 얻게 될 게 뻔했기 때문이다.

나는 내가 원했던 것이 바로 그런 명성에 비롯되지 않았음을 누구보다 나 자신에게 확인시키고 싶었다. 실제로 나는 그 일을 진행하는 동안 단 한 번 이인수 씨 부부로부터 대가를 받은 적도, 그 일에 대한 답례로 식사 한 번 대접 받은 적도 없다.

식사 얘기가 나왔으니 말이지만, 내가 오히려 프란체스카 여사와 이인수 씨 내외를 한식집으로 모셔 음식을 대접하며 새 집으로 거처를 옮기게 된 일을 거듭 경하해 마지않았던 것이다. 물론 이인수 씨 내외가 뭔가 보답을 하지 않으려고 했던 것은 아니다. 내가 서둘러 천부당 만부당 사양했다고나 할까. 솔직히 나는 그런 내 순수성을 끝까지 지키고 싶었다. 이 일을 기화로 나를 홍보하거나 내 실력을 만방에 과시하고 싶은 계산을 앞세우지 않았음을 마지막까지 확인시키고 싶었던 것이다.

어쨌거나 나는 이화장 일로 이인수부부 외에의 어떤 사람도 따로 만나지 않았고, 또 그 일을 대가로 또 다른 일거리를 소개 받지도 않았다. 대신 얼굴을 따로 나타내지 않고, 또 생색도 내지 않으면서, 내 의도를 끝까지 관철시키는 일에 열중했다. 이화장을 제 궤도에 올리는 일이 바로 그것이다.

이화장이 제 궤도에 오르는 일이 무엇인가. 첫째는 독재자라느니 노망 들린 대통령이 살았던 집이라느니 하는 비난 대신 국민으로부터 초대 대통령의 위용과 존경을 한 몸에 받는 아름다운 장소로 기억시키는 일이고, 두 번째는 가능하면 어떤 경우에도 경제적으로 곤경을 당하지 않았으면 하는 바람이다.

한데 이게 웬일인가. 은행나무를 잘라내고 그 곳에 집을 완공하자마자, 이승만 대통령 유품 전시를, 그것도 구독부수 1위인 조선일보와 SK그룹이 공동으로 1개월여 개최했는데 의외로 일반인은 물론 학생 관객이 구름같이 모여들어, 이승만 대통령이 국민의 압력을 못 이겨 권좌에서 물러난 지 22년 만에, 그리고 하와이에서 생을 마감한 지 꼭 17년 만에 잃었던 명예를 되찾은 계기가 조성된 것이었다.

나는 조선일보 전시회를 기점으로 이화장에 '상설 이승만 박사 유품 전시장'을 만들도록 권유했고, 집을 신축했을 때와 마찬가지로 내 권유가 그대로 받아들여졌다. 그러나 나는 소정의 입장료를 받겠다는 유족의 계획에 반대했다. 오로지 대한민국 독립을 위해 투쟁으로 일관된 삶을 살았던 이승만 박사 유품들은 대한민국 국민이면 누구나 자유롭게 감상하는 기회를 줘야 한다는 것이 내 주장이다. 대신 전시장 내에서 이승만 박사 필적을 탁본한다든가, 기념 배지를 제작한다든가, 사진집을 인쇄한다든가 해서 공식적으로 판매하는 방법이 좋겠다고 제의했는데, 이인수씨 부부는 이번에도 내 의견을 전폭적으로 수용, 그대로 시행했던 것이다.

그 결과는 말 그대로 대성공이었다. 오히려 단순한 입장료보다 거의

열 배 이상의 수익을 올렸다고 하면 과장된 표현일까. 하나 그것은 사실 그대로다. 이승만 박사 휘호 탁본은 만들기 바쁘게 날개 돋친 듯 팔려 나갔고, 그 수입으로 그동안 체납되었던 재산세는 물론이고 본채의 수리비, 관리비 그리고 주다말다 했던 관리인 인건비도 제법 인상시킬 수 있는 여유가 생긴 것이었다.

어디 그뿐인가, 너무 쪼들려 부득불 체납시킬 수밖에 없던 재산세를 납부하지 않아도 되는 반가운 소식이 또 들어왔다. 서울시가 이화장을 전통가옥 문화재로 지정해 주었기 때문이다. 그렇다고 사유재산을 국가 소유로 귀속시킨 것이 아니다. 개인 재산은 재산대로 그대로 인정하면서도 세금만 면세되는 형식이다. 그 얼마나 기다렸던 결과인가.

그러나 인간사 호사다마라고 했던가. 이화장에 어느 날 도둑이 든 것이다. 이승만 박사 유품들이 감쪽같이 없어진 것이다. 한국 최고의 구상화가 김인승 씨가 그린 이박사 초상화, 프란체스카 영부인 초상화, 두 분의 모습을 한 화면에 묘사한 걸작품 각각 4점, 각국 국가원수에게서 받았던 선물, 이 박사의 친필 휘호, 친필 편지, 필기도구 등 귀중품들이 깡그리 사라져버린 것이다.

이화장에 도둑이 들어 유품을 남김없이 털어갔다는 기사는 일간신문 사회면 톱으로 취급되었고, 텔레비전 방송 9시 뉴스 역시 머리기사로 분류되어 세상이 벌컥 뒤집혔다. 하필 그날이 프란체스카 여사를 비롯한 유족들이 모두 하와이로 떠난 날이었다. 이승만 박사 동상이 하와이에 세워지는 것을 기념하기 위한 여행이다.

또 있었다. 바로 나 자신이다. 하필 그날 밤 나는 이인수 씨의 허락을 얻어 이화장 내부에 위치한 조각당(組閣堂)에서 잠을 잤던 것이다. 낙산의 생기가 흐르는 명당 터에서 하룻밤 유하는 것은 나의 평소 바람이었다. 우선 정신이 맑아지고 몸 전체에 생기가 고루고루 전해지기 때문이다.

옛날 이승만 박사 역시 그곳에 기(氣)가 있다는 사실을 인식했음인지 본채에 침상이 마련되어 있는데도 굳이 5평짜리 협소한 방을 선호하다 못해 초창기 대한민국 초대 각료들은 어떻게 뽑을 것인가 고민하고, 서류를 심사하여 최종 낙점을 내린 장소로 활용했다는 것이다. 오죽하면 임명장 수여식까지 그 방에서 개최했을까.

그러나 다행스러운 것은 그날 나 혼자 조각당에서 잠을 잔 것이 아니라는 사실이다. 동숙자가 있었다. 다름 아닌 S씨다. 경찰청장을 지냈던 분이다. S씨와 나는 오랜 교우를 갖고 있었는데 그것은 도선국사인 옥룡자(玉龍子)가 그 인연이다. S씨는 전라남도 경찰국장 시절부터 도선국사에게 관심이 많아 도선국사의 출생지로 알려진 영암의 도갑사(道甲寺)를 거의 매주 찾아다니며 도선국사의 자료를 수집하고, 그 나름대로의 연구에 박차를 가했던 사람이다. 나 역시 도선국사와는 남 못지않은 인연을 갖고 있다고 자부하는 터여서 도선국사를 하늘처럼 모시는 S씨와 죽이 잘 맞아 시간만 허락하면 식사도 같이하고 차도 마시며, 새로운 자료를 교환하고 연구한 내용을 검증 받기도 했던 것이다.

그날 밤도 그런 자리였다. 풍수지리에 대해 갈수록 그 인식이 퇴색해 가는 국민정서나, 소위 알만한 정책입안자들이 무관심 내지는 아예 풍수지리를 미신으로 몰아세우는 횡포에 대해 울분과 우려를 토해내는 그런 자리였던 것이다. 물론 존경해 마지않는 도선국사에 대한 관심 역시 풍수지리 경시풍조와 함께 도매금으로 넘어가는 사실이 우리를 더욱 서글프게 하고 울분케 하는 것이었다.

애기가 났으니 말이지만, 몇 개월 전만 해도 최고 수뇌부에서 경찰의 모든 것을 진두지휘했던 S씨와 동숙을 했으니 망정이지, 만약 혼자 조각당에서 유숙했더라면 어떤 봉변을 당했을지 아무도 예측할 수 없는 상황이었다. 실제로 나는 혐의자의 한 사람으로 경찰에 불려가 조서를 꾸미고 지장을 찍긴 했지만, 그리고 형사들이 급파되어 내가 사는 집을 구석구석 뒤지긴 했지만, 그래도 범죄자 취급 같은 봉변을 면했던 것이다. 물론 왜 하필 이화장 주인들이 집을 비운 틈을 타 유숙을 하고, 그리고 모든 유품이 감쪽같이 사라질 수 있느냐는 기본적인 혐의는 벗기 힘들었다.

하늘이 도왔음인지 나는 S씨 덕분에 큰 질타 없이 경찰서에서 집으로 돌아올 수 있었지만, 기실은 은근히 걱정이 앞서는 것이었다. 만약 도둑맞은 유품들이 돌아오지 않는다면 내가 기획 자문한 이화장의 미래 운영에 큰 차질을 빚을 게 분명하기 때문이다. 다행히 연일 매스컴은 이화장의 유품 도둑사건을 사회면 주요 기사로 다뤄 주었고, 매일매일 수사 속보를 따로 취급했다. 그것은 그만큼 이승만 대통령과 아직 생존해 있는 프란체스카 여사에 대한 국민들의 관심도가 높아졌다는 증거였다.

오죽하면 전두환 대통령이 치안책임자를 청와대로 불러, 전 경찰력을 동원해서라도 반드시 이박사의 유품을 찾아내라고 지시하기까지 했겠는가. 그 무렵에는 그것이 KBS 9시뉴스 첫머리 기사였다. 그런 배경 탓이었을까. 도둑이 들고 꼭 일주일만이던가. 신설동인지, 보광동인지에서 리어커에 고물을 잔뜩 싣고 나오는 사람을 불심검문했는데 그 리어커 주인이 바로 이화장을 턴 도둑이었고 다행히 물건을 하나도 처분하지 못하고 고스란히 압수당한 것이었다.

그야말로 천우신조 격이었다. 아니, 오히려 잃었던 귀중품들을 되찾음으로 해서 이승만 박사의 인기도가 더 높아졌을 뿐더러 프란체스카 여사에 대한 국민들의 관심 내지는 존경심도 그만큼 배가되는 효과를 가져왔던 것이었다.

도둑맞았던 유물이 다시 전시되던 날, 전두환 대통령이 손수 관람객 자격으로 이화장을 방문, 이박사 친필휘호 복사판 등 기념품을 구매하기도 해서 이화장의 인기나 관심은 하늘 높은 줄 모르게 상승하기만 했다.

매스컴도 덩달아 춤을 취주었고 매스컴의 보도 탓인지, 국민들의 관심 탓인지 이화장은 연일 만원사례 사태를 맞는다. 어디 그뿐인가. 서울시에서는 이화장을 시민공원으로 지정, 대대적인 주변 정리에 들어가게 된 것이다.

실제로 그 때까지만 해도 말이 이 대통령이 살았던 사저일 뿐, 주변 경계가 확실치 않았다. 담장이 곧 이웃집 지붕일 정도로, 소위 말하는 서민용 주택이 이화장 주변에 즐비하게 늘어서 있었다.

이화장의 진정한 면모를 갖추기 위해서는 부득불 서민주택들을 철거해야 했는데, 설사 그 땅이 이화장 소유라 하더라도 백여 년 가깝게 살아온 주민들을 맨손으로 내쫓을 수도 없을 뿐더러 실제로 절반은 이화장 소유지만 그 외에는 모두 본인들 소유여서 법적으로 그들을 내몰기는 역부족인 처지였다.

결국 막대한 예산이 소요되지 않고서는 이화장 면모 갖추기는 사실상 불가능한 상태였다. 한데 그것을 서울시가 해결하겠다고 나선 것이었다. 유족들의 힘으로써는 도저히 불가능한, 어쩌면 나는 새도 떨어뜨렸던 이승만 대통령이 살아 있을 때도 해결하지 못한 이화장 숙원사업이 그것도 하루아침에 덜컥 해결된 것이었다.

그 모든 일들이 은행나무를 들어내고 계곡 같은 구덩이를 메우고 낙산의 힘차고 단정한 산세에 맞도록 새 집을 짓고 용마루를 높이고 나서, 한꺼번에 연달아 찾아온 행운이었다. 아무럼 그래도 그렇지 어쩌면 꽉 막혔던 하수도가 뚫린 것처럼, 그리도 쉽게 척척 해결될 수 있는가 말이다. 정말 거짓말 같은 사실이다.

물론 내가 이화장에 관심을 두고 풍수지리적인 해결책을 들고 나섰던 것은 이화장의 제 모습을 찾아내기보다, 대한민국 초대 대통령의 영부인 프란체스카 여사가 고장 난 녹슨 난방 때문에 피부병으로 고생하는 것과 석유곤로로 밥을 해먹는 불편을 덜어주고 싶었을 뿐이다. 지금도 나는 그것을 국민 한 사람으로서의 너무도 당연한 의무라고 생각한

하지만 내가 그 강의를 수락하기까지는 삼고초려는 아니라 해도, 여러 차례 바꿔 생각하고 또 바꿔 생각하는 진통을 겪은 다음이었다. 나는 그야말로 있는 그대로의 내 의견을 두서너 사람 앞에서 커피 잔 놓고 말하듯 편안하게 서두를 열기 시작했다.

애기의 서두는 9월 말 답사하고 돌아온 K박사 선산에 대한 내 소견이다. 솔직히 모모 풍수지리연구회의 안내를 받아 묘소로 떠나는 버스에 올랐을 때만해도 나 역시 가벼운 흥분으로 가슴이 떨렸던 것이 사실이다. K박사의 본색이 드러난 지금이니까 그렇지, 지난해 9월의 K박사는 말 그대로 대한민국의 유일한 대안이었다. 어렵고 난감한 경제문제로 상처를 받을 때마다, 이런 저런 이유로 나라 살림에 구멍이 났다는 비참한 뉴스를 접할 때마다, 흡사 사막의 오아시스처럼 우리를 위로해주는 이름 석자는 오로지 K박사 한 사람뿐이었다.

K박사가 국민의 정신적 영웅으로 떠오를 수 있게 된 것도 기실은 조상을 명당(名堂)에 모신 결과라는 애기도 우리 풍수계에 진즉 나돌았던 소문이다. 더구나 K박사의 조부가 풍수지리에 조예가 깊었다는 사실이 그러했다. 결국 조부의 혜안으로 하여 나라를 구하는 출중한 인물이 탄생했다는 결론이다. 그래서 더욱 K박사의 선영을 찾아 그 사실을 확인하고 싶었던 터다.

K박사 집안 묘지 주변에는 벌써 대전에서 도착한 관광버스가 와 있다. 묘지로 가는 입구도 예사롭지 않다. 5백m가 넘는 산길에 시멘트포장 2차선 공사를 막 끝냈는지, 타이어 흙 자국이 줄을 긋듯 길게 나있다.

"햐, 역시 명당은 명당이구만."

자천 타천 유명 풍수라고 자부하는 사람들이 버스에서 내리자마자 저마다 패철(佩鐵)과 수맥 잡는 기구를 들고 묘지 주변을 오르내리며 탄성부터 올린다.

"역시 세계를 놀라게 할 만 하구먼!"

"명당은 거짓말 하는 법이 없어."

대전버스와 서울버스를 한꺼번에 풀어놓은 데다, 자가용이다 봉고다 따로 따로 온 일행까지 합치니까 풍수들만 백여 명이 넘는다. 그 백여 명이 한결같이 감동하다 못해 숫제 흥분상태다. 한쪽에서는 명당묘지를 앵글에 넣은 기념사진 찍느라 정신없는 사람도 있고, 묘 앞에서 묵념과 명상에 넋을 잃은 사람도 부지기수다.

나도 패철을 들고 그들 속에 합류한다. 수맥도 잡아본다. 뭔가 심상찮아 묘지 봉분에까지 올라서서 방위를 보고 앞산과 뒷산과 그리고 맥을 따라 내려온 혈을 봤지만, 아무래도 자리가 아닌 것 같다. 그곳에 우뚝 서서 고개를 갸웃거리는 나를 향해 어디선가 "무엄하게 봉분에까지 올라선 몰상식한 사람이 누구냐"는 고함 소리가 들린다. 한순간에 몰상식한 시정잡배로 몰린 나는 아이고 뜨거워라 뛰어 내렸지만, 뒷맛이 개운하지 않다. 뒷맛뿐 아니다. 내가 보기에는 전혀 아니었다.

K박사의 선친이 묻힌 명당이라는 묘지는 물 속에 들어앉았고, 모친의 것도 엉뚱한 곳에 걸쳐있다. 다만 풍수였다는 조부만 그럭저럭 화를 면하는 자리를 차지하고 있을 뿐이다.

그런대로 자리가 있다면 조부 묘소 아래쪽에 기(氣)가 통하는 명당이 있는데 실혈(失穴)했다(만약 조부가 처음부터 그 자리를 차지하고 있었더라면 과연 오늘날 K박사가 그처럼 처절하게 땅바닥에 내동댕이쳐졌을까). 안타깝다. 생각 같아서는 지금이라도 조부의 묘소를 그곳에 이장하도록 권유하고 싶은데, 도무지 방법이 없다. 빤히 운(運)이 보이는데도 손을 쓸 수가 없는 것이다. 정말 아무것도 내색할 수가 없다. 그 비슷한 내용으로 입만 뻥긋해도 얼풍수라고 몰매 맞을 분위기다. 더구나 명당이라는 K박사 선친 묘소 봉분에 올라서서 방위를 보다가 몰상식한 시정잡배로 내몰리지 않았던가. 나는 입을 딱 봉하고 슬슬 묘지를 빠져나와 이번에는 K박사의 태가 묻힌 본가(本家)를 찾았다.

K박사 생가(生家)라는 팻말과 함께 벌써 많은 예산을 들여 개조가 시작되고 있다. 하지만 아무리 그럴듯하게 치장하고 멋을 부려도, 그곳 역시 생기(生氣)를 찾아보기 힘들다. 정말 아무것도 없다.

"제가 가늠하기에 K박사 선영에도, 집터에도 큰 인물을 낼만한 그 어떤 징조도 불씨도 없었습니다. 다시 말해서 실체(實體) 그 자체가 없는 것입니다."

나는 청중의 반응은 아랑곳하지 않고 있었던 그대로를 가감 없이 털어놓았다. 도무지 위인이 날 자리가 아니었다고 반복해서 설명했다. 선친의 묘가 그러하고, K박사가 태어나고 자란 집터가 그러하다면, 필시 그가 쌓아 올린 명성도 사상누각 격이 되지 않겠는가. 한 번 무너지기 시작하면 삽시에 흔적도 없이 사라지는 덧없는 운명.

그렇다. 명당은 절대로 거짓말하지 않는다. 아무리 세상을 떠들썩하게 한 위대한 인물일지라도 모래 위에 집을 지었다면 결국은 허망하게 무너질 수밖에 없다. 나는 대한민국을 좌지우지하는 여성지도자들 앞에서 감히 그런 소견을 피력했는데 아니나 다를까, 청중들이 웅성거리기 시작한다. 말도 안 되는 얘기라는 핀잔 같다. 세상사람 다 끌어내려도 K박사만은 그럴 수 없다는 절대적인 지지 때문이다. 세상에 끌어내릴 사람이 없어서 하필 K박사냐고, 어떤 분은 두 주먹을 불끈 쥐고 항의하는 시늉을 한다.

그도 그럴 수밖에 없는 것이 어쩌면 대통령보다 더 존경받아야 할 천하의 K박사를 입술에 침도 바르지 않고 무자비하게 매도했으니, 어느 누가 나의 강연에 박수를 보낼 수 있겠는가. 그럼에도 불구하고 나는 계속했다. 나 역시 아닌 것은 아니었다. 뻔히 아닌 것을 청중이 좋아한다고 해서, 청중에게 아부하기 위해서, 거짓 주장하거나 침소봉대(針小棒大)하고 싶지 않다.

비단 K박사뿐 아니다. 그 무렵 외교관으로 지명된 모 인사도 마찬가지였다. 모 그룹 총수의 친척이며, 역시 큰 회사의 경영자인 R씨. 나는 그분의 애기도 거침없이 증언했다.

물론 내가 그분을 만나게 된 것도 지인의 소개다. 원래 신문지상에서부터 핸섬한 영국신사 모습이었지만, 실제로 면대했을 때 더욱 품격이 높아 보인다. 예의 바르고, 친절하고, 늘 미소 짓는 얼굴이 여간 범상하지 않다. 눈에 보이는 관상대로라면 아주 큰 꿈도 꿔볼만 할 것 같다. 나는 R씨를 서울 시내가 훤히 내려다보이는 전망 좋은 그의 집무실에서 만났다. 왠지 나에게는 잘 꾸며진 그 집무실이 여간 불편하지 않았다. 꼭 바늘방석에 앉은 것만 같았다.

집무실은 사람의 기운을 빼앗지 않고 되레 충전시켜주는 공간이어야 한다. 집무실 기운은 건물의 형태, 방위, 주변 산과 강 등에서 생기는 여러 소리와 진동, 전자기파 등 잡동사니 힘이 어우러져 이뤄진다. 그래서 더욱 건물 자체에서 생기가 흘러야 하는 것이다.

한데 R씨가 새로 옮긴 집무실은 사람에게 유익한 좋은 기운과는 거리가 너무 멀다. 새 빌딩으로 이사 오기 전의 구 건물은 다르다. 비록 외모가 우중충하고 전망은 새 것만 못하지만, 그전 집무실로 다시 옮기는 것이 좋겠다고 직언했다. R씨는 내 권유를 신중하게 듣고, 몇 가지 질문을 하는 등 진지한 태도를 보였다. 그리고 고개를 끄덕였다.

그리고 한 2년쯤 지났을까. 또 한 차례 R씨는 나를 불렀다. 이번에는 그의 선산 문제였다. 그의 선친들이 묻힌 자리다. 서울에서 멀지 않은 외곽도시의 양지바른 언덕이다. 첫눈에 명당임이 틀림없다. 그 부근이 거지반 R씨 선산이다. 눈어림으로도 큰 땅이다. 한데 하필 그곳이 아파트 부지로 지목되었다는 것이었다. R씨가 나를 부른 것도 그 일 때문이다. 좋은 명당 터가 있으면 선영을 그리로 옮길 요량이다. 그러니까 다른 대토를 물색해보라는 요청 같다. "제 생각에 선영을 옮기는 일은 옳지 않는 것 같습니다. 왜냐하면 이만큼 좋은 곳을 찾기 힘들기 때문입니다."

R 씨는 고개를 끄덕이면서도 난색을 표명했다.

"그렇긴 하지만… 시민들 눈총이 따가워서 조금은 불편합니다."

"그야 뭐 걱정입니까? 일부만 아파트단지로 내놓으시고 선영을 모신 핵심지역은 공원(公園)부지로 지정해버리시면 간단히 해결될 것 아닙니까."

나의 제안에 R 씨는 "아, 그럴 수도 있겠군요." 했다. 그런대로 만족한 표정이었다. 나도 내 소신을 정직하게, 그리고 당당히 밝혔다는 사실이 더 없이 자랑스럽고 뿌듯했다.

한데 이게 웬일인가. 몇 달 뒤에 들려오는 소식에 의하면 그야말로 얼풍수(나는 그 장본인이 누군지 모르지만 그렇게 매도할 수밖에 없다)를 동원하여, 선산을 내놓고 선친을 비롯한 선영을 다른 곳으로 모셨다는 것이다. 나는 나의 진언을 무시하고 다른 장소로 옮긴 사실이 안타까웠다. 물론 나는 내 대신 그 일을 처리한 풍수의 자질이 어느 정도인가 궁금하기도 하여 R 씨의 선친을 모셔간 선영을 수소문하여 찾아 나섰다.

그런데 그게 아니다. 적어도 내 상식으로는 전혀 아니올시다였다. 나는 청중들에게 그 사실을 몇 번씩이나 강조했다. 비록 R 씨가 큰 꿈을 꾸고 있다 할지라도, 그래서 그 징검다리 역할의 하나로 외교관 변신을 시도했다 하더라도 그 자신 스스로 해 될 일을 했으므로 그 모든 계획이나 포부가 결국 물거품이 되고 말 것이라고.

청중들은 웅성거린다. 실제로 소리를 지르지는 않았지만 무슨 돼먹지 않은 막된 소리냐고 야유라도 보낼 것 같은 분위기다. 아무 문제없이 잘 나가는 유명인사를 저렇게 마구잡이로 헐뜯어도 되는 거냐? 국민의 영웅인 K 박사만 건드리지 않았어도 그럭저럭 들어줄 법했는데, 이번에는 미래가 너무 창창한 R 씨까지 겨냥하는 판이니….

아무리 웅성웅성한 분위기라도 나는 물러서지 않는다. 물러서기는커

녕, 한술 더 떠서 미안한 소리지만 R씨의 파멸은 그 집안으로 끝나지 않을 것으로 생각된다는 얘기도 곁들인다.

내가 감히 그런 막말을, 그것도 대한민국 엘리트 여성지도자들 앞에서 당당히 말할 수 있었던 것은 R씨가 처한 정말 위기일발의 상황이 너무나 선명히 내 눈앞에 보였기 때문이다. 하나 당시만 해도 나의 당연한 예측을 믿는 사람은 단 한 명도 없는 것 같다.

앞서도 지적한바와 같이, 국내보다 국제적으로 더 널리 알려진 R씨의 저력으로 보아 머지않은 장래에 국제적인 출세는 따 놓은 당상이나 진배없었으니, 어느 누가 그처럼 결정적인 덫이 튀어나와 중도하차 시키리라고 감히 상상이나 했겠는가.

그러나 그 결과는 그리 오랜 시간을 요하지 않는다. 내 강의가 끝나고 고작 3개월이나 되었을까. 큰 회오리로 몰아쳐 세상을 마구 뒤집어 놓았던 위기사태, 불행한 가족 수난, 그리고 R씨의 끝없는 추락….

생각해 보라. 묘지 이장(移葬)이라는 그 작은 실수가 빚어낸 불행과 비극이 얼마나 큰 파장을 불러오는지…. 내가 우려하고 안타까워하는 점은 바로 그 대목이다.

비단 R씨뿐 아니다. 그런 경우는 비일비재이다. 호남식품 기업가 J씨가 그 주인공이다. J씨 역시 모모 풍수의 조언만 믿고 선영을 파헤쳐 다른 곳으로 이장을 했다가 큰 봉변을 당한 케이스다. J씨는 지금 현재도 환란을 겪고 있는 중이다. 비자금 조성과 공금횡령 혐의를 받은 것이다. J씨의 선친, 그러니까 창업자가 별세한 2004년에 장례식과 함께 선산 정리 작업을 하게 되었는데, 그 역시 풍수의 잘못된 코치 탓이다.

대체로 선산은 고조·증조·조부·선친 식으로 순서를 맞춰 쓰게 되어 있는데, 어찌된 영문인지 J씨 선영은 순서 하나가 뒤바뀌어 증조할머니가 고조 옆에 자리하게 되었다는 것이다. 그것을 한 계단 아래, 그러니까 이미 씌어진 증조할아버지 옆으로 내려 쌍봉으로 새 묘를 쓴 것이었다. 한데 알고보니, 증조 할머니를 모셨던 바로 그곳이 유일한 명당인 것이다. 기실 그 자리 하나로 J씨 가문이 그같은 발복을 누렸던 것인데, 웬걸 복주머니를 또 털어버렸으니 그 결과가 어떻겠는가.

증조할머니 묘소만 건드리지 않았더라면 그런 우환은 당하지 않았을 텐데…. 그러나 그 사실조차 장본인들은 모르고 있고, 또 알려고 하지 않는 것 같다.

우리는 자식을 얻으면 그 아이의 운명이 걱정이 되어 맨 먼저 사주부터 보는 게 상례다. 한데 어떤 가문이 흥할 경우, 어느 조상을 명당에 모셔서 그런 발복이 왔으며, 그리고 어떻게 유지되는지 도무지 감별할 생각은 하지 않는다. 나는 늘 그 점이 불만이다. 어쩌면 한심스럽기까지 하다. 요즘은 한술 더 떠서 이장이 문제가 아니라 아예 묘지 안 쓰기 운동이 제법 활기를 띠는 것 같다.

바쁜 세상에 묘지 찾아보기도, 성묘하기도 어려운데다가 좁은 국토에 생기는 게 묘지뿐이니, 이제 화장(火葬)하여 납골당에 모시자는 운동이 한창이다. 물론 명당이고 뭐고 쓰지 않겠다는 것을 막을 수는 없지만, R씨 선친처럼 멀쩡한 묘지를 파헤쳐 잘 보존된 유골을 억지로 태워 납골당으로 옮기는 판이니 그로 인한 불행과 비극을 무슨 수로 다 막을 수 있단 말인가.

말이 났으니 얘기지만, 대한민국을 '묘지천국'이니 '묘지왕국'이니 하고 함부로 떠들어대는데, 눈을 감고 잘 생각해 보라. 대한민국 5천년 역사를 통틀어 이 땅에 살다간 선조들의 흔적이 그대로 존재한다면 말 그대로 발에 채는 게 묘지뿐일 터이다. 하나 서울을 기점으로 25km 주변을 샅샅이 뒤져본대도 1백년 묵은 묘지가 지금까지 건재해 있는 경우란 몇 군데를 제외하고는 거의 없는 실정이다. 물론 당국의 허가를 받아 상업적으로 관리하는 공원묘지도 마찬가지다. 그렇다면 1백년 전에 쓴 묘지는 어디로 갔는가. 그냥 우리가 왔던 곳, 흙으로 조용히 되돌아갔다고 말하는 게 가장 옳은 설명이다.

사람도 자연의 일부이므로, 풀씨나 꽃씨나 나무처럼 수(壽)를 다한 다음에는 또 다른 생명의 탄생을 위한 비옥한 땅을 만들어 놓기 위해 한 줌 흙으로 돌아가는 것이다. 우리는 그것을 자연의 순환이라고 말한다.

어쨌거나 K 박사의 경우에서는 발복의 실체인 명당을 쓰지 못하면 아무리 본인의 노력과 힘으로 발버둥쳐도 결국 '실체 없음'이라는 한계를 드러내고 만다는 풍수지리의 이치를 확인했고, R씨의 경우에서는 작은 실수 하나가 한 가족의 불행이나 비극으로 끝나지 않고 사회의 혼란과 국가 위기로까지 몰아간다는 놀라운 사례를 확인했다.

오죽하면 의사 자격이 없는 돌팔이의 실수는 한 생명만 죽이지만, 얼풍수의 무지한 실수는 집안의 흥망성쇠는 물론이고 한 국가의 미래까지 비틀거리게 한다고 했겠는가.

세상에 내세울만한 자랑거리도, 그럴듯한 업적도 없는 나 같은 사람이 감히 책을 펴내기로 결심하고 '왜 책을 쓰는가?' 하는 이유를 이처럼 장황하게 늘어놓는 것도 모두 그런 연유 때문이라고 해야 옳다.

삼척동자도 아는바 대로, 세계적으로 인정받는 기업은 하루아침에 만들어지는 것이 아니다. 어쩌면 기업은 그 국가를 대표하는 상징이기 전에 실제적인 힘일지도 모른다. 요컨대 세계적으로 경쟁력 있는 기업을 많이 거느린 나라, 이를테면 미국·일본·독일·프랑스 같은 나라가 부강하고 힘 있는 국가이고, 반대로 세계 5백대 기업에 들지 못하는 서아시아나 아프리카 대륙에 속한 나라들은 일일이 거론하지 않더라도 후진국의 대명사로 인식되고 있지 않은가.

우리 대한민국이 대책 없는 후진국에서 꿈틀거리고 일어나 선진국 대열에 끼기 시작한 것도 삼성·현대·엘지 등 기업들이 세계적으로 자태를 드러내기 시작한 시점과 축을 같이 하고 있는 것이다. 어떤 이유이건 간에 어려운 경쟁을 뚫고 일어선 기업을 죽여서는 안 된다는 사실은 이미 우리에게 각인 된 바다.

이 책의 본론으로 다루고 있는 '명당(名堂)'의 근간(根幹)은 일찍이 도선국사(道詵國師)께서 삼천리 금수강산을 일일이 답사하여 기록한 세계적인 명서 '도선국사답산가(道詵國師踏山歌)'이며, 오랜 세월 여러 지각 있는 큰스님과 올바른 시각을 가진 풍수지사의 손을 거치면서 번역된 내용을 다시 한 번 내 서투른 지식으로 다듬어낸 것에 불과하다. 그처럼 억지를 써가며 굳이 책을 펴내고자 하는 이유는 한 개인의 발복을 뛰어넘어 우리 대한민국의 미래를 더욱 견실하게 구축하고자 하는 나름대로의 작은 충정에 다름 아니다.

끝으로 사족(蛇足) 하나만 소개할까 한다. 2005년 10월 17일 내 강연에 참석했던 J여자대학교 경영대학원 출신 임원들 중 지금까지도 나에게 전화를 걸어주는 분들이 있다. 그때는 방자한 어느 얼풍수의 좌충우돌 허드렛소리 정도로밖에 여기지 않았는데 웬걸, 채 두 달도 되지 않아 실제로 그런 무서운 상황이 현실로 전개되자 그만 깜짝 놀랐다는 것이다.

그리고 한다는 얘기가 한결같다.

"도사님은 어떻게 그렇게 영험하세요?"

나는 그 물음에 똑같은 말로 대답한다.

"저는 도사가 아닙니다. 그냥 평범한 풍수지리를 공부하는 연구생에 불과합니다. 그리고 영험하지도 않습니다. 왜냐하면 그런 사실들은 1천년 전 도선국사께서 이미 책으로 다 써놓고 가셨기 때문입니다. 저는 그것을 입으로만 전달했을 뿐입니다. 사실입니다. 땅은 절대로 거짓말하지 않습니다."

나의 풍수수업기風水修業記

　도선국사(道詵國師)께서 풍수지리 학문을 연구하기 위해 수련을 쌓았던 장소는 전남 구례군 마산면 사도리로 알려져 있다. 구례군 마산면은 화엄사가 위치한 행정구역이다.

　아마도 도선국사께서 화엄사에서 수계(授戒)하고 뜻한 바 있어 인근 암자에 수년 동안 기거하며 풍수지리 학문 연구에 박차를 가했는지도 모른다.

　내가 태어나 유년기와 소년기를 보낸 곳이 바로 화엄사 아랫마을인 구례군 마산면 광평리다. 광평리와 도선국사가 수도했던 사도리는 엎드리면 코 닿을 정도로 지척인 마을이다. 우리 마을 광평리에서 사도리까지는 아이들 걸음으로 10분이고 어른 걸음으로는 채 5분이 안된다.

　사도리에는 특별한 숲이 있다. 1천년 전 도선국사가 심었다는 동백나무 숲이다. 동백나무는 어림잡아도 1백여 그루에 가깝다. 생각해보라. 1천년 된 동백나무가 열 그루만 있어도 장관인데 백여 그루가 서있다면 그 위용이 어떻겠는가. 정말 꽃이라도 피는 이른 봄은 사도리에 불이라도 난 듯, 온통 붉은 색 천지라고 해도 과언이 아니다.

　어느 해 가을, 백발노인 하나가 혈혈단신 사도리를 찾아왔는데, 작은 괴나리봇짐 속에는 붓 한 자루와 작은 벼루, 그리고 패철(佩鐵)이 전부였다. 게다가 노인은 벙어리로 말 한마디 하지 못하는데도 너무 유식해서 사주, 관상을 정확히 봐준다는 소문이었다.

　그 노인이 사도리 마을회관 쪽방에 자리 잡고 앉았다는 소문을 듣고 뛸 듯이 반긴 사람은 우리 어머니였다. 우리 집은 당시의 농촌사람들이 다 그렇듯 가난했다. 그 때문에 나는 아홉 살이 되도록 소학교에 가지 못한 채 일주일에 두서너 번 서당에 나가 한문을 배우는 것이 전부였

를 그중 크게 압도하고 내 무지한 벽을 허물게 한 스승은 안국선원(安國禪院)의 수불(修不)스님이다.

안국선원은 원래 강남에 있었는데, 내가 기(氣) 있는 명당인 종로구 안국동의 지금 터를 천거하고 수불스님이 받아들여 매입한 곳이다. 꼭 그래서라기보다, 나는 거의 횟수를 헤아릴 수 없을 정도로 그곳에 자주 나가 좌선을 계속했다. 내가 수련을 받기 위해 선원에 나갈 때마다 5백 명에 가까운 수련생들이 수불스님의 무언의 깨우침을 받았는데, 나도 그중의 한 사람이었다. 지성이면 감천이라고 했던가. 어느 날, 수불스님이 나에게도 깨우침의 화두를 내려주셨다.

1998년 11월 6일, 음력으로 9월 18일에 영목(靈目)이란 불명을 하사하신 것이다. 그 순간, 문득 그 옛날 어르신의 말씀이 떠올랐다.

"너는 영(靈)이 참 맑구나."

그 말에 늘 의문을 가졌었는데, 바로 이 일 때문이었구나. 수불스님에게서 영목이란 불명을 받게 되리라는 사실을 이미 알고 있었던 어르신이 그렇게 말씀했던 거로구나. 나는 누구에게도 감히 말할 수 없는 감동과 희열을 만끽해 마지않았다.

훌륭한 스승을 그것도 두 분씩이나 모실 수 있었다는 것은 확실히 큰 행운이다. 나는 그 행운 덕택에 지금도 언제 어디서나 당당하다. 왜냐하면 전혀 혼동이 없기 때문이다. 자신하건대 나는 단 한 번도 실수한 적이 없다. 그 같은 나의 안정적인 탐지(探地)는 깊은 명상에서 얻은 힘이다.

나는 지금도 여가만 있으면 좌선을 한다.

괴테도 퀴리부인도 명당에서 태어났다

밀라노의 사업가 마루코

나는 그동안 참 많은 해외여행을 했다. 옛날 어르신이 어디를 가도 패철을 손에서 놓지 않았듯 나 역시 해외여행을 나서면서도 필수품인 양 그것을 끈덕지게 휴대했던 것이다. 나는 가는 곳마다 알려진 관광지보다는 내가 기억할만한 세계적인 유명인사의 묘지와 그가 태어난 생가, 혹은 성장했던 집을 찾아다니는 일에 열중했다.

사람이 살기 좋은 터를 구별하기 위해서는 먼저 땅의 기운을 분석해야 하는데, 그것의 근본은 산과 물이다.

산의 기운과 물의 기운, 이른바 음과 양의 조화를 이루게 되면 에너지가 무한히 차고 넘치게 되어있기 때문이다. 물론 유럽이나 미국 쪽은 산이 없이 거의가 평지로 이뤄진 지역도 많다. 그러나 아무리 평지라도 산을 상징하는 구릉이 있고, 강이 있고, 개천이 있기 마련이다. 나는 그것을 원칙으로 삼아 내 나름대로의 잣대를 다른 여러 나라 경우에 대입시켜보곤 했던 것이다.

예컨대, '젊은 베르테르의 슬픔'을 쓴 독일의 문학가 괴테, 인도의 정치인 네루 수상, 러시아의 문호 톨스토이, 영국의 넬슨 제독 등이 그러하다. 또 있다. 일본의 도요토미 히데요시, 폴란드 과학자 퀴리 부인, 프랑스의 드골 대통령, 미국 초대대통령 워싱턴, 노벨문학상 수상작가 존 스타인벡, 이탈리아의 영화감독 비토리오 데시카 등등 그 이름을 다 열거하기도 힘들 정도다.

나는 명사들이 태어난 생가, 혹은 오래 살았던 집을 개조하여 만들어 놓은 기념관들을 돌아보고 한결같이 그만큼 큰 업적을 이룰만하다는 결론을 내릴 수 있었다.

정말 어느 한 사람도 그냥 제 힘으로 정상에 오른 사람이 없다. 거의 모두가 명당에서 태어났거나, 명당에 묻혔거나, 명당에서 성장기의 어린 시절을 보낸 흔적이 역력하다.

예컨대 최근 세계 생명과학계를 벌컥 뒤집어 놓았던 K 박사처럼 선대묘지도, 생가도, 성장한 집도 아예 실체가 없는 경우는 찾기 힘들었다. 한결같이 생가 아니면 묘지가 명당이고, 묘지가 아니면 평소 본인이 살아 숨쉬었던 곳이 배산임수에 딱 들어맞는 명당인 것이다.

본래 집이란 사람이 호흡하는 것처럼 자연의 공기를 먹었다가 뱉었다 할 수 있어야 하고, 무엇보다 태양의 빛을 사람의 맥박처럼 받아들여야 비로소 생명력을 갖게 되는 법이다.

생각해 보라. 사람이 태어난 보금자리가 어딘가. 어머니의 태반(胎盤)이다. 집도 어머니의 태반처럼 무조건 편안해야 하는 것이다. 집이 무엇인가. 자연의 일부, 그러니까 자연을 태반 삼아 생명체를 아우르는 곳이 곧 집의 개념 아닌가. 따지고 보면 음택(陰宅)도 마찬가지다. 생명체를 이루어 편안히 키워주었던 태반이 그러했듯 이제 수를 다해 자연으로 돌아갈 때 역시 다시 편안한 그곳을 찾아 자리 잡는 것이 극히 자연스러운 이치인 것이다.

천년의 번영을 누렸던 이탈리아는 우리나라와 기후도 비슷하고, 반도라는 지형도 비슷하며, 노래를 즐기고 사람을 반기는 국민성 또한 유사하다.

물론 이탈리아는 유럽 대륙에서 내려왔고 한국은 아시아 대륙에서 치달려온 점은 분명히 다르다. 이탈리아가 세계 5위의 바다인 지중해에 발을 담그고 있다면, 우리는 세계 제일의 태평양을 자맥질하고 있다. 더욱이 아시아보다 더 큰 땅덩어리는 없으니 우리나라야말로 으뜸 대륙에 으뜸 바다라 하지 않을 수 없다. 또한 지중해는 판구조론(플레이트텍토닉스)의 작동에 의해 1억년 후에는 아프리카 대륙과 유럽 대륙이 맞닿게 되어 없어질 것이라고 지질학자들이 입을 모은다. 꼭 그것만이 아니라도 지구상에 있어서 우리 한반도만큼 강력한 생명력이 넘치는 땅은 드물다. 단단한 화강암의 골격을 지닌 산과 언제 어디서나 마음 놓고 마실 수 있는 맑은 물이 흘러넘치는 강이 조화를 이룬 금수강산(錦繡江山)인 것이다. 오죽하면 없는 것 없이 광활한 중국 대륙에서 찾지 못한 불로초(不老草)를 구하기 위해 진시황(秦始皇)이 우리나라로 사신을 보냈겠는가.

본래 큰 대륙의 중앙보다는, 바다로 내려가기도 하고 바다에서 올라오기도 하는, 산맥의 이음새가 있는 반도에 더 큰 생기(生氣)가 자리 잡기 마련이다. 이 같은 원리에서 우리나라처럼 3면이 바다에 둘러싸인 이탈리아도 우리나라에 버금가는 생명력이 넘치는 좋은 땅인 것이다.

나와 가까이 지내는 분의 따님이 영국으로 유학을 갔다가 이탈리아 수도 로마의 사업가 아들과 결혼하여 이탈리아 북쪽 도시 밀라노에 정착해 있다. 그녀의 성은 이씨(李氏)이고 부군은 마루코였는데, 그런저런 인연으로 내가 아끼는 후배 한 사람이 그녀의 부군과 수시로 왕래하는 사업파트너가 되었다.

어느 날인가 사업차 마루코의 집을 방문했던 후배가 우연히 풍수지리를 화제에 올리게 되었고, 풍수지리에 각별한 관심을 갖고 있는 나를 자세히 소개하게 되었다. 마침 이사를 준비하고 있던 마루코가 그 말을 듣고 후배에게 나의 자문을 요청했으며, 나는 후배의 청을 쾌히 받아들여 밀라노로 날아갔다.

며칠 동안 관광을 겸하여 시내 여기저기를 둘러보았으나 마땅한 집이 눈에 띄지 않았다. 궁리 끝에 마루코에게 밀라노에서 가장 유명한 인물이 태어난 집이 어디냐고 물어보았더니, 교황이 태어났던 집으로 안내했다.

그 부근을 돌아보던 중 뜻밖에도 좋은 집을 발견할 수 있었는데, 마침

마루코 어머니의 친구가 사는 집이라고 했다. 작은 집안에서 4~5명의 직원을 고용하여 가내수공업을 하고 있다고 했다. 덕분에 나는 자연스럽게 방문하여 환대를 받으면서 그 집 처마 밑으로 흐르는 강력한 기(氣)를 확인할 수 있었다. 동시에 그 기가 앞집의 중심을 관통하고 있다는 사실도 알게 되었다. 나는 마루코에게 그 앞집을 사라고 권했고, 마루코는 내 말에 따라 그곳으로 이사하게 되었다.

그로부터 2~3년 뒤 마루코가 부인과 함께 한국을 찾아왔다. 그런데 옛날하고는 신분이 달라져 있었다. 후배의 사업파트너일 때만해도 소규모 중소기업체 수준이었는데 2~3년 사이에 이탈리아에서도 손꼽히는 사업가로 성장했던 것이다.

나 자신이 집안에 존재하는 생기(生氣)의 증험(證驗)에 대하여 새삼스레 놀라면서, 어머니 친구가 산다는 뒷집의 안부를 물었다. 그러자 그곳에서 만드는 수공예품이 개복하지 않고 대동맥을 통해 심장수술을 하는 의료기기인데, 세계 각국의 특허를 획득한 고가 첨단제품이라고 했다. 생산이 미처 수요를 따라잡지 못할 정도로 인기가 높고, 우리나라에서도 매년 수백만 달러 어치씩 수입하는 실정이라는 것이다.

마루코는 자신의 성공이 그때 옮긴 집 때문에 비롯된 일이라면서 거듭 고마워했다. 그러나 마루코보다 더 고마워한 사람은 그의 부인 이씨(李氏)였다. 내 손을 꼭 잡고는, 행운을 잡을 수 있었던 것이 그때의 그 자문 덕이라고 거듭 치하했다.

내가 어디서나 즐겨하는 말이 있다.

"명당이 있다고 믿는 사람은 명당을 찾아 써서 발복(發福)한다. 반대로 명당이 없다고 믿는 사람은 당연히 명당을 못 쓰고, 수포(水泡) 같이 세상에서 꺼지고 만다."

실제로 그 이상도 그 이하도 아니다. 한마디 더 추가한다면, "모름지기 적덕(積德)에 힘쓰고 심기(心機)를 바로 쓰면 길지(吉地)를 얻어

선영안녕(先靈安寧)하고 자손흥왕(子孫興旺) 부귀(富貴)를 누린다.”
는 것이다.

사실이다. 어쩌면 두 번째가 더 중요한지도 모른다. 아무리 명당이 있다고 믿고 명당을 찾아 헤맨다고 해도 덕을 쌓지 못하고 심기가 뒤틀려 있으면 좋은 자리가 나설 리 만무하다. 명당을 얻기 위해 별별 수단을 다 썼으면서도 결국 명당 근처까지 왔다가 엉뚱한 곳에 자리 잡아, 발복(發福)이 아니라 액운(厄運)의 안개 속에 갇히는 상황을 너무나도 많이 봐왔다.

특히 많이 가지고 누리는 사람들이 더 그러하다. 이미 누리고 있기 때문에 굳이 명당(名堂)이니, 생기(生氣)니, 찾을 이유가 없다는 식이다. 얘기하자면 교만(驕慢)의 극치다. 그런 분들과 어쩌다 만나게 되는 경우가 생겨 풍수지리를 화제에 올릴라 치면 금세 인상이 달라진다.

풍수지리를 빌미로 혹여 자기 재물을 뜯어낼 요량이 아닌가, 경계의 눈초리가 매서운 것이다. 그래서 사람을 사람으로 봐주지 않는다. 미신이라느니, 사기 집단이라느니, 일단 색안경부터 끼고 보는 것이다. 물론 풍수 업계에도 그분들이 경계하는 반풍수, 얼풍수도 많아서 아무런 지식도 없으면서 돈 뜯어내는데 급급한 일종의 ‘입 사기꾼’이 득실거리는 것도 사실이다.

그렇다고 나 혼자 잘 나고 나 혼자 풍수의 진면목을 꿰뚫고 있다는 뜻은 아니다. 오히려 그 많은 풍수 중에 경력으로나 명성으로나 나 같은 경우는 3류(三流)라고 말해야 옳다. 그러나 분명 차별화해야 하는 대목이 있다. 나는 결코 생활의 방편으로 명당 찾아주는 일을 하지는 않는다. 가진 것은 없지만 품은 뜻이 가상하다든지, 적덕을 하고 명당을 얻기 위해 간절히 기원한다든지, 우연한 기회로 인연을 맺었지만 내 말을 의심 없이 신뢰한다든지 하면 나는 그저 기쁜 마음으로 명당을 찾아주고 발복을 빌어 마지않는 것이다. 반대로 나를 필요로 해서 불러 놓고도 나를 신뢰하지 못해 엉뚱한 방향으로 잘못 가서 나락으로 떨어져 곤혹을 치르는 분들도 허다하다.

Q그룹이라면 현찰 많기로 대한민국에서 으뜸이라는 소문이 자자한, 알속 있는 기업이다. 그 창업자께서 수를 다해 세상을 뜨게 되었는데, 내가 그분의 묘소를 책임지기로 하고 서울 근방 모처의 선영을 찾게 되었다. 47만평의 넓은 산자락이 모두 Q그룹 소유였으나, 좋은 자리가 눈에 띄지 않아 곤혹스러워하고 있는데, 고인의 아드님이며 Q그룹 상속인인 젊은 사주가 이미 자리를 정해놓고는 그곳을 지명하라고 은근히 강요했다. 그가 가리키는 곳은 엉뚱하게도 산 능선이었다. 그곳이 어느 유명한 풍수가 미리 잡아 놓은 명당이라는 것이다. 그곳에서 바라보면 산 아래가 확 뚫려 전망이 그만인데 왜 자리가 없다고 하느냐, 오히려 나를 교육시킬 요량이다.

그래서 나는 그곳이 자리가 아니라는 뜻을 강하게 밝혔다. 한데도 젊은 사주는 자기가 지정한 곳이 좋다는 고집을 굽히지 않았다. 하지만 나는 그의 의견을 따를 수 없었다. 그곳이 자리가 아니라는 확신이 너무나도 강했기 때문에 더더욱 동의해주지 못하고 중도에서 집으로 돌아와 버렸다. 며칠 뒤 재차 와봐 달라는 요청이 있어 다시 가 봤으나 역시 혈을 찾을 수 없었다. 그후 선친이 타계한 날 또 연락이 왔으나 '그 자리에 쓴다면 나는 갈 필요도 없다'고 거절했다.

물론 우리나라 기업 리더들이 모두 Q그룹의 젊은 사주 같은 생각을 갖고 있다고 막말할 수는 없다. 어디라고 잘라 지명하고 싶지 않지만, 지금 대한민국을 등에 지고 그 임무를 다하고 있다고 믿어지는 대기업 중 그 선친들을 제자리에 반듯하게 모신 사례는 그리 많지 않은 것 같다. 나는 특히 기업 쪽 장례관련 부고(訃告)가 신문에 실릴 때마다 장지 약도를 팩스로 받아 기어코 현장을 확인하는 일을 거듭하고 있다. 그것은 우리 경제가 바로 서야 나라의 기둥이 탄탄해진다고 믿기 때문이다.

하나 그 실체를 확인해 보면, 열에 아홉이 아니라 백에 아흔일곱 쯤은 좋은 자리를 지척에 두고 비켜 앉거나 아예 근처에도 가지 못하고 물구덩이에 앉아버린 사례이다. 정말 안타깝기 그지없는 일이다.

그런 안타까움 탓에 나는 직접이든 간접이든 그처럼 중차대한 사실을 장본인들에게 알리는 일을 시도하곤 하는데, 대신 횟수는 단 한 차례뿐이다. 한 번으로 알아듣지 못하면, 그것은 인연이 없다는 뜻이다. 아니 두 번 세 번 반복할 경우 그쪽에서도 돈을 노리는 사기꾼의 수작이라는 필요 없는 오해를 불러일으킬 수도 있고, 나 역시 구차스러운 것이 죽기보다 싫은 터라, 아무리 기업인이 잘 돼야 나라 경제가 바로 일어설 수 있다할지라도 그 시점에서 부득불 손을 놓을 도리밖에 없는 것이다.

대한민국 명당名堂, 이렇게 이용하자

　국내는 물론이고 해외 여러 나라까지 자기 이름을 후세에 남긴 유명 인사들의 집터와 선영을 일일이 찾아다녔다는 얘기는 앞서 장에서 이미 피력한 바다. 그리고 어느 한 사람도 아무 실체 없이 우연하게 큰 인물로 성장한 경우가 없다는 내용도 마찬가지다.

　바꿔 말해 정치인이면 정치인, 문화예술계 인물이면 문화예술계 인물 모두가 제가끔 그만한 배경을 갖고 태어났고, 그 배경의 크기에 따라 그만큼 규모의 인물이 만들어졌다는 결론이다.

　예컨대 폴란드의 과학자 퀴리 부인이 그러하다. 그녀는 바르샤바 태생이다. 비스와 강을 끼고 구시가지 바르바칸 북쪽을 향하다보면 문득 만나는 작은 건물이 그녀의 생가다. 물론 대개의 유명인사 출생지가 다 그렇듯 이곳도 퀴리 부인 기념박물관으로 꾸며져 라듐 분리로 노벨물리학상을, 금속 방사능 분리로 노벨화학상을 수상한 연구 자료와 수상 메달 등 각종 소장품이 소박하게 전시되어 있다. 나는 퀴리 부인 생가 주변을 살펴보고 당연히 그런 인물이 나올 수 있다는 새삼스러운 결론을 내렸다.

　바로 생룡(生龍)의 혈을 품고 있기 때문이다.

　땅에는 크게 두 가지 종류가 있다. 살아있는 용이 꿈틀거리는 생용과, 용이 있기는 있지만 옛날에 살았던 흔적만 남은 사룡(死龍)이 그것이다. 생룡의 흙은 밝고 생기가 있는 반면, 사룡은 탄력이 없어 푸석푸석하고 어둡다. 퀴리 부인 생가는 바로 그런 생룡의 혈이 모인 곳에 자리 잡고 있다. 말 그대로 명당이다.

　나는 그것도 모자라 퀴리 부인이 다녔다는 학교도 수소문하여 방문했다. 학교 역시 그 범주를 벗어나지 않는다. 구릉을 산으로 보자면 주봉(主峰)으로 연결된 주룡(主龍)이 뚜렷하다. 역시 명당이다. 그 학교는 지금도 명문으로 수많은 인재를 배출하고 있다고 한다. 우리나라 경우 서울의 경기고등학교를 연상하게 한다. 명당에 자리 잡았기 때문에 대한민국을 움직이는 수많은 인재를 배출하지 않았는가.

그런 경우가 어디 학교뿐인가. 성당이나 사찰도 마찬가지다. 학교건, 회사건, 종교건물이건 간에 명당에 자리 잡아야 오랜 세월을 유지하고 번영한다.

반대로 명당이 아닌 터, 이를테면 사룡(死龍) 지대를 택하면 건물을 아무리 크고 우람하게 세워도 오래가지 못하고 그 존재 또한 변변히 한 번 뽐내지 못하고 흐지부지 스러지고 만다.

그렇다. 어떤 학교나 처음부터 명문은 없다. 그 터의 좋은 기운을 받아 수재가 육성되고 그 수재가 사회로 진출해 재능을 발휘하여 그 이름을 떨쳐야 명문이 되지 않던가. 바르샤바의 퀴리 부인도 예외가 아니다. 그녀의 생가나 그녀가 다녔던 학교가 명당에 자리하고 있었기 때문에 노벨상을 두 번씩이나 수상하는 쾌거를 이룰 수 있었던 것이다.

나는 퀴리 부인의 경우를 두고 깊은 생각에 잠겼다.

평소부터, 아니 도선국사가 남긴 책을 읽기 시작했을 때부터 가져왔던 생각이다. 다소 허황된 착상이라고 나무랄 사람도 없지 않겠지만, 이것은 나의 깊은 명상에 의해 얻어진 소신이므로 당당히 말하고, 그리고 그 일이 실천되기를 소망한다.

KBS가 며칠 전 덕수궁 문화재에 대한 고발성 뉴스를 내보낸 적이 있다. 고궁을 관리하는 문화재청 직원들이 상주할 곳이 마땅찮아, 아예 버려둔 문화재를 일부 수리하여 주거용으로 활용하고 있다는 내용이다. 말하자면 보존해야 할 문화재를 되레 훼손시키고 있으므로 당연히 원상복구 시켜야 한다는 질타였다.

나는 그 내용을 보다 말고 무릎을 쳤다. 물론 문화재를 그런 식으로 훼손하는데 찬성한다는 뜻이 아니다. 서두에서도 말한바 있지만 우리 대한민국은 세계를 통틀어도 그중 생기가 많은 축복받은 땅이다. 어쩌면 석유, 가스 등 에너지 자원보다 더 귀중한 자원이 명당인지도 모른다.

명당은 석유를 만들어내지는 못하지만, 에너지를 확보하는 힘을 가진 위대한 인재를 키워낼 수는 있다.

생각해 보라. 일본은 석유 한 방울 나지 않지만, 석유를 확보하는 능력은 오히려 산유국을 앞설 정도다. 어떠한 경우를 막론하고 사람보다 더 중요한 대상은 없다. 결국 사람이 그 주체인 것이다. 어떤 사람들이 그 땅에 사느냐에 따라 그 나라의 빈부가 결정되고, 어떤 사람들이 사느냐에 따라 문화의 우월성도 만들어지는 법이다.

그런 차원에서 볼 때 음택(陰宅)은 묻힌 주인의 자손들에게만 혜택이 가지만, 양택(陽宅)은 다르다. 좋은 터는 사람을 가리지 않는다. 여자건 남자건, 신분이 높건 낮건, 선하건 악하건 누구든지 환영한다.

나는 대한민국 곳곳에 즐비한 명당을 이 잡듯이 찾아다닌 이력이 있다. 그 중에서도 이미 활용되지 않은 미지의 명당은 우선 젖혀두고 실제로 인재를 배출한 경험이 있는 명당만도 미처 손가락을 다 꼽을 수 없다.

우리나라 대통령을 낳은 생가만 해도 그러하다. 박정희 대통령의 선산(善山) 초가 생가는 그 기(氣)가 강하기로 보통을 넘는 곳이다. 물론 지금 생가는 비어 있고 기념관으로 활용되고 있다. 전두환 대통령의 합천도 그러하고, 노태우 대통령, 김영삼, 김대중 그리고 노무현 현 대통령의 김해 생가도 마찬가지다. 대통령을 탄생시키고도 남는 양질의 생기가 넘치지만, 똑같이 사람이 살지 않는 빈 공간으로만 보존되고 있다.

여기서 나는 그 공간을 비워둬서는 안 된다는 주장을 하고 싶다. 물론 그곳에서 누구든 살아야 한다는 얘기는 아니다. 내가 이화장 조각당에서 하룻밤 유하듯, 대통령을 탄생시킨 그 방도 일반에게 공개해서 하룻밤씩 묵게 하자는 것이다. 가능하면 그 방을 이용할 사람이 젊은 남녀면 좋겠고, 기왕이면 이제 막 결혼식을 끝낸 신혼부부라면 더 좋겠다. 결국 그곳에서 아이를 잉태하게 하자는 것이다. 인재를 만들자는 것이다. 부존자원 하나 없는 대한민국이 오늘 선진국 대열에 설 수 있었던 근간이 무엇인가.

바로 사람이다. 우수한 인재다. 자원도, 정치력도 아닌 사람의 힘으로 이만큼 달려온 것이다. 더 구체적으로 설명하자면 이승만 정권 때부터 불기 시작한 교육열이 오늘을 만든 근간이라고 해도 그리 틀린 말이 아니다. 그렇다. 우리의 승부처는 뭐니뭐니해도 오로지 사람뿐이다. 인성이 좋은 사람, 건강한 사람, 머리 좋은 사람, 하늘의 운을 타고난 사람이 계속 생산되어 나와야 한다. 그러기 위해서는 정부가 앞장서서라도 적절한 캠페인을 벌려야 한다. 신혼부부들이 무조건 뉴질랜드나 괌으로 떠날 것이 아니라, 대통령을 배출한 생가에서 첫날밤을 보내도록 해 보다 유능한 2세를 탄생케 하자는 캠페인.

비용이야 어디까지나 실비가 되게 하고, 가능하다면 국민운동본부 같은 곳에서 대납할 수도 있겠고, 대신 인터넷을 통해 예약을 받게 한다면, 지원자도 점진적으로 불어날 수 있을 것이다.

나는 이렇게 생각한다. '신혼부부에게 명당 빌려주기 사업' 만큼 확실한 투자가 없다고 말이다. 미래 세상을 좌지우지하는 인재 배출 노력은 아무리 중복투자해도 과하지 않다. 아니, 하면 할수록 이익이 배가 될 것이다.

기실 신혼부부나, 아이를 갖고 싶어 하는 부부에게 대여할 명당은 비단 전직 대통령 생가뿐 아니다. 우리는 대통령을 뛰어 넘는 세계적인 인재를 많이 갖고 있다.

추사 김정희가 그러하고 퇴계 이황, 율곡 이이 선생이 그러하다. 추사의 생가는 예산에 있고 퇴계는 안동, 율곡은 강릉에 있다. 어디 그뿐인가. 우리나라 기업인들도 뺄 수가 없다. 삼성그룹 이병철 회장 생가인 의령, 엘지그룹 구인회 회장의 진주 생가도 훌륭한 기가 있는 명소다. 거기다 동아일보를 창간한 인촌 김성수의 고창군 부안면 생가, 그리고 전남 보성 박팔만(朴八萬) 생가 역시 마찬가지다.

그 외에도 다 열거할 수 없을 만큼의 이름난 명당 생가들이 전국에 산재되어 있다. 한데 유감스럽게도 그곳 모두가 지금 아무도 사용하지 않는 빈 공간으로 버려져 있다. 어찌 안타깝지 않을 수 있는가. 풍수지리를 연구하는 사람으로서, 그보다 더 큰 국가적 손실이 없다고 나는 감히 주장해 마지않는 것이다.

부 록

답산가踏山歌

天地開闢한 後에　山峙川流하였으니
二氣妙運한 속에　一理竝行 不悖하고
八卦五行 생긴 後에　生旺休囚 따랐구나.
古今天下 許多한 術이　各有其理하였건만
알기도 어렵거니와　어찌도 많으리요.
大抵라 山書를　살펴보나니
所學이 不明하여　알기도 어렵도다.
大綱 記錄하나니　世人責笑 難免일세
아마도 看山法은　方書中에 尋路로다.
[葬經]이란 책속에　包在象理하여 있고
[雪心賦]와 [三師訣]은　望勢尋龍 第一이요
[六圃集]를 얻어보면　開眼하기 容易하고
[地學正義芙亭記]와　[武林釋義蒙經]旨는
奇妙處가 許多하니　仔詳히 보아 두고
[道崗十條] 錦繡經은　定穴取捨 妙法이요
[孝慈淵源]과 [戊己正書]는 龍穴上에 生死眞假 分明하다.

[道經]이란 책 속에는　　　　　　온갖 推數 다 있구나.
九宮度數 아자 하니　　　　　　靑鳥先生論에 있다.

四胎乾坤艮巽　　　四强乙辛丁癸　　　四順甲庚丙壬
四正子午卯酉　　　四藏辰戌丑未　　　四胞寅申巳亥

石山中에 土脈보고　　　　　　土山中에 石脈보소
肥山中에 瘦脈보고　　　　　　瘦山中에 肥脈보고
陽多處에 陰脈보고　　　　　　陰多處에 陽脈보고
大順局에 逆脈보고　　　　　　大逆局에 順脈보고
四山列立 하온 中에　　　　　　廣闊開局을 보고
穿田渡水 嫌疑 말고　　　　　　平地脈을 살펴보고
四山中 層立逼迫커든　　　　　山上 石角穴을 살펴보소.
前後左右 無山커든　　　　　　陰陽胎穴 찾아보소.
龍脈眞假 보는 法은　　　　　　通脈法을 살펴보소.
生子貴賤盛衰遲速壽夭法은 龍脈上에 있네.
內生作局 되는 곳은　　　　　　生安屍 發運하고
外生作局 되는 곳은　　　　　　生出運 安屍로다.
四胎脈과 四胎峰은　　　　　　多貴之星이로다.

四胞脈과 四胞峰은　　　　　　多孫之星이로다.
四藏脈과 四藏峰은　　　　　　多富之星이로다.
四順脈과 四順峰은　　　　　　多功之星이로다.
四强脈과 四强峰은　　　　　　連發之星이로다.
四正脈과 四正峰은　　　　　　交情長短 차지하네.
四胎坐는 四順峰을　　　　　　四藏坐는 四强峰 찾아보소.

四胞坐는 四胎峰을   孫出財産功名 그 가운데 있네.
四正(子午卯酉)이란 것은   胎龍交間 仲媒로다.
龍之相交하난 情도   人間事와 같도다.
仲媒없이 만난 夫婦   어찌 能히 長久하리.
龍穴로 말하자면   暫發하고 만다오.
胎交龍을 보자하면   最貴者가 正媒로다.
(乾艮交는 子요, 艮巽交는 卯요 巽坤交는 午요, 坤乾交는 酉다)
四胎相交 하거드면   帝王之地요,
三胎相交 하거드면   將相之地요,
二胎相交 하거드면   庶人富貴하리로다.
相交코자하나 未交者는   終成其病하는지라.
失性 發狂 淫亂하며   浮腫病 痲瘖이로다.
龍, 虎, 砂, 水 네 가지는   別로 大關없느니라.
人身家屋에 比하면   股肱은 墻垣이요,
股肱墻垣이 雖固라도   病人朽家는 無用이요,
人物等品에 比할진대   群臣庶民과 같고
群臣庶民은 어지나   國王暗弱하면 어이하리.
穴星이 得位하면   殺曜가 文曜되고
官星이 多情하면   穴은 欲前而 結穴하고
樂山이 多情하면   穴은 欲後而 結作하고
左曜가 多情하면   穴은 欲左而 結穴하고
右曜가 多情하면   穴은 欲右而 結穴한다.

■ 石論을 말해 보자.
乾巽脈下 坤艮穴은   外雖土이나 內石이로다.
坤艮脈下 乾巽穴은   外雖石이나 內土로다.

乾巽在山尖이면 石出이요　　　在野하면 窩而成土라.
艮坤在山凸하면 石出이요,　　在野하면 凹而成土라.
辰庚亥未 累食이면　　　　　　尖突上도 出水요,
牢壬寅戌 累食이면　　　　　　石廓中이라도 入水라.

■ 龍向相配 되는 法은　　　　天德으로 爲主하소.
子入首가 되거든　　　　　　　乾坐巽向 할 것이며
丑入首가 되거든　　　　　　　甲坐庚向 할 것이요,
艮入首가 되거든　　　　　　　卯坐酉向 할 것이며
寅入首가 되거든　　　　　　　癸坐丁向 할 것이며
甲入首가 되거든　　　　　　　丑坐未向 할 것이며
有角金과 有尾胎가　　　　　　橙接하면 五福來라.
無角金과 無枝胎는　　　　　　尸孫幷災로다.
胞源先顧 順朝하면　　　　　　生富滿功 할 것이요,
强源先顧 順朝하면　　　　　　文武孫雄이로다.
正源先顧 維朝하면　　　　　　甲富甲功 不絶이라.
失强藏而 遇胎交하면　　　　　雖富而 靑孀하고
失順胞而 遇胎交하면　　　　　雖有孫이니 多姚이라.
陽强陰弱하며는　　　　　　　　養子奉祀 할 것이요,
陰强陽弱하거든　　　　　　　　外孫奉祀地로다.
通脈이라 하는 法은　　　　　　天德月德 太陰太陽이라.
天德法을 말할진대
亥壬子龍 만나거든　　　　　　乙辰巽脈 찾아보고
巳丙午龍으로오는 龍은　　　　辛戌乾脈 찾아보고
寅甲卯龍으로 오면　　　　　　丁未坤脈 찾아보고
申庚兌龍으로 오면　　　　　　癸丑艮脈 찾아보고

月德法이라 하는 法은

子脈下에 壬脈보고   丑脈下에 庚脈보고
寅脈下에 丙脈보고   卯脈下에 甲脈보고
辰脈下에 壬脈보고   巳脈下에 庚脈보고
午脈下에 丙脈보고   未脈下에 甲脈보고
甲脈下에 壬脈보고   酉脈下에 庚脈보고
戌脈下에 丙脈보고   亥脈下에 甲脈보소

■ 啞聾穴과 盲目穴은   右旋龍에 許多하다.
寅一節 癸丑下   子入首 子坐
亥一節 辛丑下   酉入首 酉坐
申一節 丁未下   午入首 午坐
巳一節 乙辰下   卯坐이면 啞聾穴이요,
癸丑下 壬入首坐   辛戌下 亥入首坐
丁未下 丙入首坐   乙辰下 巳入首坐는 盲目穴이다.

■ 尋龍하였으나   裁穴眞假 어이할고
左旋에 陰穴쓰고   右旋에 陽穴쓰고
陰極處에는 陽生이요.   陽極處에는 陰生이다.
曲脈下에 直處 쓰고   直脈下에 曲處 쓰고
緩脈下에 急處 쓰고   急脈下에 緩處 쓰고
土脈下에 石處 쓰고   石脈下에 土敦에 쓰고
卯入首 艮坐   乙入首 巳坐   辰入首 丙坐
巽入首 午坐   巳入首 乙坐   丙入首 辰坐
午入首 巽坐   丁入首 申坐   未入首 庚坐
坤入首 酉坐   申入首 丁坐   庚入首 未坐

酉入首 坤坐　　　　辛入首 亥坐　　　　戌入首 壬坐

乾入首 子坐　　　　亥入首 辛坐　　　　壬入首 戌坐로 定向하소.

■ 殺其地師하는 것은　　　　辰巽方土星高壓이요,

蛇蜂蜈蚣 槍劍穴은　　　　能殺地師로다.

主峰下에 있으니 자세히 살펴보소.

看山法이 未詳하니 更論하노라.

첫째로는 六貌알고　　　　둘째로는 標象살펴보소.

六貌 表象 得眼하면　　　　南北針이 無用이로세

四胎成交하면　　　　看山處 勿疑用之하고

左旋胎龍되거든　　　　四抱入首 가려 쓰고

右旋胎龍이거든　　　　四藏入首 가려 쓰고

不及抱藏하며는　　　　長孫無後 두렵고

水法이라 하는 것은　　　　胞胎生旺 속에 있고

楊筠松의 救貧法은　　　　先師遺法 無害하도다.

天德月德 두 가지는　　　　水法인들 不合할까

子坐 巽破는 天德破요,　　　　壬坐 辰破는 月德破다.

赦文水 催官水는　　　　吉祥이 無雙이로다.

彎弓 三叉 九曲水는　　　　形勢로 보거니와

龍向相配 가려 쓰되　　　　其法이 最難이라.

坐一字라 하는 것은　　　　入首 得破 모두 보나니

長仲末 盛衰보는 法은　　　　左胞 右藏 造化로다.

山形이란 것은　　　　千變万化한지라.

龍穴圖를 不見하면　　　　模糊를 難免하리

開帳形郞 알려거든　　　　三十六圖 구경하고

過峽形郞 알려거든　　　　六十四卦 살펴보고

穴上星郞 알자거든　　　　八十一格 볼지로다.

이 三法을 不知하면　　　万物形象 어이 알꼬

樞極二星 不知하면　　　龍의 眞假 어이 알까

砂水吉凶 大綱論은　　　<雪心賦>말이 正格이다.

山水性理 말할진대　　　動靜聚散 四字로다.

山兮動裡 有理하고　　　水兮靜處 有益이라.

登山望勢하는 法은　　　形容으로 보리로다.

慈財物而 呼金者는　　　不顧胞하고 顧正하소.

慈子産而 呼胞者는　　　不顧藏하고 顧正이라.

三呼交而 成局者는　　　兼孫, 兼富, 功名하고

呼源六格 成交者는　　　一子分於 萬孫이로다.

四星辰 照藏者는　　　一富亨於 萬代하고

胞交金而 成局者는　　　孫貧 孫愚로다.

强不顧胎는 狂人이요,　　　强不顧正은 絶嗣로다.

乾祖 坎源 艮宮이며,　　　巽祖 牟源坤宮이면 不勝數於 其孫이요.(吉)

坤祖 兌源 乾宮이면　　　五福兼於 万孫일세

艮不 通兌하거드면　　　자못 初興而絶後라.

坤不 通辰하거드면　　　只一興而 不再盛이로다.

乾爲陽頭요 坤爲陰頭라　　　巽은 陽尾요, 艮은 陰尾로다.

從尾垂而 合頭는　　　無孫者도 生孫하고

從頭垂而 合尾하면　　　貧者도 成富한다.

尾가 尾와 合하면　　　雖孫이나 貧寒하다.

頭가 頭와 合하면　　　孫少하고 祿多라.

龍身이 失度하면　　　牙刀가 化作屠刀가 되네.

龍穴眞假의 分看法은
窟角에도 있다.
四胎坂이 되면
四正角이 正格이요,
戌乾坂은 癸甲角이요,
辰巽坂은 乙丙角이 正格이요,
未坤坂은 丁庚角이요,
四正坂은 四胎角이 正格이요,
壬子坂은 乾艮角이요,
甲卯坂은 艮巽角이요,
丙午坂은 巽坤角이요,
庚兌坂은 坤乾角이 正格이다.
甲卯龍은 癸角
丑窟에는 亥穴 보고
丙午龍은 乙角
辰窟에는 寅穴 보고
庚兌龍은 丁角
未窟에는 巳穴 보고
壬子龍은 辛角
戌窟에는 申穴 보고
富貴大小의 推知法은
二十八宿 속에 있고
某州 某官 推知法은
分野圖에 分明하오.
끝도 갓도 없는 五行理致를 어찌 다 말할손가.
대강대강 기록하나니
부디 行善하고.
極力 求地하면 하늘이
감동하여 得穴할 것이요,
첫째는 先靈安寧이요
둘째는 子孫榮華로다.
이 어찌 아니 좋을손가.

형세론 形勢論

형세론을 물형론(物形論)이나 갈형론(喝形論)이라고도 하는데, 산물 바람 등이 어우러져 형성된 전체적인 형세가 인간에게 영향을 준다는 이론으로 천지인(天地人) 합일사상에 근거한다. 만물은 각기 독특한 기가 있고, 그것은 주로 산세의 형상으로 나타나며, 그곳에서는 그에 상응한 인물이 나온다는 믿음이 풍수의 근본이다.

눈에 보이는 모양대로 이름을 붙이고 거기에 합당한 의미를 부여하는 것이므로 형세의 종류는 세상만물 만큼이나 다양하고 다채로울 수 있는데, 형세론의 현대적 의미를 찾는다면 ① 땅에 대한 인간의 미학적 인식 ② 자연과 인간의 합일사상으로 나아감 ③ 토지가 하중을 견디는 능력 평가의 전통적 방법 ④ 땅의 특성과 속성에 알맞은 용도 결정 ⑤ 인간과 자연의 균형 있는 조화를 통한 공존방법 제시 ⑥ 정확한 터 잡기 등을 꼽아볼 수 있을 것이다.

> 만물갈형(萬物喝形)은 안교(眼巧)에 있다. 용형(龍形)은 유족(有足)이요, 사형(蛇形)은 무족(無足)이다. 어체형(魚體形)은 두후(頭厚)하고 미(尾)는 세(細)하다. 비금체(飛禽體)는 좌우익(左右翼)이 있다. 인형(人形)은 두원신단(頭圓身短)하고, 주수체(走獸體)는 사각(四脚)이 분명하다. 오지(五枝)가 내회(來會)하면 연화형(蓮花形)이요, 배탄수세자(背坦首細者)는 갑충형(甲蟲形)이다. 그러나 태교혈(胎交穴)이 되면 명당이다. 물형은 갖추었으나 태교가 안 되면 무슨 소용이 있겠는가? 꼭 물형에 구애할 일이 아니다.

검형(劍/劒/刀形 – 칼 모양)

오성으로는 금성에 해당한다.

칼은 무력을 상징한다. 적으로부터 자기를 보호하기도 하지만 잘못 쓰면 사람을 해치기도 하기 때문에 형세의 생김에 따라 길흉이 엇갈릴 수 있다.

*보검형(寶劍形) : 귀한 칼의 형세.

*보도출갑형(寶刀出匣形) : 보도를 칼집에서 꺼내는 형세이며, 위대한 인물이 나온다.

* 진무안검형(眞武按劍形) : 칼을 어루만지는 장군의 형세.

*횡검형(橫劍形) : 칼을 옆으로 누인 형세.

견형(絹, 紗形 – 비단 모양)

수성이 여러 겹으로 겹친 구름 모양이다. 비단은 아름다운 직물로서 부귀를 상징한다.

* 금포형(錦袍形) : 비단 솜옷의 형세.

* 금피형(錦被形) : 비단 이불의 형세.

* 완사명월형(浣紗明月形) : 달빛에 비단을 헹구는 형세로, 이름을 날리는 인물이 끊이지 않고 나온다.

계형(鷄形 – 닭 모양)

오성으로는 화성에 해당한다. 닭의 형세는 불꽃 모양의 벼슬이 주산이 되며 좌청룡 우백호가 날개가 된다. 안산으로는 달걀 모양의 산이 요구된다.

첫새벽을 알리는 닭은 새로운 세상이나 올바른 질서를 나타내기도 한다. 또 닭을 귀신을 쫓아내는 영물로 여기기도 했다. 학문과 벼슬에 뜻을 둔 사람은 서재에 닭 그림을 걸어 두기도 했다. 닭은 부귀공명과

입신출세의 상징이기도 했다. 닭의 벼슬은 관을 나타내기 때문에 마치
벼슬길에 오르는 것으로 여겼다. 또 닭이 많은 병아리를 까는 것은 다
산의 상징이기도 했다. 닭둥우리 형세는 평안을, 모이를 먹이는 형세는
행복을 나타낸다.

　*계명형(鷄鳴形) : 닭이 우는 형세.

　*계소형(鷄巢形) : 닭둥우리의 형세.

　*금계권익형(金鷄捲翼形) : 날개를 접는 금계의 형세.

　*금계장익형(金鷄張翼形) : 날개를 펴는 금계의 형세.

　*금계포란형(金鷄抱卵形) : 금계란 천상의 닭을 말하며 이 닭이 울
　　면 지상의 닭이 따라 울어 새벽을 알린다. 이런 형세는 많은 무리를
　　이끄는 호걸을 낳게 되며 많은 자손을 번식하게 된다. 알의 위치가
　　혈이 된다.

　*야계하전형(野鷄下田形) : 들 닭이 밭으로 내려오는 형세.

　*양계상투형(兩鷄相鬪形) : 두 마리 수탉이 싸우는 형세.

구형(狗形, 犬形 – 개 모양)

오성으로는 토성이나 몸통은 토성, 머리는 금성이다. 토성 가운데 그
리 크지 않은 작은 규모의 산을 말한다.

　인간과 가장 친한 가축이 있다면 그건 개일 것이다. 사람을 잘 따를
뿐만 아니라. 주인을 잘 섬기고 도둑도 지켜주고 일설에는 잡귀나 재앙
을 물리쳐 주는 등 행복의 표징이었다. 개에 얽힌 전설도 많고 미담도
많지만 개가 악행을 저질렀다는 전설은 없는 것 같다. 더욱이 개는 한
번에 여러 마리의 새끼를 낳기 때문에 다산과 풍요를 상징하고 있다.
새끼를 낳고 젖을 물리고 있는 개의 형상은 더할 나위 없는 명당으로
여겼다.

　*구유낭형(狗乳囊形) : 개가 새끼를 낳아 젖이 불어있는 형세.

* 면견유아형(眠犬乳兒形) : 어미 개는 잠들어 있고 새끼들이 젖을
  빨고 있는 형세.
* 복구형(伏狗形) : 개가 엎드려 있는 형세.
* 산구형(産狗形) : 새끼를 낳은 개의 형세.
* 선구곡월형(仙狗哭月形) : 개가 달을 보고 짓는 것 같은 형세.

구형(龜形 – 거북 모양)

오성으로는 기본은 금성이나 기본 산에 따라붙은 주변의 산세에 따
라 세분화된다.

거북 형세는 안산으로 개구리 등이 필요하기도 하며, 혈은 거북의 등
한 가운데로 보는 경우도 있지만 알을 낳는 꼬리 부분을 보는 수도 있다.

* 구사취회형(龜蛇聚會形) : 거북과 뱀이 모여드는 형세.
* 금귀망란형(金龜望卵形) : 금거북이 알을 바라보는 형세.
* 금귀몰니형(金龜沒泥形) : 금거북이 진흙 속으로 들어가는 형세.
* 금귀음수형(金龜飲水形) : 금거북이 물을 먹는 형세.
* 금귀조북두형(金龜朝北斗形) : 금거북이 북두칠성을 바라보고 있
  는 형세.
* 부귀형(浮龜形) : 거북이 마치 물위에 뜬것 같은 형세.
* 상수귀형(上水龜形) : 거북이가 물을 거슬러 올라가는 형세.
* 영귀예미형(靈龜曳尾形) : 신령스런 거북이 꼬리를 끄는 형세.
* 장귀출혈형(藏龜出穴形) : 굴속에 숨어 있던 거북이 굴 밖으로 나
  오는 형세.

귀인형(貴人形 – 높은 벼슬아치 모양)

오성으로는 목성이다. 목성이 두개이면 쌍천귀인, 세 개이면 삼태귀
인이라 한다.

귀인에 관한 여러 가지 설이 있으나 귀인형이 주체로서 나타나는 것은 드물고 주로 안산을 귀인형의 진혈로 본다.

* 귀인대좌형(貴人大坐形) : 귀인이 가부좌를 틀고 앉은 형세.
* 귀인반안형(貴人攀鞍形) : 귀인이 말안장에 오르는 형세.
* 귀인장궁형(貴人張弓形) : 귀인이 활시위를 잡아당기는 형세.
* 귀인좌아형(貴人坐衙形) : 귀인이 관청에 업무를 관장하기 위해 앉아있는 형세.

금반형(金盤形 – 금으로 된 상 모양)

오성으로는 금성이나 토성 또는 그 변형일 수도 있다.

아주 귀한 금으로 된 상을 받는 자는 부귀영화가 극에 달한 사람들을 일컫는다. 금소반 위에 금잔이나 금으로 된 술병이나, 아니면 옥으로 된 술병과 잔이 있다면 금상첨화라 할 것이다. 또 금반 형세는 숟가락과 젓가락이 있어야 완전히 갖추어진 형세일 것이다. 그래서 이 형세에서의 안산에 이런 것들이 잘 갖추어져 있다면 좋은 땅이다.

* 금반옥배형(金盤玉杯形) : 금상에 옥잔이 놓인 형세.
* 금반옥호형(金盤玉壺形) : 금반에 옥으로 만들어진 술병이 놓여 있는 형세.
* 금반하엽형(金盤荷葉形) : 금상에 올려진 연꽃 같은 모양의 형세. 경복궁터가 여기에 해당한다.

대형(帶形 – 허리띠 모양)

오성으로는 수성에 해당한다.

띠 모양의 형세를 말하며, 띠는 벼슬과 직결하는 것으로 믿었다.

* 옥대형(玉帶形) : 옥으로 만든 허리띠 형세.
* 풍취라대형(風吹羅帶形) : 아름다운 띠가 바람에 나부끼는 듯한 형세.

도화형(桃花形 - 복숭아꽃 모양)

오성으로는 목성에 해당한다. 그러나 그 어느 것에도 해당하지 않는다는 설도 있다.

　*홍도낙반형(紅桃落盤形) : 소반에 떨어진 붉은 복숭아꽃의 형세.

　*홍도낙지형(紅桃落地形) : 땅에 떨어진 붉은 복숭아꽃의 형세.

마형(馬形 - 말 모양)

오행으로는 토성에 해당하지만 때로는 금성으로 분류하기도 한다.

전설 속에서의 말은 초자연적인 세계의 전달자로서 어떤 때는 제왕의 출현을 알리는 영물이었으며, 고분군에서 발굴되는 비천마상은 신성의 표시이기도 했다. 겹겹으로 겹쳐진 말발굽 혈에 안장을 하면 자자손손 부귀영화를 누릴 길지이다. 말이 목이 마르면 언제나 물을 찾듯이 그 혈 앞에 연못을 파두면 갈마음수형(渴馬飮水形)이 되는데, 안장 재갈 굴레 등의 사가 있어야 좋은 땅이다.

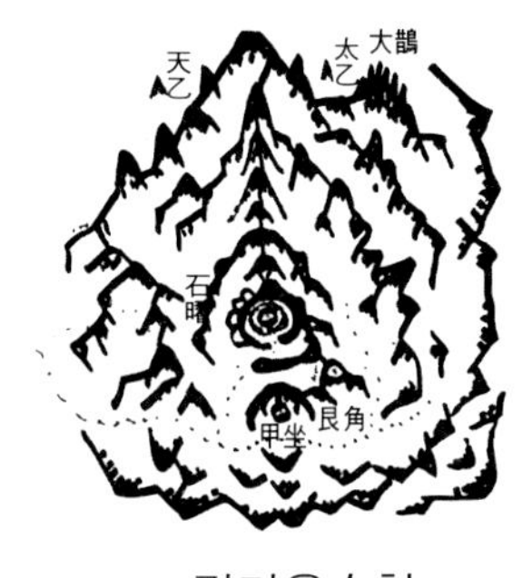

갈마음수형

　*갈마음수형(渴馬飮水形) : 목마른 말이 물 마시는 형세. 그 앞에 연못이나 샘이 있어야 좋다.

　*약마탈안형(躍馬奪鞍形) : 말이 안장을 벗어나는 형세.

　*약마하전형(躍馬下田形) : 말이 밭으로 뛰어내리는 형세.

　*천마시풍형(天馬嘶風形) : 천마가 하늘에서 울어 바람이 일어나는 형세.

　*천마출군형(天馬出軍形) : 천마가 전쟁에 출전하는 형세.

　*천마등공형(天馬登空形) : 천마가 허공으로 오르는 형세.

매화낙지형(梅花落地形 - 매화꽃이 땅에 떨어진 모양)

오성으로는 목성에 해당한다.

산수유와 함께 봄소식을 전하는 전령사인 매화는 무릇 선비들의 총애를 받았다. 긴 겨울을 이겨내고 이파리가 아닌 꽃부터 피어나는 매화가 선비의 고결한 기상을 닮았다 해서 불의에 꺾이지 않는 고고한 선비 정신의 표상으로 삼았다. 매화는 꽃잎이 떨어지면 사방에 흩어지기 때문에 자손이 번성하는 풍요의 땅으로 여겼으며, 사군자뿐만 아니라 여러 예술작품에도 즐겨 다뤘다.

　＊매화낙지형(梅花落地形) : 매화가 땅에 떨어져 있는 형세.

　＊매화만발형(梅花滿發形) : 매화가 만발해 있는 형세.

물자형(勿字形 - 물 자의 모양)

오성으로는 수형에 해당한다.

한자의 물(勿)자 형세를 말한다. 좌청룡보다 우백호가 튼실한 형세다.

　＊물자형(勿字形) : 한자의 물(勿)자 형세

봉황형(鳳凰形 - 봉황의 모양)

오성으로는 금성에 해당한다. 그러나 몸통 부분은 금성 혹은 토성, 꼬리 부분은 수성으로 본다.

봉황은 태평성대와 제왕을 상징하는 상상속의 날짐승으로 뱀의 목, 제비의 턱, 거북의 등, 용의 무늬, 물고기의 꼬리를 갖추었다고 한다. 오색의 깃털과 다섯 가지 소리를 낼 수 있으며, 벽오동에 깃들여 살고, 대나무 열매를 먹고 산다 하여 고결한 인물에 비기기도 했다. 봉황의 형세에는 대나무, 오동나무, 알 등의 사가 요구되기도 한다. 혈은 비봉포란의 경우 날개 안, 천상무의 봉황은 머리 부분에 있다.

* 단봉함서형(丹鳳含書形) : 붉은 봉이 편지를 문 형세.

* 단봉하전형(丹鳳下田形) : 붉은 봉이 밭으로 내려오는 형세.

* 봉황권익형(鳳凰捲翼形) : 봉황이 날개를 펼치는 형세.

* 봉황쟁주형(鳳凰爭珠形) : 봉황 두 마리가 구슬을 서로 차지하려고 다투는 형세.

* 비봉귀소형(飛鳳歸巢形) : 봉황이 둥지로 돌아오는 형세.

* 봉황포란형(鳳凰抱卵形) : 봉황새가 알을 품고 있는 형세.

* 오동봉서형(梧桐鳳棲形) : 봉황이 오동나무에 깃들인 형세.

* 추봉형(雛鳳形) : 아직 새끼인 봉황의 형세.

부형(釜形 – 가마솥 모양)

오성으로는 금성이다.

이사할 때 부뚜막에 솥부터 걸어야 살림살이가 시작되는 것으로 여겼다. 음택에서 솥을 엎어 놓은 모양은 좋은 땅이다.

* 복부형(伏釜形) : 엎어놓은 솥의 형세.

* 옥부형(玉釜形) : 옥으로 된 솥 같은 형세.

붓형(筆形 – 붓 모양)

오성으로는 목성에 해당한다.

흔히 문필봉 또는 필봉으로 부른다.

문방 사우중 하나인 붓은 많은 선비들이 필수품으로 삼았다. 붓은 학문과 벼슬을 의미한다. 문필봉이 보이면 후손 가운데 벼슬을 하거나 학문을 하는 사람이 많아진다. 문필봉이 반듯하지 않으면 천한 인물이 나온다는 설도 있다.

* 필간형(筆簡形) : 필통 같은 형세.

사형(蛇形, 巳形 – 뱀 모양)

오성으로는 수성에 해당한다.

살아있는 뱀의 형상을 말하며, 개구리나 쥐 물을 상징하는 조그마한 사가 있어야 한다. 뱀은 지혜와 다산을 상징하기도 하고 지역에 따라서는 뱀을 집안의 큰 업으로 생각하는 곳도 있다.

* 귀사취회형(龜蛇聚會形) : 뱀과 거북이 회합하는 형세.

* 금사복지형(金巳伏池形) : 금빛 뱀이 연못에 숨어 있는 형세.

* 난사출초형(亂蛇出草形) : 여러 마리의 뱀이 풀숲에서 나오는 형세.

* 사두형(巳頭形) : 뱀 머리의 형세. 이 모양은 개구리 모양의 안산이 있으면 대단히 좋다.

* 사반형(蛇蟠形) : 뱀이 똬리를 튼 형세.

* 장사음수형(長蛇飲水形) : 긴 뱀이 물을 마시는 형세.

* 장사추와형(長蛇趨蛙形) : 긴 뱀이 개구리를 좇는 형세.

* 장사출혈형(長蛇出穴形) : 숨어있던 뱀이 굴을 나서는 형세.

* 초중반사형(草中蟠蛇形) : 뱀이 풀 섶에서 똬리를 틀고 있는 형세.

* 활사피오공형(活蛇避蜈蚣形) : 뱀이 지네를 피하는 형세.

* 황사출림형(黃巳出林形) : 누런 뱀이 숲에서 나오는 형세.

사자형(獅子形 – 사자 모양)

오성으로는 금성에 해당한다. 머리는 금성, 몸통은 토성, 그리고 꼬리는 화성으로 분류한다.

사자는 맹수의 제왕으로 용맹과 위엄은 어떤 동물도 따를 수 없다. 그래서 이런 형세에서는 대단한 지도자가 나온다고 믿었다.

* 사자앙천형(獅子仰天形) : 사자가 하늘을 우러르는 형세.

* 사자출림형(獅子出林形) : 사자가 수풀을 헤치고 나오는 형세.

* 사자포구형(獅子抱毬形) : 사자가 공을 어르는 형세.

* 소향사자형(燒香獅子形) : 사자가 마치 향불을 사르고 있는 것 같은 형세.

상형(象形 - 코끼리 모양)

오성으로는 머리는 화성, 몸통은 토성, 꼬리는 금성에 해당한다.

* 매아상형(埋牙象形) : 코끼리가 어금니를 감추고 있는 형세.

* 백상권호형(白象捲湖形) : 흰 코끼리가 호수 가를 걷는 형세.

* 선인기상형(仙人騎象形) : 신선이 코끼리를 탄 형세.

서형(鼠形 - 쥐 모양)

오성으로는 토성이나 머리 부분은 금성에 해당한다.

노서하전형

쥐는 아주 영리한 동물이다. 그리고 쥐는 새끼를 많이 낳기 때문에 다산을 상징한다. 이 형세에는 벼나 창고를 상징하는 안산이 있어야 한다.

* 노서하전형(老鼠下田形) : 늙은 쥐가 먹이를 찾아 밭으로 내려오는 형세.

* 영묘축서형(靈猫逐鼠形) : 신령스런 고양이가 쥐를 쫓는 형세.

성형(星形 - 별 모양)

오성으로는 금성에 해당한다.

* 금침천주형(金針穿珠形) : 별들을 금바늘로 꿰어 놓은 듯한 형세.

* 북두칠성형(北斗七星形) : 북두칠성의 형세.

* 삼성재호형(三星在戶形) : 세 별이 한 집을 비추는 형세.

* 삼태성형(三台星形) : 세 개의 별이 균형 있게 배열된 형세.

* 유성과궁형(流星過宮形) : 대궐 위 하늘을 가로지르는 별똥별의 형세.
* 중성공월형(衆星拱月形) : 여러 별들이 달을 둘러싸고 있는 형세.

소형(巢形 – 새둥지 모양)

오성으로는 토성에 해당한다.

새둥지 모양의 형세를 말한다. 제비집, 닭둥우리 등도 여기에 해당한다. 주변 형세의 특징이나 크기에 따라 다양한 명칭이 있다.

* 작소형(鵲巢形) : 까치집의 형세.
* 봉소형(鳳巢形) : 봉황 둥지의 형세.
* 연소형(燕巢形) : 제비집의 형세.

승형(僧形 – 스님 모양)

오성으로는 윗부분은 목성, 아랫부분은 수성에 해당한다.

스님형에는 바리 모양의 안산이 요구되기도 한다.

* 관음좌연형(觀音坐蓮形) : 관세음보살이 연꽃 위에 앉아 있는 형세.
* 금불단좌형(金佛端坐形) : 부처가 다정하게 앉아 있는 형세.
* 나한출동형(羅漢出洞形) : 나한이 동구 밖으로 나서는 형세.
* 호승예불형(胡僧禮佛形) : 노승이 예불하는 형세.

신선형(神仙形 – 신선 모양)

오성으로는 목성에 해당한다.

신선은 선계에 있는 사람으로 누구나 우러러 존경하는 사람이다.

* 선인기우형(仙人騎牛形) : 신선이 소를 타고 가는 형세.
* 선인대좌형(仙人大座形) : 신선이 앉아 있는 형세.
* 선인독서형(仙人讀書形) : 신선이 책을 읽고 있는 형세.
* 선인무금형(仙人撫琴形) : 신선이 거문고를 타는 형세.

* 선인무수형(仙人舞袖形) : 신선이 소맷자락을 날리며 춤추는 형세.
* 선인앙장형(仙人仰掌形) : 신선이 합장하여 우러르는 형세.
* 선인조어형(仙人釣魚形) : 신선이 고기를 낚고 있는 형세.
* 선인취와형(仙人醉臥形) : 신선이 술에 취해 누워 있는 형세.
* 선인취적형(仙人吹笛形) : 신선이 피리를 부는 형세.
* 선인포고형(仙人抱鼓形) : 신선이 북을 안고 있는 형세.
* 오선위기형(五仙圍碁形) : 다섯 신선이 바둑판 주위에 모여 있는 형세.
* 운중선좌형(雲中仙坐形) : 구름 속에 신선이 앉아있는 형세.

신하형(臣下形 - 신하 모양)

오성으로는 목성에 해당한다.

* 군신봉조형(君臣奉朝形) : 임금 앞에 여러 신하가 조례를 하고 있
  는 형세.
* 대신검복상전형(大臣劍腹上殿形) : 대신이 칼을 차고 전상에 오르
  는 형세.
* 삼공헌벽형(三公獻璧形) : 삼정승이 왕에게 벽옥을 바치는 형세.
* 상제봉조형(上帝奉朝形) : 상제 앞에 여러 신하가 조례를 하고 있
  는 형세.

안형(雁形 - 기러기 모양)

오성으로는 화성이나 날짐승에 따라 수성(제비 등)으로 분류하는
수도 있다.

날짐승 중에서 기러기는 때를 맞추어 오고 가며 질서정연하게 날아
다니기 때문에 영물로 여겼다. 또 기러기는 부부의 사랑을 상징하는 동
물로서 혼례 때도 신랑이 이것을 신부 집에 바치는 것은 그 때문이며,
홀로된 과수를 짝 잃은 기러기라고 부르기도 했다.

평사낙안이란 말이 있는데 이는 평평한 모래톱에 기러기가 순서를 맞추어 가뿐히 내려앉는 모습을 말하며, 그런 경우를 재운이 충만한 형세로 보았다. 갈대를 입에 문 기러기는 노후의 안락한 삶을 뜻하기도 했다.

　*고안등운형(孤雁騰雲形) : 한 마리 기러기가 구름 속으로 날아드는 형세.

　*고안투호형(孤雁投湖形) : 한 마리 외로운 기러기가 호수로 날아드는 형세.

　*명안낙수형(鳴雁落水形) : 기러기가 물 위로 떨어져 내리는 형세.

　*평사낙안형(平沙落雁形) : 백사장에 사뿐히 내려앉는 기러기의 형세.

앵조형(鶯鳥形 – 꾀꼬리 모양)

오성으로는 목성에 해당한다.

　혈의 좌향은 갑좌(甲坐)나 묘좌(卯坐)가 되어야 한다. 장지 조성 후 무덤 뒤의 바위가 노란색을 띠고 있거나, 그 후에 황색으로 변한다면 가장 좋은 땅이다. 그렇지 않을 경우 버드나무가 많이 있는 곳 또는 버드나무와 관련된 지명이 있다면 거기에 좋은 땅이 있다.

　*유지앵소형(柳枝鶯巢形) : 버드나무에 튼 꾀꼬리 둥지의 형세.

　*황앵탁목형(黃鶯啄木形) : 노란 꾀꼬리가 나무를 쪼는 형세.

야자형(也字形 – 야자 모양)

오성으로는 화성에 해당한다.

　한자의 야자 형으로 좌청룡보다는 우백호가 혈을 길게 감싸는 형세다. 이런 형세에서는 뛰어난 학자나 문필가가 나오는 것으로 여겼다.

　*야자형(也字形) : 야자(也字) 형세.

양류형(楊柳形 - 버드나무 모양)

오성으로는 목성에 해당한다.

버드나무 가지들을 빗으로 빗어놓은 것처럼 가지런한 것을 최고로 여기며, 가지들이 한쪽으로 치우친 것은 좋지 않게 여긴다.

물가에서 자라는 왕성한 생명력과 무성한 버드나무 잎은 장수를 상징한다. 또 버들잎은 잡귀를 물리친다고 믿기도 했다. 버드나무는 물과 상생관계에 있어 마을 터나 집터의 허한 부분 등 수구막이로 심기도 했다.

　＊양류도수형(楊柳到水形) : 물가에 수양버들이 푸르게 늘어진 형세.

　＊양화낙지형(楊花落地形) : 버드나무 꽃이 땅에 떨어진 형세.

　＊풍취양류형(風吹楊柳形) : 바람에 휘날리는 버들가지의 형세.

어부형(漁夫形 - 어부 모양)

오성으로는 목성에 해당한다.

어부형은 단순한 고기잡이가 아니라 강태공 같은 큰 인물이 난다고 믿었다.

　＊어옹산망형(漁翁散網形) : 그물질을 하는 늙은 어부의 형세.

　＊어옹수조형(漁翁水釣形) : 늙은 어부가 낚시질을 하는 형세.

　＊어옹하조형(漁翁下釣形) : 늙은 어부가 낚싯대를 내리고 있는 형세.

연형(燕形 - 제비 모양)

오성으로는 수성에 해당한다.

제비 둥지는 왕성한 가운을 상징한다. 제비형의 경우 대들보 모습의 안산이 있어야 하며 혈은 높은 곳에 있다.

　＊비연형(飛燕形) : 제비가 날아가는 듯한 형세.

　＊연소형(燕巢形) : 제비집과 같은 형세.

　＊연자박양형(燕子泊梁形) : 제비 새끼가 대들보에 앉아 있는 형세.

연화형(蓮花形 − 연꽃 모양)

오성으로는 화성에 해당한다.

연꽃은 불교와 깊은 관련이 있으나 민간에서는 가운데 씨주머니에 씨가 많아 풍요와 다산의 상징으로 여겼으며, 더러운 물속에서도 고결함을 잃지 않는 특성 때문에 고귀한 인물이 태어나거나 어려운 환경을 극복하고 높은 뜻을 이루는 인물이 나온다고 믿었다.

* 연화개양형(蓮花開陽形) : 활짝 핀 연꽃의 형세.

* 연화도수형(蓮花到水形) : 연꽃이 물 위로 숙이고 있는 형세.

* 연화반개형(蓮花半開形) : 연꽃이 반쯤 핀 형세.

* 연화봉접형(蓮花蜂蝶形) : 연꽃에 벌과 나비가 날아든 형세.

* 연화부수형(蓮花浮水形) : 연꽃이 물 위에 떠있는 형세.

* 연화출수형(蓮花出水形) : 연꽃이 물위로 올라오는 형세.

* 연화함로형(蓮花含露形) : 연꽃이 이슬을 머금고 있는 형세.

* 오엽연화형(五葉蓮花形) : 다섯 잎을 가진 연꽃의 형세.

* 하엽개금귀형(荷葉蓋金龜形) : 연잎이 금거북을 덮어주는 형세.

오공형(蜈蚣形 − 거미 모양)

오성으로는 머리는 금성, 몸통은 토성, 다리는 수성 혹은 화성의 특성을 지니고 있다.

지네는 다리가 많으며 천룡이라고도 부른다. 지네의 다리처럼 자손이 번성하며 재물도 많이 모이는 형세다. 지네 형세에는 지네와 닭, 매 또는 지네와 닭과 개와의 긴장된 삼각관계가 요구된다. 정확한 혈은 입이라고 한다.

* 분애오공형(奔崖蜈蚣形) : 지네가 벼랑을 기어가는 형세.

* 오공비천형(蜈蚣飛天形) : 지네가 하늘로 나는 형세.

* 절각오공형(折角蜈蚣形) : 지네의 머리부분 한쪽이 짧은 형세.

* 출암오공형(出巖蜈蚣形) : 지네가 바위 사이에서 나오는 형세.
* 행지오공형(行地蜈蚣形) : 지네가 땅으로 기어가는 형세.

오수부동격(五獸不動格 – 짐승 다섯 마리가 서로 주시하고 있는 땅)

다섯 마리 짐승이 서로 견제와 긴장관계 속에서 움직이지 않고 서로를 견제하고 있는 형세의 땅을 말하며, 풍수에서는 범→개→고양이→쥐→코끼리 순으로 천적관계가 이루어진다고 본다. 어떤 동물의 모양이 없어서 균형이 깨지는 경우 사람이 그 동물을 보완하기도 한다.

비슷한 것으로 삼수부동격(三獸不動格 ; 지네→닭→개)이 있다.

옥녀형(玉女形 – 아름다운 여인의 모양)

오성으로는 목성에 해당한다.

옥녀란 18세에서 30세 전후의 미녀를 말하는데, 목성을 기본으로 하고 주변의 산 모양에 따라 다양한 이름이 붙는다. 풍요와 다산을 나타내며, 거문고 거울 빗 금비녀 금으로 된 북 등의 사가 있어야 한다.

* 미녀무금형(美女撫琴形) : 미녀가 거문고를 타는 형세.
* 미녀방차형(美女紡車形) : 미녀가 물레를 돌리고 있는 형세.
* 미녀천주형(美女穿珠形) : 미녀가 구슬을 꿰고 있는 형세.
* 미녀출교형(美女出轎形) : 미녀가 가마에서 나오고 있는 형세.
* 미녀포경형(美女抱鏡形) : 미녀가 거울을 안고 있는 형세.
* 미녀헌화형(美女獻花形) : 미녀가 꽃을 바치고 있는 형세.
* 미녀회태형(美女懷胎形) : 미녀가 임신한 형세.
* 삼녀동좌형(三女同坐形) : 어머니, 아내, 며느리가 다정하게 앉아 있는 형세.
* 선녀등공형(仙女登空形) : 선녀가 하늘로 오르는 형세.
* 선녀봉반형(仙女奉盤形) : 선녀가 소반을 들고 있는 형세.

* 선녀창가형(仙女唱歌形) : 선녀가 노래를 부르고 있는 형세.

*옥녀산발형(玉女散髮形) : 옥녀가 머리를 풀고 있는 모양의 형세로 안산에 달 모양의 빗, 오른쪽에 거울, 왼쪽에 분갑 머릿기름 단지 모양이 있어야 한다.

* 옥녀직금형(玉女織錦形) : 옥녀가 비단을 짜고 있는 형세로 앞에 북, 오른쪽에 침사수(沈絲水)가 있어야 한다. 이 물이 없으면 우물을 파야 한다. 옥녀가 비단을 짜듯이 끊임없이 귀한 인물이 나오는 형세다.

* 옥녀헌배형(玉女獻杯形) : 옥녀가 술잔을 올리는 형세.

* 옥녀탄금형(玉女彈琴形) : 옥녀가 거문고를 타는 형세.

용형(龍形 – 용 모양)

오성으로는 수성에 해당한다.

용의 형세는 산 능선이 거대하고 장대해야 하며 안산으로 여의주가 있어야 제격이다. 산 능선에 따라 쌍룡, 오룡, 칠룡, 구룡의 이름이 붙는다. 머리 윗부분이나 용이 나는 듯이 강을 건너는 형세에서의 혈은 입술이 알맞은 자리이다.

* 갈룡음수형(渴龍飮水形) : 목마른 용이 물을 먹는 형세.

* 구룡쟁주형(九龍爭珠形) : 아홉 마리 용이 여의주를 차지하려 다투는 형세.

* 모룡고자형(母龍顧子形) : 어미용이 새끼용을 돌아보는 형세.

* 반룡형(蟠龍形) : 용이 똬리를 틀고 있는 형세.

반룡형

* 반룡농주형(盤龍弄珠形) : 용이 똬리를 틀고 여의주를 가지고 노는 형세.

* 비룡등공형(飛龍騰空形) : 용이 허공으로 날아오르는 형세.

* 비룡농주형(飛龍弄珠形) : 용이 구슬을 희롱하며 하늘을 나는 형세.

* 비룡상천형(飛龍上天形) : 용이 하늘로 날아오르는 형세.

* 서용시우형(瑞龍施雨形) : 상서로운 용이 비를 내려주는 형세.

* 쌍룡쟁주형(雙龍爭珠形) : 두 마리 용이 구슬을 다투는 형세.

* 오룡쟁주형(五龍爭珠形) : 다섯 용이 구슬을 다투는 형세.

* 용자음유형(龍子飲乳形) : 용의 새끼가 젖을 먹는 형세.

* 운중반룡형(雲中蟠龍形) : 용이 구름 속에서 똬리를 틀고 있는 형세.

* 황룡음수형(黃龍飲水形) : 황룡이 물을 먹는 형세.

* 회룡고자형(回龍顧子形) : 용이 몸을 돌려 새끼용을 돌아보는 형세.

* 회룡은산형(回龍隱山形) : 용이 몸을 돌려 산에 숨는 형세.

우형(牛形 – 소 모양)

오성으로는 토성에 해당한다.

소 모양의 산은 인자하고 육중하며 후덕한 인상을 준다. 소는 농사짓는데 필수적이고 생산의 원동력이었다. 소가 드넓은 초원에서 한가히 풀을 뜯던가, 또는 누워 있는 모습은 풍요와 태평을 연상하게 된다. 그래서 소의 형세는 자손이 번창하고 부자가 된다. 안산으로는 소의 구유나 목초가 필요하다. 소 형세의 진혈은 뿔, 코, 꼬리, 젖, 미간 등이다. 다산과는 거리가 멀다.

서우망월형

* 갈우음수형(渴牛飲水形) : 소가 목이 말라 물을 마시는 형세.

* 서우망월형(犀牛望月形) : 무소가 달을 바라보는 형세.

* 석상와우형(石上臥牛形) : 돌 위에 누워 있는 소의 형세.

* 자우고모형(子牛顧母形) : 새끼소가 어미소를 돌아보는 형세.
* 행우경전형(行牛耕田形) : 소가 밭을 갈고 있는 형세.
* 황우도강형(黃牛渡江形) : 누런 소가 강을 건너는 형세.

월형(月形 – 달 모양)

오성으로는 금성에 해당한다.

달은 해와 더불어 우주의 운행과 인간세상의 기본적 질서를 알려주는 소중한 천체이다. 초승달은 반달로 다시 보름달로 변형되므로 융성하는 기운, 늘어나는 수명, 높아지는 벼슬을 상징하기도 한다. 그래서 보름달보다 초승달이나 반달을 더 길지로 취급한다.

* 동방해월형(東方海月形) : 달이 동해에서 뜨는 형세.
* 백운반월형(白雲半月形) : 흰 구름 속의 반달 형세.
* 서방신월형(西方新月形) : 서쪽에 뜬 초승달의 형세.
* 운중반월형(雲中半月形) : 구름속의 반달 형세.
* 중성공월형(衆星拱月形) : 달을 별무리가 껴안고 있는 형세.

잠형(蠶形 – 누에 모양)

오성으로는 토성 가운데 규모가 작은 것이다.

누에는 네 번씩이나 허물을 벗기 때문에 훌륭한 인물의 성장을 상징하며, 나방으로 다시 태어나기 때문에 결국 출중한 인물이 날 수 있는 형세로 손꼽아 왔다. 또 누에는 고추에서 실을 뽑아 비단을 만들어 주기 때문에 부귀의 상징이 되기도 했다. 누에 형세는 안산으로 뽕을 상징하는 뽕나무나 뽕밭이 있어야 제격이다.

* 비아형(飛蛾形) : 누에가 나방이 되어 날아가는 형세.
* 비아부벽형(飛蛾附壁形) : 푸른 산의 벽 위에 누에나방이 붙어있는
  모양을 최고로 친다. 혈 앞에 꽃가지 형이 있고, 왼쪽에 동풍을 불어

주는 부채가 있으면 금상첨화의 형세다.

 * 잠두형(蠶頭形) : 누에머리의 형세. 안산에 뽕나무 숲이나 밭이 있
   어야 한다.

장군형(將軍形 – 장군 모양)

목성에 해당하는 사람의 얼굴, 금성에 해당하는 투구, 강한 기운을 느끼게 하는 바위 등으로 이루어진 게 특징이다. 주위에 칼과 북을 나타내는 산이 있어야 한다. 또 안산으로 창과 깃발과 다양한 병장기가 있어야 한다.

 * 무공단좌형(武公端坐形) : 무장이 단정하게 앉아 있는 형세.
 * 장군격고형(將軍擊敲形) : 장군이 북을 두드리는 형세.
 * 장군무검형(將軍舞劍形) : 장군이 검무를 추는 형세.
 * 장군출진형(將軍出陣形) : 장군이 군진을 이끌고 나서는 형세.
 * 장군패검형(將軍佩劍形) : 장군이 칼을 차고 있는 형세.
 * 장군하마형(將軍下馬形) : 장군이 말에서 내리는 형세.

저형(猪形 – 돼지 모양)

오성으로는 토성에 해당한다.

돼지는 복이 있는 가축으로, 돼지꿈을 꾸면 좋은 일로 생각했다. 또 많은 새끼를 낳기 때문에 다산의 상징으로도 여겼다. 신에게 제사지낼 때 제물로 쓸 정도로 조상들이 돼지를 영물로 여겼던 기록을 많은 곳에서 찾아볼 수 있다.

 * 야저하전형(野猪下田形) : 멧돼지가 산에서 밭으로 내려오는 형세.

주형(舟形 – 배 모양)

오성으로는 토성으로 주변에 물이 있어야 한다.

삼면이 물로 둘러싸인 반도형이며, 대개 사토질의 땅으로 바닥이 지극히 취약한 곳이다.

배는 승객이나 화물을 실어 나르므로 재물과 영화를 나타낸다. 이 형에서는 항해하는 배의 위험성을 줄이기 위해 여러 가지 금기사항을 수반한다. 배의 중앙에 샘을 파면 안 된다. 또 배를 매어 놓은 형도 안전과 관련이 있다. 배형의 혈은 배의 고물에 있다.

* 박주형(泊舟形) : 정박한 배의 형세.

* 부주형(浮舟形) : 배가 물위에 떠 있는 형세.

* 행주형(行走形) : 항해하는 배의 형세. 이 형에서는 돛대, 닻, 키를 구비해야 좋은 땅으로 여겼다. 만약 다 갖추지 못한다면 한 가지라도 갖추어야만 좋은 형세가 된다.

지주형(蜘蛛形 – 거미 모양)

지주결망형

거미가 줄을 치고 있거나 양다리로 곤충을 잡거나 알을 쥐고 있을 때 모양의 형세다. 거미형세의 몸통은 토성이고, 다리는 화성을 띠며, 좌우의 다리는 청룡 백호에 해당하는데, 혈은 두 다리 사이에 해당한다.

* 지주결망형(蜘蛛結網形) : 거미가 줄을 치고 있는 형세.

* 지주포란형(蜘蛛抱卵形) : 거미가 알을 품고 있는 형세.

채형(釵形 – 비녀 모양)

오성에서는 어느 것으로도 분류하지 않는다.

비녀는 여인들의 장신구로 금비녀는 부를 나타낸다. 쇠붙이로 된 비녀가 땅에 떨어지면 쇳소리를 내게 된다. 이를 두고 사람들은 그 가문에 벼슬한 사람이 숨어 있다가 어느 날 쇳소리가 나듯이 벼슬길에 오른다고 믿었다. 또 금이 땅에 떨어짐으로써 오행의 원칙에 따라 토생금(土生金)으로 해석했고 많은 자손이 번성한다고 믿었다. 비녀형에는 미녀 또는 옥녀나 빗 모양의 사가 있어야만 좋은 땅으로 여겼다.

  * 금잠괘벽형(金簪掛壁形) : 금비녀가 벽에 걸려 있는 형세.
  * 금채노방형(金釵路傍形) : 금비녀가 길옆에 있는 형세.
  * 절반금채형(折半金釵形) : 금비녀 한쪽이 부러진 형세.

촉형(燭形 – 촛대 모양)

충천촉형

오성으로는 목형의 변형에 해당한다. 좌우 산중에 촛대처럼 우뚝 솟은 산봉우리 위에 있는 천교혈이다.

  * 충천촉형(沖天燭形) : 촛대가 하늘을 찌르듯 솟아 있는 형세.

취형(鷲/鷹形 – 독수리 모양)

오성으로는 화성에 해당한다.

솔개나 매 등 맹금류는 발톱이 몹시 날카롭다. 억세고 강건한 기상과 끊임없는 번영을 상징한다.

  * 좌응형(坐鷹形) : 솔개가 앉아 있는 형세.
  * 황응타사형(黃鷹打蛇形) : 황금색 매가 뱀을 낚아채는 형세.
  * 황응타토형(黃鷹打兎形) : 황금 매가 토끼를 낚아채는 형세.

치형(雉形 – 꿩 모양)

오성으로는 화형의 변형에 해당한다.

중요한 의식에서는 꿩이 빠지지를 않았다. 우리 조상들은 꿩은 상서

로운 동물임과 동시 악을 물리치고 복을 불러 오는 영물이라고 믿어왔
다. 무당의 모자나 또는 무사의 모자에 꿩의 깃털을 꽂았던 것도 같은
뜻에서 유래됐다.

　＊복치형(伏雉形) : 꿩이 엎드려 있는 형세. 충남 예산에 있는 흥선대
　　원군의 부친 남연군 묘가 여기에 해당한다.

토형(兎形 – 토끼 모양)

　오성으로는 화성에 해당하나 뻗어 내린 산세의 형세에 따라 수성 혹
은 목성과 결합한 토성 등으로 보기 때문에 특정할 수 없다.

　옥토끼는 달에 살면서 떡방아를 찧거나 불사약을 만드는 영물이다.
다산은 물론이요, 재물도 융성하며 벼슬도 귀처럼 높아지는 형세다.

　＊옥토망월형(玉兎望月形) : 옥토끼가 달을 바라보고 있는 형세.
　＊토자망월형(兎子望月形) : 토끼 새끼가 달을 쳐다보는 형세.

학형(鶴形 – 학 모양)

　오성으로는 화성에 해당한다. 산세에 따라 다르게 볼 수 있다.

　학은 고고한 자태로 인하여 학자들에게 선망의 대상이었다. 학은 십
장생도에 올라 있을 정도로 장수하는 동물로도 유명하다.

　＊금학포란형(金鶴抱卵形) : 금학이 알을 품고 있는 형세.
　＊백학서송형(白鶴捿松形) : 흰 학이 소나무에 깃들인 형세.
　＊백학쌍비형(白鶴雙飛形) : 백학 두 마리가 하늘로 날아오르는 형세.
　＊비학상천형(飛鶴上天形) : 학이 하늘로 날아오르는 형세.
　＊비학하전형(飛鶴下田形) : 학이 밭으로 내려앉는 형세.
　＊황학귀소형(黃鶴歸巢形) : 황학이 둥지로 돌아오는 형세.

해형(蟹形 – 게 모양)

오성으로는 금성이나 다리는 화성으로 보아야 한다.

게처럼 생긴 땅을 아주 좋은 땅이라고 한다. 단단한 발과 강력한 집게, 그리고 평평한 넓은 몸통은 아주 좋은 자리다. 주변에 게거품 같은 늪지대가 있어야 더 좋은 형세로 여긴다.

＊갈해음수형(渴蟹飮水形) : 목마른 게가 물을 마시는 형세.

＊금해포어형(金蟹捕魚形) : 금빛 게가 고기를 물고 있는 형세.

＊방해토말형(螃蟹吐沫形) : 방게가 거품을 토해내는 형세.

＊복해형(伏蟹形) : 엎드린 게의 형세.

호형(虎形 – 호랑이 모양)

오성으로는 몸통은 토성, 머리는 금성에 해당한다.

호랑이는 산중 동물의 왕이다. 특히 사자 등이 서식하지 않는 반도에서는 호랑이를 대단한 동물로 여겼다. 이 형세에서는 용맹과 위엄을 갖춘 큰 인물이 배출될 것으로 믿었다. 단 흠이 있다면 호랑이는 다산하는 동물이 아니다.

맹호도간형

＊갈호음천형(渴虎飮泉形) : 목마른 호랑이가 샘물을 마시는 형세.

＊기호간장형(饑虎赶獐形) : 굶주린 호랑이가 노루를 좇는 형세.

＊노호유아형(老虎乳兒形) : 어미 호랑이가 새끼에게 젖을 주는 형세.

＊맹호도간형(猛虎跳澗形) : 사나운 호랑이가 개울을 뛰어넘는 형세.

＊맹호축구형(猛虎逐狗形) : 맹호가 개를 쫓는 형세.

＊맹호출림형(猛虎出林形) : 맹호가 숲을 나오는 형세.

＊복호형(伏虎形) : 호랑이가 엎드린
　　형세로 안산에 먹이가 졸고 있으면
　　가장 좋은 땅이다.

＊복호와령형(伏虎臥嶺形) : 호랑이
　　가 고개 위에 엎드려 있는 형세.

＊오호금양형(五虎禁羊形) : 다섯 마
리 호랑이가 산양을 사로잡는 형세.

＊유호형(乳虎形) : 젖을 먹는 새끼 호
랑이의 형세.

복호형

화형(花形 – 꽃 모양)

오성으로는 목성이나 꽃의 생김새에 따라 화성이나 수성으로 분류한다.

꽃의 종류에 따라 여러 가지 형세의 명당이 있는데, 특정한 꽃이 갖는
특성이 발복하는 형태로 나타난다.

＊갈화낙지형(葛花落地形) : 칡꽃이 땅에 떨어지는 형세.

＊규화형(葵花形) : 해바라기꽃의 형세.

＊목단미발형(牧丹未發形) : 모란꽃이 피기 전의 형세.

＊목단반개형(牧丹半開形) : 모란꽃이 반만 피어 있는 형세.

＊목단화심형(牧丹花心形) : 모란꽃의 꽃술이 있는 중심부의 형세.

＊양화낙지형(楊花落地形) : 버들꽃이 땅에 떨어져 있는 형세.

＊이화낙지형(梨花落地形) : 배꽃이 땅에 떨어져 있는 형세.

＊작약반개형(芍藥半開形) : 작약이 반쯤 피어 있는 형세.

＊지화함로형(芝花含露形) : 지초화가 이슬을 머금고 있는 형세.

＊황국반개형(黃鞠半開形) : 반쯤 핀 노란 국화의 형세.

환형(環形 – 가락지 모양)

오성으로는 금성이다.

여성의 장신구로서 재산과 보물을 상징한다. 여성을 상징하기도하며, 특히 금가락지는 부귀영화를 나타낸다.

  * 금환낙지형(金環落地形) : 금가락지가 땅에 떨어지는 형세.

  * 옥환형(玉環形) : 옥가락지의 형세.

풍수를 연구한 인물들

고중안(?~?)

고려 말엽에 태어나 조선조 세종 때까지 살지 않았는가 짐작되며, 태종 18년에 서령(署令)으로 벼슬을 시작한 사람이다.

세종 3년에 예조판서 이지강(李之剛) 등과 함께 영녕전의 터를 잡았으며, 낙성과 더불어 목조의 신위를 종묘에서 영녕전 제1실로 옮겼다. 또 당대에 논란이 되었던 경복궁 명당논쟁이나 헌릉 봉요논쟁에도 참여했다. 갖가지 풍수서적이 범람하여 혹세무민하는 현실을 개탄하고 정리했다.

곽리자(중국)

진나라 혜왕의 동생으로 해학과 지혜가 출중했다. 무왕 때 재상이 되었다. 곽리자가 죽기 전 자기 누울 자리를 잡으면서 백년 후 이 자리에 천자의 궁전이 들어설 것이라고 했는데 한나라가 들어서면서 좌우에 궁성이 지어졌다.

곽박(중국, 276~324)

'청오낭경'을 저술한 사람이다.

고향 하동에 사는 곽공이란 사람에게 사사하여 [청난중서] 9권을 물려받았으며 오행, 천문, 복서에 달통하게 되었다. 곽박은 이 책을 보기 전부터 이미 박학다식한 사람이었다. 저술로는 [洞林]을 남겼으며 [청난중서] 9권은 제자 조재가 훔쳐갔으나 다 탐독하기도 전에 불타버리고 말았다고 한다.

김위제(한국)

고려 때 사람으로 숙종 원년에 위위승동정 직위에 올랐다.

도선기 등의 풍수서적을 인용, 한양 오덕구설을 상소하였다. 조선이 건국한 후 한양을 도읍지로 정한 데는 김위재의 이론적 뒷받침이 크다고 한다.

남사고(南師古, 한국, 1509~71)

울진 근남면 출신이다.

과거에 계속 낙방하다가 환갑(선조 2, 1569년)에야 겨우 벼슬길에 올랐다. 천문학 교수라는 한직에 근무하다가 2년 후 병으로 죽고 말았다.

남사고에 관한 전설적인 이야기는 수도 없이 많으며 그의 저술 또한 많은 위작을 낳았다. 그의 아버지 묘는 9번 이장했다고 하나 1번 이장했다고 하며, 현재 근남면 수곡리 대현산에 있으며 본인의 묘는 근처 성산 마을에 있다. 그의 유일한 글들은 [격암일지]에 남아 있다.

뇌문준(賴文俊, 중국)

[최관편]의 저자로서 송나라 때 사람이다. 일찍이 건양이란 벼슬을 하였으나 풍수술을 좋아하여 벼슬을 버리고 전국을 유람하면서 스스로를 포의자(布衣子)라 하였다. 그런 까닭에 세상 사람들은 그를 뇌포의라 부르기도 한다.

도간(중국)

도연명의 증조할아버지이다. 진나라에서 높은 벼슬을 했으며 풍수지리서의 고전인 [착맥부]의 저자이다. 조선왕조에서 참고하였던 지리서이다.

도선(道詵, 한국, 827~98)

영암 출생이며 속세의 성은 김이며 호는 옥룡자(玉龍子)다.

통일신라 때의 승려였다. 15세에 구례 화엄사에 들어가 승려가 되었으며 지리산 서봉인 월류봉 인접 구례군 마산면 사도리에서 풍수지리를 공부하였다. 4년만인 846년 풍수에 통달하여 신승으로 추앙받게 되었다. 중국의 남돈선(南頓禪)을 받아들인 혜철(惠徹)의 무설설 무법법의 법문을 듣고 오묘한 이치를 깨달았으며, 이를 신라의 토양과 풍습에 적용하고자 했다. 문제가 있는 땅에 탑을 세우거나 절을 지어 그 기운을 제압하는 비보사탑설(裨補寺塔說)이 그것이다. 저서로 [도선비기] [도선답산가] 등이 있으나 확인되지 않았으며, 그에 관한 설화는 옥룡사 비문 등에 새겨 있다.

두사충(杜師忠, 중국, 16세기 후반~1620년경)

임진왜란 때 명나라 수군도독 진린의 처남으로서 진지의 위치를 정해주는 복야라는 관직을 맡아 우리나라에 들어온 군인이자 풍수였다. 임진왜란이 끝나고 귀국했으나 정유재란이 발발하자 다시 조선에 와 대구에 정착해 살다가 죽었다. 그는 대구 만촌동에 묻혔고 후손들이 여기 저기 흩어져 살고 있다.

목호룡(1684~1724)

조선후기의 풍수였다. 노론인 김용택 이천기 등과 당시 왕세자였던 영조를 추종하였다. 이후 소론편에 가담하여 경종을 시해하려는 모의가 있었다는 삼급수설(三急手說)을 고변하였다. 이 사건인 신임사화의 공신으로 동성군에 봉해지고 동지중추부사에 올랐으나 이 사건이 무고임이 드러나자 체포되어 옥사했다. 권력지향형의 비참한 말로였다.

목효지(한국, ?~1455)

전농시 소속의 노비로 애꾸눈이었다. 문종왕비 현덕왕후의 능을 정하는데 일조했다. 그 공으로 노비의 신분을 벗어났다. 8년 후 경기도 마전에 새 명당에 관한 장문의 상소를 올렸다. 왕릉으로 쓰여지기를 바랐으나 세종의 관심을 얻지 못했다. 그해 8월 궁궐 뒤 불당설치에 대한 불가상소를 올렸다. 상소 내용의 과격함으로 세종의 노여움을 사 전농시의 종으로 환원되어 버렸다. 1542년 문종의 무덤자리로 예정된 자리가 적절치 못함을 지적, 단종의 후의를 입어 노비에서 풀려났으나 세조가 즉위하자 죽음을 당했다. 그로부터 300여 년이 지난 1791년 정조에 의해 신원되었다.

묘청(妙淸, 한국, ?~1135)

서경(平壤) 출생의 스님이자 풍수로서 도선설의 신봉자이다. 인종 6년 정지상, 백수한 등과 함께 서경의 임원역으로 천도할 것을 주청했다. 인종이 친히 묘청과 배수한을 대동하고 서경 임원역으로 행차하여 답사하고 김안에게 명하여 궁궐을 짓게 하였다. 당시의 혼란한 내외정세를 이용, 사대부들의 세력을 꺾기 위하여 서경천도를 획책하였으나 김부식(金富軾) 등 사대주의자들의 반대로 좌절되었다. 왕에게 계속하여 천도를 주청하였으나 불가능해지자 1135년 서경에 기반을 두고 국호를 대위(大爲), 연호를 천개(天開)라 하고 천견충의군(天遣忠義軍)을 조직하여 반란을 일으켰으나 반란군은 김부식에게 섬멸되고 묘청 자신은 부하 조광(趙匡)에게 피살되어 개경에 효시되었다. 그의 피살 후 묘청, 백수한, 정지상, 유참, 조광 등의 처자들은 적몰되어 노비가 되었다.

무학대사(한국, 1327~1405)

본명은 박자초(朴自超), 호는 무학(無學)으로 합천에서 태어났다. 18세에 소지선사(小止禪師)의 제자로 승려가 되어 구족계를 받았고 혜명국사(慧明國師)에게서 불법을 배웠다. 진주 길상사, 묘향산 금강굴 등에서 수도하다가 공민왕 2년 원나라 연경에 유학하였는데 그때 원에 와 있던 인도의 고승 혜근(惠勤)과 지공(指空)으로부터 가르침을 받았다.

1392년 조선 개국 후 왕사가 되어 회암사에서 지냈으며, 이듬해 태조를 따라 계룡산과 한양을 오가며 땅을 보고 도읍을 옮기는 데 찬성하였다. 왕명으로 회암사 북쪽에 수탑을 세우고 회암사의 감주(監主)가 되었다가 이듬해 사직, 금강산 금장암에 머물다가 죽었다. 저서에 [불조종파지도] [인공음]이 있다

무학대사가 찾아주었다고 전해지는 땅으로는 정종과 왕비 정안왕후 김씨의 능인 후릉, 이색의 조모, 운곡 원천석 등의 묘터와 조말생의 집터, 남산기슭 비서감 동쪽 권람의 집터, 만리현에 있는 이정보의 집터 등이다.

문맹검(한국)

생몰연대는 미상이다. 세종 말부터 세조 때까지 활동한 것으로 보아 풍수학 시험을 거쳐 지관으로 임명된 전문 술사이다. 세종 26년에 수릉(壽陵) 선정에 참여했다. 궁궐 뒤 불당 조성 입지를 선정했다. 이 사건은 유명한 사건이다. 대신들 일부와 풍수들까지도 반대했는데, 억불승유정책의 변화를 예고하는 사건이기도 했다.

각 지방의 지형지세에 따라 산천정기가 다르다는 것을 전제로 한 점에서 도선의 풍수이론과 맥을 같이 한다.

박상의(한국, 선조~광해군)

생몰연대는 미상이다. 광해군 9년부터 성천부사와 평양감사를 지낸 박엽을 따라가 활동하다가 광해군 폐위와 더불어 그도 행적이 묘연해졌다.

백사 이항복의 신후지를 찾아주었으며, 광해군이 창덕궁 경희궁 인정궁 관왕묘 터를 잡는데 중심 역할을 했다.

배종호(裵宗鎬, 한국, 1919~90)

경남 산청 출생으로 경성제국대학 철학과를 졸업했다.

이종구에게 풍수지리학을 사사했다. 연세대와 원광대에 재직했으며 [풍수지리약설]을 발표 했다. 세상 사람들은 배종호를 해방 이후 최초의 풍수학자이자 당대 최고의 고수로 인정했다.

백승현(한국, 고려 고종)

정확한 생몰연대를 알 수 없다. 고종 말기 왕권 연장을 위하여 왕이 질문하자 강화도에 궁궐을 짓기를 주창해 삼랑성(현재의 전등사 일대)과 신니동에 궁궐을 짓는 역사를 일으켰으나 곧바로 왕이 죽었으므로 완성여부는 알 수 없다. 백승현의 풍수설은 도참적 성격이 강하다.

서선계와 서선술(중국)

두 사람은 형제로서 명나라 때인 서기 1564년에 [인자 수지]라는 방대한 분량의 풍수서를 저술하였다. 형세론을 위주로 삼았는데, 비록 조선조에서 과거과목은 아니었으나 임진왜란 이후 사대부들의 필독서였고 풍수들에게 막대한 영향을 끼쳤다.

섭정국(중국)

임진왜란과 정유재란 당시 중국 장수 손시랑의 책사로 조선에 들어

왔다. 병조판서 이덕형과 함께 한양 궁궐터를 잡았으며, 선조비 의인왕
후 박씨의 묘지와 동묘 터 선정에 관여했다.

성지(한국, ?~1623)

군위에서 홍석구의 서자로 출생하여 승려가 되었다. 광해군의 신임
을 얻어 임진왜란이 끝난 뒤 인왕산을 주산으로 삼아 인경궁과 경희궁
터를 잡는데 결정적인 역할을 했으나 광해군의 축출과 함께 1623년
죽임을 당했다.

소길(중국, 생몰미상)

양(梁)나라 황제 무제의 형 장사선무왕의 손자이다. 수나라 문제의
부인 헌황후의 장지를 정해 주었다. 그 일로 둘째 왕자 방릉왕과 친해
졌고 그가 수나라 양제가 되자 두터운 신임을 받았으며, 낙양으로 도읍
을 옮기는 데 결정적인 역할을 했다. 그가 쓴 [오행대의]는 사주학 발달
의 기틀이 되었고 풍수지리의 이기론 발전에도 기여했다.

시문용(중국, 한국에 귀화, 1572~1643)

절강성에서 출생하여 정유재란 때 명나라의 군사로 파병되었다가 낙
오되어 경상남도에 머물렀다. 의병장 정인홍에 의해 광해군에게 천거
되어 인왕산 밑에 인경궁 터를 잡는 등 활약하면서 조선 풍수에 영향을
끼쳤다. 저서로는 [풍천집]이 전하며 성주에 그의 묘가 있고 후손들이
그 일대에 모여 산다.

신돈(辛旽, 한국, ?~1371)

본관은 영산, 승명은 편조(遍照), 자는 요공(耀空)이며 공민왕이 청
한거사라는 법명을 내렸다. 아버지에 대해서는 알려진 바가 없고 영산

에 무덤이 있었다는 것만이 확인될 뿐이며, 어머니는 계성현 옥천사의 노비였다. 어려서 승려가 되었지만 모계 때문에 주위의 용납을 받지 못하고 늘 산방에 거처하였다. 1364년 두타승(頭陀僧)이 되어 국정을 자문하였는데 왕이 따르지 않는 바가 없었으며, 그로 인하여 많은 추종자가 생기게 되었다. 마침내 1365년 5월에 최영(崔瑩)을 비롯하여 이인복(李仁復), 이구수(李龜壽) 등을 거세하면서 세력을 쌓았고, 전민변정도감을 설치하여 부당하게 빼앗긴 토지와 강압에 의하여 노비가 된 백성들을 원래의 상태로 되돌리는 과감한 개혁을 단행함으로써 성인으로 찬양받기까지 하였다.

그는 또 토지개혁에 머물지 않고 풍수지리의 지기쇠왕설을 근거로 서경천도를 획책했으나 역모의 누명을 쓰고 수원으로 귀양을 갔다가 죽었다. 도선에서 묘청으로 이어진 개혁사상으로서의 풍수사상이 무학으로 이어지는 징검다리 역할을 했다.

안효래(한국, ?~1477)

중인 출신으로 세종 때 말단 벼슬에 진출한 것으로 추정된다. 세종 문종 단종 등 세 임금 시절에는 두각을 나타내지 못하다가 수양대군 편에 가담함으로써 세조가 등극하자 원종공신에 봉해진다. 세조가 죽자 예종이 당상관으로 승진시켜 세조의 능침 선정에 참여케 했으며, 세종이 묻힌 영릉의 천릉 작업에도 관여케 했다.

양균송(楊筠松, 중국, 생몰연대 미상)

중국 풍수의 조사(祖師)로 알려져 있으며, 당나라 희종 때 금자광록대부의 관직에 올랐다. 황소의난 때 궁궐에 숨어들어 [옥함비술]을 훔쳤는데, 그 책이 [감룡경]이라는 설이 있다. 저서로는 [감룡경] [의룡경] [입추부] [흑낭경] [36룡] [장법도장] 등이 있다.

조선조에서는 그의 저서가 과거과목으로 채택되었고, 현대의 풍수들 역시 두 책자의 용어를 그대로 사용하고 있는데, 지금도 그의 유명한 시가 전해온다.

[占卦錯誤誤人一事 醫術失手傷人一生 命理誤算害人一生 地理不精 傾家滅族]

(점괘가 잘못되면 한 가지 일을 그르치고 / 의사가 실수하면 한 사람의 몸을 상하게 하고 / 사주를 잘못 보면 사람의 일생을 상하게 하지만 / 지리에 정교하지 못하면 집안을 기울게 하고 가문을 멸한다.)

어효첨(한국, 1405~75)

조선 초기 직제학 어변갑의 아들로서 자는 만종, 호는 귀천, 시호는 문효이며 본관은 함종이다. 세종 12년에 생원으로 문과에 급제한 후 예조참의를 거쳐 이조, 호조, 병조참판과 대사헌을 지냈고 세조 9년에는 이조판서, 성종 5년에는 판중추부사에 이르렀다.

그의 성품은 순결하고 학문에 조예가 깊어 음양풍수 등의 미신을 적극 배척한 인물로 유명하다. 그는 아버지 장례 때에도 지관을 부르지 않았다고 해동명신록에 기록되어 있을 정도이다. 그는 풍수지리설을 철저하게 배척한 반풍수론자였다. 그의 풍수관은 두 가지이다. 하나는 국역풍수론이다. 간략하게 말하면 풍수지리가 근거가 없다는 것이다. 또 하나는 묘지 풍수론인데 이에 대해 그는 풍수지리서를 공부하여 세종의 수릉 선정에 관여할 정도의 실력이 있었다. 그러나 세종 26년 마침내 논풍수소(論風水疏)를 제출하는데, 그 핵심은 묘지 풍수의 이론을 국토 풍수에 적용할 수는 없다는 주장이다.

다시 말해 서울을 깨끗이 하자면 청계천 물을 맑게 해야 한다고 했던 황희, 신개, 하연, 김종서, 정인지 등의 주장에 반하여, 도시를 깨끗이 하기 위해서는 청계천에 생활쓰레기를 버려야 한다고 주장했다.

세종은 논리가 정연한 그의 탁견을 인정하기는 했으나 동감하지는
않았다.

오자(중국, 생몰연대 미상)

청나라 때의 학자이자 풍수였다. 1799년 진사에 올라 벼슬이 시강학
사에 이르렀다. 저서로는 [양택촬요] [석채서옥집]이 남아있다.

요금정(寥金精, 중국, 생몰연대 미상)

당나라 때의 풍수학자로 [설천기]를 저술했으며 형세론을 중시했다.

요문전(姚文田, 중국, 생몰연대 미상)

청나라 사람으로 [양택벽류]를 저술했으며 이기론을 비판하고 형세
론을 주장했다.

팔괘를 가지고 주택의 방위를 정하는 것, 집을 동사택 서사택으로
나누는 것, 구성으로 길흉을 추론하는 것, 팔방을 고려하여 높낮이를
나누는 것, 상극은 흉하다고 보는 것, 남녀별로 거처해야 할 궁이 따로
있다는 설, 청룡백호로 길흉을 정하는 일 등을 신랄하게 비판하였다.
그는 풍수지리는 간단하면서도 실용적인 것이어야 한다면서, 형세론
적인 풍수관념을 인정함으로써 합리적인 현대 풍수의 선구자라 할
수 있다.

유기(劉基, 중국, 1311~75)

명나라 개국공신이자 대학자이며 자는 백온이다. 제갈량에 비유되
는 재사로서 태조 주원장(朱元璋)이 항상 나의 장자방이라고 할 정도
였다.

그는 사주에도 능하여 사주학의 고전인 [적천수]에 대한 주석이 지

금까지 전해지며, 풍수에서도 [영성정의] [금탄자] [일립속] [지리만홍]에 대한 주석을 달았다. [감여만홍]은 총 151개에 달하는 풍수의 기본용어를 형세론으로 설명한 것으로, 7언 4구의 운율로 이루어졌다.

윤선도(尹善道, 한국, 1587~1671)

본관은 해남, 자는 약이(約而), 호는 고산(孤山), 시호는 충헌(忠憲)이다. 1612년에 진사가 되고, 1616년 성균관 유생으로 권신 이이첨(李爾瞻) 등의 횡포를 상소했다가 함경도 경원에 유배되었다. 인조반정이 일어나자 풀려나서 의금부도사가 되었으나 곧 사직하고 낙향, 여러 관직에 임명된 것을 모두 사퇴했다. 1628년 별시문과 초시에 장원, 왕자사부가 되어 봉림대군(효종)을 보좌했으며, 형조정랑을 거쳐 한성부서윤을 지내고 1633년 증광문과에 급제하여 문학에 올랐으나 모함을 받고 파직되었다. 병자호란 때 왕을 호종하지 않았다 하여 영덕에 유배되었다가 풀려나 은거했다.

그는 풍수에도 능해서 효종의 능침 선정에 관여하였으며, 정조는 그를 풍수의 최고 단계인 [신안]으로 칭송했다. 그가 풍수와 관련해 남긴 글로는 [산능의]와 심지원에게 보낸 편지 및 [산능간산시추고함답]이 전해진다. 저서에 [고산유고]가 있으며 무덤은 해남군 현산면에 있다.

이문통(선조 때, 생몰연대 미상)

중국의 풍수로 1600~01년(선조 33~34년) 조선에 머물렀다. 선조의 비 의인왕후 장지 선정으로 명나라 장군 도양성이 소개한 사람이다. 그는 중국에서 유명한 이순풍의 후손이다.

그는 중국에서 사용되던 풍수서적들을 가져왔으며, 나침반을 최초로 소개했다.

이순풍(중국, 생몰연대 미상)

당나라 태종 때 태사국의 관리였으며, 혼천의를 제작한 공로로 창락현남에 봉해졌다. [이순풍전]에는 그가 어려서부터 많은 서적을 섭렵하여 천체, 측산과 역산에 능하다고 기록되어 있으며, 조선에서 자주 인용되는 당나라의 풍수 겸 음양가였다. 그의 저서 [소권]을 조선조 풍수 목효지와 최연원, 선조 때의 대신 이정귀 등이 인용했다. 저서로 [법상서] 7편, [전장문물지] [을사점] 등이 있다.

조선에 최초로 나침반을 소개한 이문통이 그의 후손이다.

이양달(한국, 1350~1430)

고려와 조선 두 왕조에서 활동한 풍수다. 조선 개국 초 도읍지 선정에 참여한 공로로 1432년 80세에 세종으로부터 역사상 풍수가 받은 최고의 벼슬인 서운관판사(1품)를 제수 받았다. 한양의 도읍지 불가론을 내세운 윤신달 유한우 등에게 타당성을 강력하게 피력하였으며, 그후 세종 때 명당 논쟁이 재연되나 일관되게 한양명당론을 주장하였다. 그가 공식적으로 잡은 능은 태종의 무덤인 헌릉이다.

이의신(李懿信, 한국, 16~17세기 생몰연대 미상)

해남 맹진에서 태어난 서얼 출신으로 해남 윤씨 윤홍준의 셋째 사위였다. 그는 고산 윤선도에게 풍수학을 가르쳤는데, 윤선도의 처고숙이기도 했다. 교하천도론으로 유명한 이의신은 서기 1600년에 등장하여 1616년까지 기록에 남아 있는 인물이다. 1623년 광해군이 실각하자 많은 풍수들이 처형당했으나 이의신의 이름은 찾아볼 수 없으니, 1616년 이후 자연사했거나 위기를 느끼고 낙향하여 은둔했을 가능성이 크다.

그가 기록에 나타난 것은 선조의 비 박씨인 의인왕후가 죽어 장지 선정에 관여하면서부터이다. 그는 형세론의 주창자였다. 그는 산이 좋으면 수파를 따지지 않았고 산의 내맥까지 알아본다고 하여 이항복이나 성영 등에게 칭송받았다.

일이승(一耳僧, 한국, 생몰연대 미상)

일지승의 상좌로서 풍수비결을 전수받았으며, 홍경래의 스승이기도 했다. 도선 풍수의 전통을 이어받아 풍수계에서는 전설적인 풍수대가로 추앙받고 있으며, 그의 이름을 도용한 숱한 필사본이 지금도 전해지고 있다.

일행선사(一行禪師, 중국, 683~727)

속성은 장씨이며, 하남성 출신 장공근의 증손이다. 장공근은 당 태종을 도와 군공을 세운 명문거족이었는데, 선사는 경전 사적 역상 음향오행에 조예가 깊었다. 박학다식한 윤숭과 교유하였으며, 고려 말에 묘청이 한반도의 풍수 전통은 일행선사에서 도선으로, 다시 강정화에서 묘청, 백수환으로 이어진다고 공언함으로써 유명해졌다.

장열(중국, 생몰연대 미상)

당나라 때 정치가로 시와 풍수에 능하였다. 서기 728년 현종의 칙명으로 곽박의 장서를 홍사, 일행선사와 함께 주석하였다.

장자미(중국, 생몰연대 미상)

송대의 풍수로 [옥수경] 혹은 [옥수진경]을 저술했다.

조선조 이의신이 선조의 비 의인왕후 박씨 무덤 선정에 옥수진경을 인용하자, 풍수들뿐 아니라 선조의 관심사가 되었다.

정인지(鄭麟趾, 한국, 1396~1478)

조선조 초기의 문신이자 집현전학자로 훈민정음 창제와 고려사, 용비어천가 등 저술에 탁월한 능력을 발휘했다. 정치적 감각이 뛰어나 세조 즉위를 도와 영의정까지 올랐다.

세종 때 '경복궁명당논쟁'과 태종 무덤인 '헌릉논쟁'에서 적극적으로 자신의 풍수이론을 주장하였다. 그는 83세에 멸하여 괴산군 불정면에 묻혔다.

정조(正祖, 조선조 22대 왕, 1752~1800)

1774년 스스로 풍수학을 익혀 비명에 간 아버지 사도세자의 묘 이장에 적극 활용했다. 정조는 이기론보다 형세론을 중시하였다. 그의 정혈법과 청광론은 그 후 조선조 풍수의 지침이 되었다. 정조의 풍수관은 수원의 융릉에서 잘 드러나는데, 그의 풍수 관련 글들은 [홍재신서] 57권과 58권에 자세히 수록돼 있다.

조방(중국, 원말~명초 생몰연대 미상)

유학자로 [원사] 편찬에 참여하였다. 풍수에도 일가견이 있어 [장서문대]라는 글을 남겼다. [장서(금낭경)]의 저자가 곽박이 아닐 수도 있다는 내용이었다. 그는 형세론 신봉자였다. 청나라 초기에 풍수이론이 난무하므로 이를 체계화시키기 위하여 이 글을 썼다.

조윤(趙倫, 한국, 1450~1500년대 초반 생몰연대 미상)

중종의 비인 인종의 모 장경왕후의 능인 희릉 선정에 주도적 역할을 했으나 사후 희릉이 잘못 정해졌다하여 사후 부관참시를 당했다.

조정동(중국, 생몰연대 미상)

청나라 건륭(1736~95)년간의 인물로 [양택삼요]의 저자로 알려져 있다.

1987년 박시익이 박사논문 [풍수지리설 발생배경에 관한 분석연구]에서 본격적으로 거론되어 우리나라 양택풍수에 많은 영향을 끼치게 됐다.

증문천(중국, 생몰연대 미상)

당나라 때 영도 출신으로 양균송의 제자이다.

저서로 [음양문답] [심용기] [청낭서]가 있다.

채목당(蔡牧堂, 중국, 생몰연대 미상)

송나라 때의 유학자이며 [발미론]의 저자이다. 일설에는 그의 아들 채원정의 저술이란 설이 있으나 목당에게 무게 중심이 실리고 있다.

채성우(蔡成禹, 중국, 생몰연대 미상)

송나라 풍수이다. [명산론]의 책에 서문과 후기를 쓴 편찬자이다. 그가 한반도 풍수에 중요한 영향을 미친 것은 [명산론]이 조선조 풍수학 과거과목이었기 때문이다. 현대의 풍수설에도 여전히 영향을 미친다.

청오자(靑烏子, 중국, 생몰연대 미상)

한(漢)나라의 풍수이다. [청오경]을 저술했다고 하나 고증할 수 없다. 반신반인의 신화적 인물로 전해지고 있으며, [포박자]에는 백세를 넘겨 살았다고 하나 알 수 없는 이야기이다.

청오자의 이름이 우리나라에 전해진 것은 최치원(857~?)이 쓴 비문 [대숭복사비문]의 언급으로 보아서 신라 때부터 인듯하다.

최양선(한국, 14세기 후반~15세기 후반)

조선조 초기 유학자가 아닌 그는 종3품의 벼슬에 오르고 80세까지 천수를 누렸다. 태종에서 세조까지 5대에 걸쳐 상지관으로 재임했다. 풍수지리의 기본기를 충분히 정립하여 논리 정연한 이론을 주장했다. 헌릉논쟁, 경복궁명당논쟁 등이 그에 의해 제기되어 수십 년 시끄럽게 한 장본인이다. 세조 10년 헌릉 고갯길 차단과 경복궁 흉지론을 상소하여 세조를 알현하고 의복을 하사받는 은총을 입은 바 있다.

최호원(한국, 1421~1502)

조선조 세종 3년인 1421년 태어나 연산군 때까지 살았던 것으로 기록되어 있다. 그는 유학자 출신이었기 때문에 유학자 출신의 조정 신하들과 사관들로부터 미움을 받아 파직과 투옥을 겪었다.

그는 당시의 풍수들과는 달리 도선국사의 비보풍수를 신봉하였다. 그는 과거에 두 번이나 급제한 유학자 출신이면서도 주변의 비웃음을 감내하며 평생 풍수 역할을 당당하게 해냈다. 그는 또한 중국의 풍수이론을 거부한 조선의 토종 풍수였다.

하륜(河崙, 한국, 고려 충목왕 3~ 조선 태종 16)

고려 말 조선 초의 문신이며 본관은 진주, 자는 대림(大臨), 호는 호정(浩亭), 시호는 문충(文忠)이며, 아버지는 순흥부사 윤린(允潾)이다. 1360년 국자감시에 합격하고 1365년 문과에 급제했다. 밀직사첨서사를 거쳐 1388년 최영(崔瑩)의 요동 공격을 반대하다가 양주로 귀양을 갔다. 조선 개국 후 1393년 경기관찰사일 때 태조 이성계가 신도읍지로 계룡산으로 정하고자 하자 [지리신법]을 근거로 부적격함을 주장하였다. 태조가 받아들일 정도로 그는 풍수지리에 해박했다. 그는 태조의 명에 따라 [무악(지금의 연세대 근방) 천도론]을 주장한 것으로 유명하다. 이때 [도선비기론]에 근거하여 주장하였다.

그는 태실을 정하기 위해 태실중고사 자격으로 전국을 순회하였다. 또 그는 태종 6년 극심한 가뭄이 들자 자청하여 소격전에서 기우제를 지내기도 하였다. 태종 8년 이성계가 죽자 김인귀가 추천한 무덤 자리를 영의정인 그가 낙점하였다. 그는 중국의 호신순을 근거로 한 현재의 이기론 풍수의 선구자라 할 수 있으나, 중국의 술수성이 강한 이기론 풍수를 유행하게 만듦으로써 사회적 물의를 일으키게 한 장본인이기도 하다.

태종의 즉위로 좌명공신이 되었고, 이듬해 관직에서 물러났다가 좌정승에 복관, 승추부판사를 겸하였다. 문집에 [호정집]이 있다.

호순신(중국, 생몰연대 미상)

중국 풍수에서보다는 조선왕조 풍수에 지대한 영향을 끼친 인물이다. 그의 저서 [지리신법]이 조선조 풍수 과거과목의 필수였다. 그의 이름이 조선조에 알려진 것은 태조 2년 당시 경기관찰사 하륜이 계룡산 천도 후보지가 부적절 하다고 상소를 올렸는데, 그 근거로 삼은 것이 바로 [지리신법]에 근거한 이론이었기 때문이다.

주자의 [산릉의장]이 형세론에 근거를 두고 쓰여져 이기론을 부정하고 있다면, 같은 시대의 호신순은 [장서(금낭경)]를 이기론적 관점에서 재해석하고 있다. 조선조에서 현재까지 호신순은 이기론 풍수의 비조(鼻祖)라고 할만하다.

호종단(한국 중국, 12세기 초반, 생몰연대 미상)

송나라 복주 사람이다. 일찍이 태학에 들어가 공부하다가 상단을 따라 고려에 왔다. 그는 예종의 총애를 받았는데 비보풍수의 의견을 왕이 받아들였다고 한다. 제주의 혈맥을 끊었다는 기록으로 보아 제주정벌

에 나섰을 수도 있다. 애석하게도 비양도에서 죽었다는 기록이 [신증
동국여지승람]에 씌어 있다.

홍사(泓師, 중국, 생몰연대 미상)

속명은 부도홍. 당나라 스님이자 풍수학자이다. 728년 현종의 명으
로 [장서(금낭경)]의 주석 작업에 일행, 장열 등과 함께 참여하였다.

황득정(한국, ?~1537)

조선조 중종의 비 장경왕후의 묘지 선정에 관여한 상지사였다. 훗날
희릉사건에 연루되어 1537년 문초를 당하던 중 장독으로 죽었다.

황종희(중국, 생몰연대 미상)

명나라 말에서 청나라 초기에 활동한 대학자로서 이기론을 부정하는
풍수였다. 그는 [독장서간봉]에서 조방을 형기론자로 분류하여 그의
주장에 동조하여 산맥에는 생기가 있다는 것을 인정했다. 그러나 죽은
자가 산자에게 영향을 끼친다는 동기감응설에 대해서는 부정했으나,
조상의 유골이 편안하면 그 후손도 편안할 것이라는 주장에 대해서는
동조함으로써 동기감응설을 완전히 부정하지는 못하였다.

풍수에 관한 책

감룡경(중국, 양균송)

조선왕조 풍수학 과거과목에 포함되었던 귀중한 고전이다.

내용은 용의 움직임과 그 미추를 구분하는 것인데, 하늘의 9성(九星)에 비유하여 아홉 가지 형상으로 용을 설명 하되 단지 용의 구별에 그치지 않고 각각의 용에 지형지세의 특징과 그에 따른 결혈 여부, 땅의 성격 등까지 대비하면서 상세하게 고찰하고 있다.

경위령(한국)

고려 때 지리업(풍수학) 과거과목 중 하나였으나 전해지지 않고 있는데, 당시에 존재하고 있었다는 사실이 여러 기록에서 나타나고 있다. 고려 숙종 7년 중서문하성에서 남경(한양)에 이궁을 축조하고자 할 때 터 잡기 등에 [경위령]을 인용하여 숙종에게 아뢰는 대목이 있으며, 또한 조선조 문종 1년 정안종의 상소문에서 궁궐 뒤 불당 축조를 반대하는 근거를 [경위령]에 두고 있다.

금낭가(한국)

작자, 시대 미상이다. 국어와 한문을 혼용해 쓴 풍수서이다.

내용은 동기감응을 전제로 한반도의 큰 맥을 노래한 뒤 풍수술법과 그에 따른 길흉화복을 논하였다. 형세론과 이기론이 뒤섞여 있다. 배종호에 따르면 "과거 풍수를 하던 사람들이 이 글을 줄줄이 외워 땅을 찾을 때 참고하였다"고 하니 이 책은 해방이후까지도 한국의 풍수학에 영향을 미쳤을 것으로 보인다.

배종호는 선조 때의 풍수 박상의가 지은 것이라고 하지만 확실한 고

증은 이루어지지 않았으며, 최창조의 [한국의 풍수사상]에 전문이 수
록되어 있다.

도선기(한국, 도선)
[옥룡기]와 같은 책이다.

한국의 풍수 창시자라 할 수 있는 도선이 지은 것으로 알려진 풍수서
로서 한국에 중국의 체계화된 풍수사상을 최초로 전한 책으로서 의의
를 갖는다. 통일신라 후기의 승려인 도선은 중국에서 발달한 참위설을
위주로 지리쇠왕설, 산천순역설 및 비보설 등을 주장하였다.

공민왕 당시 술사 우필홍은 [도선기]를 인용하여 "한반도는 백두에
서 시작하여 지리에서 마쳤으니 그 형세가 수(水)를 뿌리로 목(木)을
간(幹)으로 볼 수 있음에 흑(黑)으로 부모를 삼고 청으로 신(身)을 삼
았으니, 풍속이 토(土)에 순응하면 창성하고 토에 반역하면 변고가 일
어 날 것이다"라고 하여 수근목간설(水根木幹說)을 말하고 있다. 수는
오행상 북쪽이며 검정에 해당하고 목은 동쪽으로 청색이다. 즉 한반도
는 방향으로 보아 북, 동이며, 색은 흑과 청이 주관하므로 백성이 이런
색의 옷을 입어야 한다고 상소를 올려 주창하였다. 공민왕은 이 상소를
받고 가납하였다고 고려사에 전한다.

[도선기]는 고려의 성립과 고려시대, 조선시대에 이르기까지 많은
영향을 주었으며 고려 태조 왕건은 [훈요십조]에서 도선대사가 지정
하지 않는 곳에 함부로 절을 짓지 말라고 경계하고 있다. 원본은 전하
지 않지만 [고려사] 등에 기록이 보인다.

도선밀기(한국, 저자 미상)
고려 충렬왕에서 공민왕 사이에 등장하는 책 이름으로 [고려사] 지
리지에 "숙종 원년에 김위제가 [도선밀기]에 의거하여 도읍을 남경으

로 이전하기를 청하였다"는 기록이 있는 것으로 보아, 도선의 이름에 기탁한 책으로 보인다.

또한 이 책에서 "산이 드물면 높은 누각을 짓고 산이 많으면 낮은 집을 짓는다. 그러므로 산이 많은 한반도에서는 집을 높이 지으면 횡액을 면키 어렵다" 하였으므로 조선조 태조 이래로 궐내에 집을 높이 짓지 않았는데, 고대 건축사에 중요한 지침서가 되었던 것으로 추정된다.

만국귀정(한국, 작자 미상)

조선조 정조 때의 풍수지리서로서 심룡정결, 심혈정결, 논과협증혈, 만산도 등으로 구성되어 있다.

심룡정결(尋龍正訣)에서는 용을 찾기 위한 방법으로 성신 형세 출맥 도협 등을 제시하였으며, 심혈정결(尋穴正訣)에서는 혈에는 와겸유돌의 상과 대소천심의 격이 있다고 주장하였고, 논과협증혈(論過峽證穴)에서는 과협을 살피는 방법을 소개했으며, 만산도(萬山圖)에는 산세를 그린 도면을 실었다. 필사본이 고려대학교 도서관에 보관되어 있다.

명산론(明山論, 중국, 작자 미상)

총 15편으로 이루어졌는데, 서문과 후기는 채성우가 쓴 글이고, 본문 13편은 그 이전부터 전해오던 것을 채성우가 재구성한 것이다. 형세론을 기본으로 하여 씌어졌는데, 1편 '태극'은 이기론적 요소가 들어있으나 원론적이며, 2편에서 제13편까지는 산과 물을 유형별로 분류하고 간단명료하게 도식화하여 이에 따른 길흉화복을 논하였으니, 당시로서는 가장 과학적이고 체계적인 방법이었다고 말할 수 있다.

[명산론]은 [청오경] [금낭경] [호순신]과 함께 조선조 풍수학 4대 고시과목이었으며, 서울대학교 규장각에 4종류의 판본이 소장되어 있다.

발미론(發微論, 중국)

중국 송나라 때 씌어진 [발미론]은 저자가 채원정 또는 그의 부친 채발이라는 설이 있으나 확실치는 않다. 그러나 채발과 채원정이 풍수에 능하여 스승인 주자에게 풍수를 가르쳤다는 사실로 미루어 부친인 채발의 저서가 아닐까 추정된다. [흠정사고전서(欽定四庫全書)] 자부(子部)에 수록된 [발미론] 제요편에는 이 책을 송나라의 채원정이 찬(撰)한 것으로 되어 있으며, 채발의 다른 이름 채목당이 이 책을 썼다는 기록도 보이기 때문이다.

이 책은 주역 계사전의 논리를 체화하여 바탕으로 한 글로 '형이상학적 유학 풍수'라고 말 할 수 있는데, 강유 동정 취산 향배 자웅 강약 순역 생사 미저 분합 부침 요감 추피 재성 감응 천심 제요로 구분하여 자세히 설명하였다.

[발미론]은 조선조 과거과목에는 포함되지 않았으나 사대부들이 금과옥조처럼 소장하였던 책이다. 이 책에서는 "음지호 불여심지호(陰地好 不如心地好)"란 말이 있다. 무덤이 제아무리 좋아도 마음이 좋은 것만 같지 못하다는 뜻이다. 이는 풍수 논리도 결국 공동체 선을 위한 공명정대한 마음이 더욱 중요하다는 것을 의미한다. 또한 "나쁜 업보가 가득하면 하늘은 반드시 나쁜 땅으로 대응하는데, 그 자손이 화를 입는 것은 바로 이러한 까닭에서다"라는 말도 귀담아 새겨둘 말일 것이다.

삼각산명당기(三角山明堂記, 한국)

조선조 숙종 때 김위제가 [도선기]와 [삼각산명당기]를 인용하여 '삼경순주설'을 주장하고 한양 땅을 예찬한 것으로 봐서 도선이나 도선풍수를 신봉한 자의 저술로 추정되나, 이 책은 조선왕조실록에는 언급되지 않았다.

산경표(山經表, 한국, 旅菴 申景濬, 1712~81)

풍수 이론서는 아니나 한반도 풍수를 논할 때 없어서는 안 될 귀중한 서적이다. 백두산에서 시작된 산들이 열다섯 개의 큰 산줄기로 갈라져 나오는 일대간, 일 정간, 십삼 정맥의 계통을 일목요연하게 정리해 놓았다.

산릉간산시추고함답(山陵看山時推考緘答, 한국)

조선조 현종 때 윤선도가 좌의정 심지원에게 보낸 편지 글로서, 융릉이 있는 수원 땅을 자세히 평한 글이다. 이 글은 당시의 조선조 사대부가의 풍수관을 엿볼 수도 있고 윤선도의 풍수관도 알아볼 수 있어서 조선조 풍수의 귀중한 자료가 되고 있다.

산릉의(山陵議, 한국)

고산 윤선도가 효종왕릉 선정 작업을 완료한 후 현종에게 올린 결과 보고서이다. 그가 쓴 [산릉간산시추고함답]과 함께 17세기 한반도 풍수사의 일면을 살펴볼 수 있다.

윤선도는 현재의 융릉 자리를 극찬하였다. 그러나 현종은 채택하지 않았다. 숙종을 거쳐 정조에 이르자 자기 아버지 사도세자의 능침으로 융릉을 조성하여 현재에 이르고 있다.

이 책에서는 용혈사수(龍穴砂水)의 좋고 나쁨만 가지고 산을 논하였으며, 이미 명당으로 발복한 땅은 기가 소멸된 것으로 보고 '고총불가장론'을 고수하고 있다. 또 조상무덤 가까이 무덤을 쓰는 것도 조상의 영혼을 놀라게 하기 때문에 쓸 수 없다는 주자의 저서 [산릉의장]의 주장을 그대로 따르고 있으며, 이기론의 분금법을 무시하고 앞산의 형상을 보고 좌향을 정하는 안대론(案對論)을 주장했다.

산릉의장(山陵議狀, 중국)

주자가 저술한 풍수서로서 중국과 조선조 사대부들의 필독서였다. 성리학의 대가인 주자는 그의 나이 65세인 1194년, 6년 전에 승하한 송나라 황제 효종의 능을 그때까지도 이기론파의 풍수이론 때문에 정하지 못하고 있는 것을 보고 영종황제에게 [산릉의장]을 보낼 정도로 풍수학에도 조예가 깊었다.

이 책에서는 이기론을 무시하고 형세론의 손을 들어주었으며, 성씨에 따라 들어갈 자리와 들어가지 말아야할 자리가 있다는 설을 주장하였다.

산법전서(山法全書, 한국)

조선조에서 중국의 섭태구의 풍수지리서인 [산법전서] 중에서 중요한 부분을 발췌하여 간행하였는데, 용룩사수석명총설, 음양, 생기 등으로 구분되어 있다. 살(煞)의 흉함을 강조하고 막는 방법을 제시했다.

설심부(雪心賦, 중국)

송나라 이후 명나라 이전에 씌어진 책으로 추정된다. 형세론의 관점으로 서술하였는데, 청나라 때 맹천기가 주를 단 [설심부변와정해]가 시중에 유통되고 있다.

수룡경(水龍經, 중국)

풍수지리의 4대요소 중 하나인 물만을 전적으로 다룬 책으로, 명나라 때 장평개가 찬한 것으로 알려져 있다.

신지비사(神誌秘詞, 한국)

책의 저자와 출간연대는 미상이며, 고려 숙종 때 술사 김위제가 풍수를 논하면서 인용한 책이다. 고려사에 단 한 번 인용되어 도읍지 3곳(서경, 개경, 남경)을 저울에 비교하는 대목이 나오면서 유명해졌다.

이 책에 인용되는 신지(神誌)는 단군시대의 인물이었다고 [용비어천가] 16장에 언급되어 있는데, 김위제는 [신지비사]에서 평양을 저울의 머리인 극기, 개경은 저울대, 남경(한양)은 꼬리에 해당하는 저울추로 비유하여 '삼각산 남쪽 목멱산 북쪽의 평지에 도성을 건립하여 수시로 순주하자'는 주장을 하게 된다. 현재 내용만 개략적으로 추정될 뿐 책은 전해지지 않고 있다.

양택삼요(陽宅三要, 중국)

18세기 후반 청나라 조정동의 저서로 알려져 있다.

동사택 서사택이론(東四宅西四宅理論)으로 대표되는데 이기론의 관점에서 씌어진 양택풍수이론을 재구성하여 총정리한 책으로, 오늘날에는 주택 사무실 공장 등의 공간 배치에 활용되고 있다.

의룡경(疑龍經, 중국)

양균송의 저서로서 조선조 풍수학 과거과목에 포함되었던 비중 있는 고전이다.

간룡과 지룡, 수구산과 관국의 의미, 도두, 면배, 조영, 결혈 등을 형세론적 관점에서 서술하였는데, 하권의 마지막에서 "요즈음 사람들은 재혈을 하는데 향만 주로 논하지 용을 살피지 않는다. 용을 살펴서 재혈함이 중요하며 그렇지 않은 것은 헛소리일 뿐이다"며 좌향을 중시하는 유파를 비판하였다.

인자수지(人子須知, 중국)

명나라 때 서선술, 서선계 두 형제의 저서로 8집 총 39권인데, 용법 혈법 사법 천성에 대하여 주로 형세론의 관점에서 논하고 있다.

이 책은 16세기 중엽 이전에 중국에 유포되었던 모든 풍수서적들의 종합판이라 할 수 있는 바, 조선조 후기에 널리 읽혔으며, 책의 내용의 방대함과 완벽함 때문에 현재 우리나라 풍수서적의 80% 이상이 이 책을 축약하거나 그대로 표절하여 출간되고 있다.

장법결의(葬法決疑, 중국)

방위설을 좇아 길흉화복에 매달리는 것을 비판하면서 형세론에 따라 풍수설을 수용할 것을 주장한 [장설]의 저자 정자(程子)의 글인데, 이 책에서는 사람의 성을 오음(五音)에 따라 분류하고 각 성에 따른 좋은 땅이 있다는 주장이 얼마나 허구인지를 밝히고 있다.

그런데, 정자가 이미 천년 전에 비판한 오음설과 장택은 아직도 없어지지 않고 한국의 이기론 풍수에 그대로 수용되어 있다.

장법도장(葬法倒杖, 중국)

양균송의 저서로 [감룡경] [의룡경]이 용에 관한 글이라면, 이 책은 정혈법에 관한 글로서 12장법으로 나누어 설명하고 있다.

장서(葬書, 일명 錦囊經, 중국)

진나라 곽박의 저서로서, 조선조 풍수학 과거과목의 필수였다. 최근에는 곽박의 저서가 아니라는 주장도 있지만 정확한 고증은 아직 없다. 책 곳곳에 [청오경]을 인용하였기 때문에 [청오경]을 장경(葬經)이라 하고, [금낭경]은 장서(葬書)라고 부른다. 2권 8편으로 구성되어 있는데, 내용이 간결하여 모두 2천여 자에 불과하나 군더더기 없이 풍수지리에 대한 구체적인 해석과 실천을 전체적으로 기술함으로써 풍수의 고전 가운데 최고로 친다.

당나라 현종이 지리학자인 홍사(泓師)라는 신하를 자주 불러 산천의 형세를 하문할 때마다 이 책을 인용하면서, 세상에서 가장 귀한 책이며 함부로 다른 사람에게 보여서는 안 되는 비보라고 강조하였는데, 그 말을 사실로 믿은 현종이 책을 비단주머니(錦囊)에 넣어 보관하였기 때문에 [금낭경]으로 불리게 되었다.

조선조 지리학 과거에서 [청오경]과 함께 배강(암기)의 필수과목이었다. [사고전서]에 수록된 판본과 서울대학교 규장각 판본이 있다.

장설(葬說, 중국)

[장법결의]의 저자인 정자의 글로 "땅이 좋으면 그 신령이 평안하고 자손이 번성하는데 마치 나무뿌리를 잘 북돋아주면 그 가지와 잎이 무성하게 되는 이치와 같은 것이다" 하여 동기감응설을 인정하였고, 유학풍수의 이론적 근거를 제공하였다.

정감록(鄭鑑錄, 한국, 작자 미상)

조선 중기 이후 민간에 성행하였던, 국가운명과, 생민존망에 관한 예언서 또는 신앙서 중의 하나로서 정확한 저술 연대는 알 수 없으나, 선조로부터 정조에 이르는 시기에 만들어 진 것으로 추측된다.

조선의 조상이라는 이심(李沁)과 조선 멸망 후 일어설 정씨(鄭氏)의 조상이라는 정감(鄭鑑)이 금강산에서 마주앉아 나누는 대화를 연씨(淵氏)가 정리한 형식으로 엮었는데, 언제 무슨 재난이 있어 세태와 민심이 어찌 되리라는 것을 차례로 예언하고 있으며, 내용은 대략 다음과 같다.

① 정(鄭)과 심(沁), 연(淵) 세 사람이 팔도를 풍수설에 따라 토론하

는데, 주로 도읍지에 대한 논의이다.

② 풍수에서 말하는 간룡법과 정혈법의 핵심 내용이다.

③ 도읍지의 운이 다한 까닭을 땅 자체가 아니라 그 위에 사는 인간의 탓으로 돌렸는데, 도읍지에 재난이 발생하는 것만은 주변 땅의 생김새에 기인한다고 보았다.

④ 도읍지마다 기간의 차이가 있는 것은 '토지 하중능력'의 차이라고 보았는데, 이는 현대적 풍수개념과 통한다.

⑤ 지각 있는 사람은 살고 지각없는 사람은 죽는 때가 언제 올 것이며, 이러한 상황에서 피난해야 할 십승지(十勝地)를 이야기했다.

⑥ 도읍지에 재앙이 발생하는 까닭을 풍수설에서 말하는 사(砂)의 형세 탓으로 돌렸다.

⑦ 어떤 산과 어떤 물의 기세가 여차여차하니 천년 뒤의 일도 빠짐없이 알 수 있다는 식의 풍수적 판단에 의한 예언임을 강조했다.

⑧ 난세에 살아남을 사람들에 대한 윤리적 기준을 제시하는데, 부정한 방법으로 부자가 된 사람들은 살아남지 못한다고 하였다.

조선의 풍수(일본)

일본의 무라야마 지준(村山智順)이 1831년에 쓴 한반도 풍수 개괄서라 할 수 있다. 조선총독부 문서과에 근무하면서 전기응이란 사람의 자문과 전국경찰서의 협조로 한반도의 산세를 정리한 9백여 쪽의 방대한 풍수자료집이자 연구입문서이다.

출간 동기는 조선인의 풍수관을 이해함으로써 일제 식민통치에 도움을 주고자 한데 있으나 풍수학의 연구서보다는 '산경표'처럼 자료로서의 가치 때문에 많이 팔리기도 하였는데, 한반도 초기부터 조선조에 이르기까지의 장묘문화와 풍수신앙, 한양과 개성 및 한반도 전역을 다뤘기 때문에 연구논문 등에 인용되고 있다.

지리대전(地理大全, 중국)

명나라 주정유가 편집한 책으로 1집에 30권, 2권에 25권으로 기존의 풍수서적 가운데 중요한 것을 모두 집대성한 것으로 [인자수지]의 축소판과 같다.

지리신법(地理新法, 중국)

원제는 [호순신]이며, 구성은 2권 23편으로 되어 있다.

상권에서는 이기론을 다루고 있는데 음양오행, 포태법, 구성론을 강조하고, 4편 수론부터 제11편 녹조론까지 상세하게 기술하고 있다. 하권에서는 형세론적 요소를 많이 언급하고 있으며 10편으로 구성되어 있다. [지리신법]은 형세론의 [장서]를 철저하게 이기론화한 책이다. 내룡 청룡 백호 주산 등을 다루면서도 모양새보다는 어떤 방위에 있는지를 더 중요시한다. 기존 풍수서적이 대부분 무덤을 염두에 두고 쓰여진 책이라면, 이 책은 음택 양택 양기풍수까지를 아우르고 있다.

[청오경] [금낭경] [명산론]과 함께 조선조 4대 과거과목이었으며, 현재까지도 활용되는 책으로 1866년 고종의 명으로 재간행된 목판본이 규장각에 보관되어 있다.

지리오결(地理五訣, 중국, 작자 출간연대 미상)

책의 서문에 [장경] [설심부] [천기회원] [지리정종] [인지수지] [지리대성] 등의 책을 인용하였다는 점으로 미루어 보아 청나라 때 저술된 것으로 본다.

기존 풍수서가 용혈사수(龍穴砂水) 네 가지만으로 이루어졌는데 여기에 좌향론을 추가하여 용혈사수향(龍穴砂水向) 5가지를 고려해야 길흉화복을 정확하게 살필 수 있다면서, 사의 경우도 그 사의 생김새가 아니라 제 방위에 특정한 사의 유무를 살펴야 하며, 수의 경우도 물길의 흐름이나 대소 역량이 아니라 살인황천(殺人黃泉)과 구빈황천(救貧黃泉)을 찾는 것이 중요하다고 주장하였다. 이는 형세론보다 이기론을 중시하고 있음을 보여주는 것이다.

이 책의 문제점은 향을 어떻게 정확히 구분하며, 향의 측정 기준점을 무엇으로 하느냐이다. 측정하는 도구로 나침반이 쓰이고 있으나 역시 방위각과 복각의 차이를 인정하고 있기 때문에 특정 지점에서 정확한 향을 측정하기가 현실적으로 쉽지 않으며, 또 지관에 따라 전혀 다른 결과가 나올 수도 있기 때문이다. 19세기 말에 한반도에 도입된 것으로 예측되나 그 경로와 현존여부는 알 길이 없다.

지리정종(地理正宗, 중국)

명나라 때 서국주가 기존의 풍수서들을 모아 전집으로 엮은 것으로, 현재 시중에는 대만에서 출간된 [정교 지리정종]이 유통되고 있다.

천기대요(天機大要, 작자 출간연대 미상, 한국)

장택에 활용되는 책으로 사주 이론을 근거로 한다.

정조가 아버지 사도세자의 무덤을 이장하기 위해 택일을 하려 할 때 신하들에게, [천기대요]와 [시용통서] 등의 서책은 그래도 근거 삼을 만하다, 했을 만큼 장지 선택에 활용되었음을 알 수 있으며, 현재도 장택에 가장 많이 사용된다.

청오경(靑烏經, 중국)

작자 미상의 책으로 알려져 있으나 반인반신(半人半神)의 선인(仙人) 청오자(靑烏子)가 지었다는 설도 있다. 음양 이법과 생기 그리고 산의 형상에 대해서 매우 간결하게 기술하였는데, 문장 한 구 한 구를 비결이나 격언처럼 열거해 놓아 읽는 것만으로는 뜻을 이해하기 어렵다. 조선조 지리과 4대 필수과목의 하나였다.

청오(靑烏)란 태양 속에 산다는 까마귀 일종인 소위 삼족오(三足烏)와 궤를 같이하지만, 실은 곤륜산이라는 신산에 살면서 하늘에서 강림하는 천제와 짝을 이룬 지상의 최고 여신선인 서왕모의 메신저다. 1866년 고종의 명으로 간행된 1권 1책의 목판본이 규장각도서로 국립중앙도서관에 소장되어 있다.

택리지(擇里志, 한국)

조선조 숙종 16년 강릉부사 진류의 아들로 태어난 이중환(李重煥)의 저술이다.

이 책은 묘지 풍수를 다룬 풍수서가 아니라 마을과 대도읍지를 선정하는 양기풍수서이며, 선비들의 손으로 필사되어 널리 유포되었는데, 아래의 네 부분으로 구성되어 있다.

①사민총론 – 사농공상의 유래, 사대부의 역할과 사명 등 국가를 구성하는 백성들의 역할, 그리고 살만한 곳에 관한 내용이다.

②팔도총론 – 우리나라의 산세와 위치, 8도의 위치와 역사적 배경, 그리고 도별로 자연환경 인물 풍속 생활권 등을 파악하여 특색을 종합적으로 지적했다.

③복거총론 – 팔도총론과 함께 이 책의 중심을 이루고 있으며 당시 조선 시대의 사회의 취락과 거주지의 이상적인 조건 등을 항목별로 제시했다.

④총론 – 종합편이다.

이 책은 지리서이기는 하나 그 내용이 정치, 경제, 사회, 역사, 교통, 인심 등을 두루 다루었으며, 지리와 인간생활의 상호관계를 실증적이고 과학적인 방법으로 서술함으로써 오늘날에 보아도 손색이 없을 만큼 빼어난 인문지리서로 인정받고 있다.

1912년 육당 최남선이 자신의 교정으로 조선광문회에서 신활자로 인쇄 간행하였으며, 1971년에 을유문고에서 번역된 후 여러 번 역본이 나왔으며 규장각(奎章閣) 등에 소장되어 있다. 프랑스의 파리도서관에 소장되어 있는 한글판 [택리지]는 한글표기법이 반영된 음운체계로 보아 19세기 후반의 책으로 추정된다.

풍수지리약설(風水地理略說, 한국)

1989년 연세대학교 배종호 교수가 '인문과학 심포지엄'에 발표한 논문이다. 해방이후 풍수에 관한 최초의 학술 논문으로 풍수지리의 논리를 자세하게 소개하고 있는데, 그 자료가 방대할 뿐 아니라 풍수지리학에 대한 논리를 자세히 소개하고 있다.

그 후 연세대학교 인문과학연구소에서 출간하였다.

하지경(何知經, 중국)

[양택십서]에 수록된 글로 모든 문장의 첫머리가 '어떻게 알 수 있는가(何知)?'로 시작되기 때문에 하지경이란 이름이 붙여졌다. 너무 유명한 문장이기 때문에 풍수사들이 [양택십서]는 몰라도 [하지경]은 암기하고 다닐 정도였다. 양택과 음택에 적용되었다. 집터의 주변 산세에 따른 길흉화복을 논하고 있지만 음택에도 적용했다. 그 문장의 첫부분을 소개하면 다음과 같다.

何知人家貧了貧, 山走山斜水返身.
집안의 빈곤함을 어찌 알 수 있는가?
산이 달아나고, 산이 기울고, 물이 반궁수일 때.
何知人家貴了貴, 文筆秀峰當案起.

집안이 귀하게 되는 것을 어찌 알 수 있는가?

붓처럼 수려하게 생긴 봉우리가 앞에 있을 때.

해동비록(海東秘錄, 한국)

고려조 예종 원년(1106) 3월에 임금이 유신과 태사관에 명하여 편찬한 책이다. 고려풍수의 음양지리에 관한 여러 서적을 정리하여 집대성했으며, 책이 완성되자 예종이 친히 [해동비록]이라는 책명을 하사하였다.

[도선기] [도선송악당명기] [도선답사기] [신지비사] 등을 모두 취한 것으로 보이는 이 책은, 관에서 편찬한 풍수서적으로서 중요한 자료가 될 것이나 현재 전해오지 않고 있다.

황제택경(皇帝宅經, 중국)

양택 풍수서적 가운데 가장 오래된 것으로 왕미가 지었다고 전해지나 분명치 않다. 툰황(敦煌)에서 발굴된 당나라 문헌 가운데 [택경]이 있는데, 몇몇 글자만 제외하고는 내용이 동일한 것으로 보아 당나라 때 세상에 통용된 것으로 보이며 24로, 팔괘, 배남녀지위, 천간, 지지, 60갑자 등의 개념이 주로 활용되고 있다.

용어해설

가혈(假穴) 진혈(眞穴)의 반대 개념으로 [의룡경]에서는 허화(虛花), 허혈(虛穴), 비혈(非穴)이라고 하는데, 바람을 맞거나 물에 위협을 당하는 곳이며, 생기(生氣)가 없는 땅이다.

감응(感應) [청오경]에서는 "사람이 백년을 살다 죽으면 형체를 떠나 본래 왔던 데로 돌아가는데, 흩어졌던 정(精)과 신(神)이 같이 들어와 원래의 뼈로 되돌아오고 여기에 땅속의 좋은 기가 감응하면 쌓인 복이 살아있는 후손에게 미친다" 하였고, [발미론]에서는 "이러한 까닭에 땅을 찾는 사람은 반드시 덕 쌓는 일을 근본으로 삼아야 한다. 그 덕이 두터우면 하늘은 반드시 좋은 땅으로 응하는 것이다. 그 자손을 복되게 하는 것은 마음이다. 땅의 좋음 역시 장차 마음에 부합하는 것이다. 악한 짓을 하면 하늘이 반드시 흉한 땅으로서 자손을 불행하게 만든다" 하였다.

거문성(巨文星) 구성(九星)의 하나로서 오성으로는 토성에 속한다. [감룡경]에서는 "그 본성이 단정하고 엄숙하며 산 모양이 뾰족하지도 않고 둥글지도 않으면서 몸체가 각이 진 것이 수려하다" 하였으며, [지리신법]에서는 물이 거문 방향에서 흘러오면 마치 제후가 천자에게 조공을 바치는 것과 같고, 물이 거문 방향으로 흘러가면 마치 천자가 여러 신하에게 상을 내리는 것과 같아서 좋지 않음이 없다. 또한 거문 방향에 있는 산이 높고 빼어나면 총명하고 귀하고 장수하는 인물이 나오며 횡재를 하기도 한다. 그러므로 거문 방향에서 물이 흘러들어오면 재물을 얻고, 물이 거문 방향으로 빠져나가면 그 집안의 재물이 쌓여 부는 더욱 두터워진다" 하였다.

겁룡 귀룡(劫龍 鬼龍) [명산론]에서는 "산이 가지를 치고 맥을 쪼갤

때, 가지를 친 산이나 맥들이 등을 돌리거나, 멈추지 않고 계속하여 뻗어가거나, 지나치게 뾰족하거나, 혈을 쏘는 듯하면 이는 모두 겁룡과 귀룡이 되는데, 그 가지와 쪼개지는 맥이 많은 것이 겁룡이고 적은 것이 귀룡이다” 하였다. 또한 “혈 앞에 겁룡과 귀룡이 있으면 관청이나 사회적인 분야에서 불행한 일이 생기고 혈 뒤쪽에 있으면 질병이 발생한다. 겁룡과 귀룡이 크면 재앙이 크고, 작으면 재앙이 작으며, 부드러우면 느리게 나타나고 거칠면 빨리 나타나는데 겁룡이면 자손이 살육파멸을 당한다” 하였다.

견비수(牽鼻水) 원진수가 명당에서 기울게 흘러나가 한쪽 방향으로 나아가는데, 앞에서 막아주는 것이 없음을 말한다. 이러한 곳은 재산이 없어지고 일찍 죽어 고아나 과부를 나게 한다. 그러나 앞에서 막아주는 것이 있으면 초년에는 불리하더라도 나중에는 부귀를 누린다.

고축(誥軸) 혈에서 보아 산봉우리가 직선을 그은 것처럼 보이는 거문토성(巨門土星)이나 일자문성(一字文星)을 말한다.

과협(過峽) 산봉우리와 산봉우리 사이의 고개. [지리정종]에서는 “혈이 형성되기 위한 필수조건으로서, 두 산 사이에 끼어 있는 고개를 말하는데, 맥이 바로 이 과협의 한가운데를 지나간다” 하였으니, 용맥(龍脈)이 노기(怒氣)를 푼 곳이다.

광중(壙中) 시체를 묻는 구덩이. 지실(地室).

괴혈(怪穴) 교혈(巧穴)과 같은 뜻으로 혈의 모양이 아름다우면서도 기이한 것을 말하는데, 몰니혈(沒泥穴 ; 깊은 산속의 매우 낮은 곳이긴 하지만 평평하고 용맥의 끝으로 보일 듯 말 듯 돌로 이루어진 등마루가 이어져 있는 혈), 천풍혈(天風穴 ; 모양이 부드럽고, 외롭게 노출되어 팔방에서 바람이 불어와도 그곳에 있으면 따뜻한 혈), 수중혈(水中穴 ; 연못이나 호수 등 물 가운데 있는 혈), 완석혈(頑石穴 ; 단단한 돌 가운데 관곽을 넣을만한 틈이 있는 혈), 용루혈(龍漏穴 ; 우물 속에 맺힌 혈), 기룡혈(騎龍穴 ; 지나가는 산줄기인데도 기운이 남아 맺는 혈), 배토장혈(培土葬穴 ; 시신을 안치한 뒤 객토를 모아 봉분을 쌓는 혈), 참관혈(斬關穴 ; 산줄기의 맥을 끊고 만드는 혈) 등이 있다. [장서]에서는 "지나가는 산에는 장사지내지 못한다 했으나 기룡혈이 있고, 석산에는 장사지내지 못한다 하였으나 석골혈이 있다…" 하였다.

구곡수(九曲水) 물의 굴곡이 지자(之字)나 현자(玄字)처럼 된 것으로 지현수(之玄水)라고도 하는데, 당나라 사람 복응천(卜應天)은 "물의 굴곡이 현자(玄字)처럼 되어 아홉 번 회전하면 재상을 배출한다" 하였다.

구성(九星) 풍수에서는 하늘에 있는 별들이 지상에서 그 형상을 나타낸 것으로 보기 때문에 산의 모양을 나타낼 때 오성(五星)과 그 변격인 구성(九星)으로 나눈다. 또한 [형세론]에서는 탐랑성, 거문성, 녹존성, 문곡성, 염정성, 무곡성, 파군성, 좌보성, 우필성 등 구성으로 나누어 좋고 나쁨을 논한다.

국(局) 혈과 사를 합한 부분, 이를테면 묘를 둘러싼 전체의 판(짜임)을 말한다. [지학]에서는 "용을 찾은 다음 장차 혈을 맺는 데까지 이르려면 반드시 국을 논해야 하는데, 국이란 하나의 권(圈 ; 울타리)을 말하는 것으로 대국(大局)은 성(城)이 되고, 중국(中局)은 원(垣)이 되며, 소국(小局)은 당(堂)이 된다" 하였다.

규봉(窺峰) [인자수지]에서는 탐두(探頭)라는 용어로 쓰이는데, 작은 산이 큰 산의 뒤에서 위나 옆으로 조금 보이는 것으로 마치 사람이 머리만 살짝 내밀고 엿보는 것 같은 봉우리이다. [금낭가]에서는 "규봉이 엿보이면 무녀가 나온다" 하였으며, 안산과 조산에 규봉이 보이면 급사하거나 도둑이 되는 자손이 나온다고 한다.

금어대(金魚袋) 작은 언덕이 길게 굽은 것으로, 경(庚) 유(酉) 신(辛) 세 방위에 있어야 귀한 인물이 배출된다고 한다.

금어수(金魚水) 혈에는 희미한 원훈이 나타나는데 원훈의 안이 혈의 핵심이고 바깥은 껍질에 해당하며, 바로 이 원훈의 경계 부분 위쪽에서 팔자(八字) 모양으로 희미하게 나뉘어 흐르다가 다시 혈의 아래 부분, 즉 순전에서 역팔자(逆八字) 모양으로 합쳐지는 물이다.

기룡혈(騎龍穴) [인자수지]에서는 "괴혈의 하나로서 용의 등뼈에 있는 혈이다. 기룡은 역량이 최고로 커서 혈을 맺은 뒤에도 남은 기운이 있으므로 산이 계속 달려 나간다. 흔히 앞으로 계속 달려 나가는 산은 혈을 맺지 못한다고 하나 기룡혈은 혈을 맺은 뒤에도 나아가 많은 혈을 맺기도 한다. 일반적으로 혈이란 산능선(용)이 끝나는 지점에 맺히나 기룡혈의 경우 산능선에 맺히는 것처럼 보인다" 하였다.

나성(羅城) [명산론]에서는 "산들이 잇달아 붙어있는 것"이라 하였고, [지리정종]에서는 "명당 사방을 감싸고 있는 여러 산을 말한다. 마치 성곽의 형상을 한 것으로 용의 기운을 지켜주는 역할을 하며, 마치 주인을 둘러싸고 손님들이 두 손을 맞잡고 예를 취하는 형상이어야 하고, 어느 한 곳이 비어있거나 흠이 있어선 안 된다" 하였다.

낙산(樂山) 현무나 주산이 아닌 것으로 혈 뒤에 솟아 있는 산을 말한다. 원근을 막론하고 혈이나 명당 가운데서 바라보이는 산을 말한다.

내룡(來龍) 태조산 또는 주산에서 혈로 이어지는 산 능선 전체를 가리키며, [의룡경]에서는 "천리의 내룡에 단 하나의 혈처만 있을 뿐이다” 하여 혈 뒤쪽으로 이어지는 모든 능선을 내룡으로 보았다. 입수, 주산, 부모산, 태, 식, 잉, 육 등이 모두 포함된다.

내충수(來沖水) 혈 앞에서 오는 물이 명당에 곧게 부딪치는 직류수를 말한다.

노룡 눈룡(老龍 嫩龍) 노룡은 거칠고 쇠약하여 늙은이와 같은 산줄기를 말하며, 눈룡은 일어나고 엎드리고 산뱀이 기어가듯 구불구불 살아 움직이는 듯 변화가 있어 혈이 맺히는 산줄기를 말한다. 노룡에서 눈룡으로 바뀌어가면서 흉함이 길함으로 바뀌기 때문에, 노룡이라 해서 반드시 쓸모가 없는 산줄기는 아니다.

녹존성(祿存星) 구성(九星)의 하나로서 오성으로는 토성에 속한다. [감룡경]에서는 “엎어진 북과 같은 모양으로 몸통은 둥글고 꼭대기 부분의 평평하면서 작은 원이 봉우리가 되는데, 무곡(武曲)은 단정한 모습에 위아래에 발이 없는 반면 주위에 발이 있는 것이 녹존이다” 하였고 [이기론]에서는 “녹존은 끊긴 몸이며 병든 용으로 질병을 주관한다. 물이 오는 것이 흉한 것은 이치를 따르지 않은 까닭이며, 물이 가는 것이 좋은 것은 이치를 따르는 까닭이다. 녹존이 포태법의 절(絶)에 머물고 태(胎)에 머무는 까닭은, 대개 생명체가 여기에 이르면 이미 운이 다하고, 생명체를 가능케 한 내적인 기운이 극에 달하고, 그러면서 그 속에 싹을 감추어 다시 태어나게 하니, 이것은 곧 만물이 끝나지만 동시에 만물이 시작된다는 주역의 논리와 같은 것이다” 하였다.

당(撞) 중앙을 두드린다는 뜻으로, 맥이 평평하고 연하게 내려와서 중심에 기가 모여 있고, 기울어지거나 곁가지에 운이 없어 중심이 맺어지는 곳.

두뇌(腦頭) 입수와 혈의 접합지점으로 용의 얼굴 부분에 해당하는 두툼한 곳.

명당(名堂) 진혈이 있는 곳.

명당(明堂) 좌우를 청룡과 백호가 감싸고 앞은 안산이 막아주는 공간을 내명당(內明堂)이라 하고, 안산 바깥의 외청룡 외백호가 막아주는 공간을 외명당(外明堂)이라 부른다. [의룡경]에서는 "여러 물이 모여드는 자리가 명당이다" 하였고, [대대례]에서는 "천자가 백관의 알현하여 정사를 돌보는 넓은 공간을 말한다"고 하였다.

무곡성(武曲星) 구성(九星)의 하나로서 오성으로는 금성에 속한다. [감룡경]에서는 "종이나 가마솥을 엎어놓은 듯한 것인데 높아야 하고, 단정하고 엄숙한 모양으로써 부귀의 곳간이다" 하였고 [지리신법]에서는 "무곡은 본디 곳간과 갈무리의 별로서 왕기를 얻어 부를 주관하며 위엄이 있다" 하였다.

무릉도원(武陵桃源) 도연명(陶淵明)의 시에 나오는 지상천국인데, 전후좌후 사방을 산들이 겹겹으로 감싸서 외부와 철저히 차단된 곳이다. 유일하게 외부와 연결되는 통로는 '복숭아꽃이 떠내려가는 작은 물길' 뿐인데 이곳이 바로 수구(水口)에 해당한다. 물길을 따라 안으로 들어가 보면 평탄하고 광활한 터가 나타나는 명당으로서 전쟁이 일어나도 안전한 곳이다.

문곡성(文曲星) 구성(九星)의 하나로서 오성으로는 수성에 속한다. [감룡경]에서는 "뱀이 기어가는 모습으로 유순한 것은 좋지만 전체적으로는 흉하다" 하였고, [지리신법]에서는 "육체를 떠난 영혼과 같은 것으로 음란하고 방탕한 것, 질병과 재난을 주관한다" 하였다.

배면(背面) 산줄기의 얼굴과 등을 의미하는 것으로 [감룡경]에서는 "움푹 들어가 감싸 안은 곳이 얼굴(面), 볼록 내민 곳이 등(背)이다" 하였으니, 완만한 경사를 이루는 쪽이 얼굴이고 급경사를 이루는 곳이 등이다.

백자천손(百子千孫) 자손이 흥성함.

부모산(父母山) 주산에서 혈을 향해 흘러내린 산줄기가 기복을 이루면서 내려오다가 현무정(玄武頂 ; 중간에 우뚝 솟은 곳)에 이르기 직전에 약간 볼록하게 일어난 산을 부모산이라 하고, 그 부모산 아래 떨어져 내려온 곳을 태(胎)라 하며, 태 아래 기가 묶인(束氣) 잘록한 곳을 식(息)이라 하는데, 마치 부모가 자식을 잉태하여 기르는 과정과 같다. 그리고 이 식에서 다시 볼록하게 일어난 곳이 현무정인데, 태아가 머리와 형체를 이룸과 같다하여 잉(孕)이라고도 한다. 또한 잉 아래의 혈을 육(育)이라 하며, 이는 자식이 태중에서 나온 것과 같은 형상이다. 따라서 크게 보면 부모, 태, 식, 잉, 육이 모두 입수의 범주에 든다.

　북진(北辰) 북진은 북극성을 뜻하는데, 풍수에서는 수구 사이에 가파르게 우뚝 솟은 바위가 혈처를 향해 문안을 드리는 형상을 말한다. 화표(華表), 한문(捍門)과 비슷한 기능을 하는데, 그것이 바위라는 점과 높이 솟았다는 점 때문에 귀히 여기며, 이러한 땅을 만나면 제왕 이상의 인물이 나온다고 한다.

　분금재혈(分金裁穴) 분금이란 하관할 때 좌향을 좀 더 세밀하게 정하는 것이고, 재혈이란 정해진 자리에서 구체적으로 어느 곳을 혈로 보고 땅을 파야 하느냐를 다루는 것으로, 대개는 거의 동시에 이루어지게 마련이다.

　분벽(分劈) 산줄기가 가지를 치고 맥을 나누는 것을 말하는데, 나뉘어 나간 산줄기가 너무 많으면 기가 흩어져 힘이 가볍고 기운이 약하여 혈을 맺지 못하는 것으로 본다.

　비보진압풍수(秘寶鎭壓風水) 불완전한 땅 혹은 문제가 있는 땅을 고쳐 쓰는 행위로서 [청오경]에서는 "나무와 풀이 울창하고 무성하면 좋은 기운이 따르는데, 이러한 내외와 표리, 즉 울창한 초목과 그에 상응하는 좋은 기운은 자연적일 수도 있고, 인위적으로 그렇게 만들 수도 있다" 하였고, [발미론]에서는 "산천의 융결은 하늘에 있고, 산천을 재량하여 성취함은 사람에 있다. 지나침이 있으면 마름질하여 적절함에 맞추고, 미치지 못함이 있으면 덧보태어 맞춘다. 긴 것을 자르고, 짧은 것을 이어 붙이고, 높은 것을 덜고, 낮은 것을 돋우니 거기에 이치가 없을 수 없다. 그 출발점은 눈으로 잘 살피고 인위적으로 터를 잘 갖춤에 지나지 않지만, 그 마지막에 이르러서는 하늘이 하는 바와 차이가 없게 된다” 하였다.

빈계사신지흠(牝鷄司晨之欠) 명당은 분명하나 내주장(內主張)을 하게 되는 흠. 유좌(酉坐)에 태봉(兌峰)이 고수(高秀)한 명당으로, 암탉이 새벽을 알린다는 뜻.

사(砂) 혈을 중심으로 한 주위 24방을 둘러싼 대소의 봉우리를 포함하여 암석, 수목, 강, 바다, 호수, 건물, 평야, 모래사장, 구릉, 도로 등 주위의 형세를 말한다.

사룡(死龍) [감룡경]에서는 “산만하여 힘없이 이리저리 흘러가는 산줄기”라 하였고, [명산론]에서는 “능히 움직임이 없는 산줄기”라 하였으며, “사룡이면 죽어나가는 자가 끊이지 않는다” 하였으며, [인자수지]에서는 “봉우리가 모호하고 거기에서 뻗어 내려오는 산줄기가 곧고 딱딱해서 마치 잘라놓은 나무토막 같다. 산의 변화가 극히 미약한 것인데, 마치 가지 없는 나무나 죽은 미꾸라지 같은 모습을 띠어 생기가 없는 것이 특징이며, 기의 융결이 이루어질 수 없는 빈궁, 절손의 흉한 땅이다” 하였다.

사신사(四神砂) 전설적인 짐승인 청룡, 백호, 주작, 현무가 동서남북 혹은 전후좌우 방향에서 수호해 주는 모양으로, 혈에 생기를 만들어 주는 기능을 한다.

삼기팔문(三奇八門) 앞날에 대한 길흉을 판단하는 학문인 기문둔갑술(奇門遁甲術)에서 나오는 용어이다. 기문둔갑술에 능한 역사적인 인물로는 황제, 풍후, 강태공, 장자방 제갈공명 등이 유명하였으며, 우리나라의 기문 대가로는 고구려 때의 명재상 을파소(乙巴素), 통일신라시대의 사천박사 김암(金巖), 조선조의 서화담(徐花潭), 이토정, 이율곡, 기로사 선생 등이 있었다. 기문둔갑(奇門遁甲)의 기(奇)란 甲乙丙丁戊己庚辛壬癸 중에서 乙丙丁 삼기(三奇)를 가리키며, 문(門)이란 생문(生門) 상문(傷門) 두문(杜門) 경문(景門) 사문(死門) 경문(警門) 개문(開門) 휴문(休門)의 팔문(八門)을 가리킨다. 그리고 둔(遁)이란 숨는다는 뜻인데 甲은 천간(天干) 중 첫머리 글자로서 항상 戊己庚辛壬癸 속에 숨어 있으면서 육의(六儀)를 팔문(八門)에 배열하므로 둔갑이라고 하는데 구궁(九宮 ; 일백 이흑 삼벽 사록 오황 육백 칠적 팔백 구자의 九星에 中宮을 더하고, 다시 여기에 건 감 간 진 손 이 곤 태의 후천팔괘와 생 상 두 경 사 경 개 휴의 팔문을 배합한 아홉 방위의 자리로서 하도낙서에서 유래했으며, 전통 주역이란 바로 이 구궁과 팔괘를 응용하여 천하 만물의 도리를 밝혀내는 것이라 할 수 있다)을 근본으로 삼아 삼기, 육의, 팔문의 구성을 배합하여 길흉화복을 판단한다.

삼길육수(三吉六秀) 3길(三吉)은 해묘경(亥卯庚) 세 방위, 6수(六秀)는 감손태병정신(坎巽兌丙丁辛) 여섯 방위에 있는 수려한 산봉우리를 말한다.

삼양(三陽) 내명당을 내양, 중명당을 중양, 내명당을 외양이라 하여 삼양이라 함. [이순풍]은 "흐르는 물이 한 번 교차하는 순전 부근을 일양"이라 하였고, [증문천]은 "명당을 내양, 안산을 중양, 조산을 외양"이라 하였음.

삼태(三台) 봉우리 3개로 이루어진 사(砂)로 형태에 따라 일자삼태(一字三台), 품자삼태(品字三台), 태계삼태(泰階三台)로 분류한다.

삽장(揷葬) 산의 주인이 명당을 찾기는 했으나 용진혈정을 못하여 제자리에 쓰지 못했을 경우, 다른 사람이 몰래 그 진혈에 쓰는 것으로서, 대개는 시신 전체를 묻기 어려우므로 머리 부분만 매장하게 된다.

생기(生氣) [장서] 첫 줄의 "장사를 지낸다는 것은 생기를 타는 것이다"에서 유래한 것으로 "무릇 음양의 기는 내뿜으면 바람이 되고, 위로 올라가면 구름이 되고, 분노하면 우레가 되며, 떨어지면 비가 되고, 땅속을 흘러 다니면 생기가 된다" 하였으니, 사람에게 좋은 기운을 뜻하는 풍수의 핵심 개념이다.

석산토혈(石山土穴) 괴혈의 하나로 [설심부]에서는 "돌로 된 곳에서 흙이 생겨 혈이 이루어지려면 그 흙은 가늘어서 젊은이의 아름다움을 가져야 하고, 빛을 내며 매끄러워야 한다" 하였으니, 높고 험하고 조잡하고 무디면 혈이 될 수 없다.

신후지(身後地) 살아 있을 때 미리 잡아두는 묏자리로 수당(壽堂)이라 부르기도 한다.

염정성(廉貞星) 구성(九星)의 하나로서 오성으로는 화성에 속한다. [감룡경]에서는 "형세가 가장 높고 크기 때문에 독화(獨火)라고 하고, 높은 산 정상에 바위들이 울쑥불쑥 솟아 있어 그 성질이 불타오르는 듯하며, 그 자체로는 좋은 산을 만들어내지 못하고 탐랑 거문 무곡성을 이루는데 도움을 주는 산이다" 하였고, [지리신법]에서는 "형벌과 죽임, 흉하고 독한 일을 관장한다. 만약 수구 방위에 있으면 주로 무관 쪽의 벼슬을 얻게 된다. 염정은 붉은 깃발, 위엄과 용감함의 신으로서 있어야 할 곳에 없어서는 안 되며, 있어야 할 곳에 없으면 사람됨이 나약하다" 하였는데, "염정의 산에 부모를 장사지내지 말라"는 말과 "만약 염정이 전혀 없으면 소심해진다"는 말이 함께 전해 내려온다.

오불가장(五不可葬) [장서] 산세편에서는 "장사지내서 안 될 다섯 가지 산을 말하면서 ① 기는 흙을 따라가므로 돌산(石山)에 장사지낼 수 없다 ② 기는 모양을 따라가므로 끊어진 산(斷山)에 장사지낼 수 없다 ③ 기는 세가 멈춰야 하므로 흘러가는 산(過山)에 장사지낼 수 없다 ④ 기는 용으로써 모이기 때문에 홀로 있는 산(獨山)에 장사지낼 수 없다

⑤기는 살아 있는 것들로 인해 조화를 이루므로 민둥산(童山)에 장사 지낼 수 없다" 하였다.

오성(五星) 풍수에서는 산의 형태를 성(星) 또는 요(曜)라고 부르는데, 오행(五行)이 하늘에서 상(象)을 이루고 땅에서 형(形)을 이루어 상응한다는, 이른바 천지합일과 오행사상을 빌려 산을 형상에 따라 구분한 것이다. 목성(木星)은 나무가 직립하듯 솟아 붓이나 깎은 연필을 거꾸로 세워놓은 모양이고, 화성(火星)은 불꽃처럼 뾰족뾰족한 모양이고, 토성(土星)은 평평한 마루와 같은 모양이고, 금성(金星)은 윗부분은 둥글고 아랫부분은 넓게 퍼져 종을 엎어놓은 것 같은 모양이고, 수성(水星)은 물결이 흘러내리는 듯한 모양이다. 금은 나누면 가벼워지고, 목은 나누면 작아지고, 수는 나누면 얕아지고, 토는 나누면 미세하여지나, 화는 나눌수록 더욱 왕성하여지므로 모든 산의 조(祖)가 된다.

오성삼격(五星三格) [인자수지]에서 오성의 산을 청(淸), 탁(濁), 흉(凶) 셋으로 나누어 그 길흉화복을 논한 것이다. 목성(木星)의 청은 문성(文星)으로 학문에 뛰어난 인물이 나오며, 탁은 재성(才星)으로 재능과 기술이 뛰어난 인물이 나오고, 흉은 형성(刑星)으로 형벌 살상 불구의 인물이 나온다. 화성(火星)의 청은 현성(賢星)으로 훌륭한 학자나 권력자가 나오며, 탁은 조성(燥星)으로 강력하고 조급한 인물이나 요절하는 자가 나오고, 흉은 살성(殺星)으로 도적과 살벌한 인물이 나온다. 토성(土星)의 청은 존성(尊星)으로 왕후장상이 나오며, 탁은 부성(富星)으로 재산과 자손이 번창하고, 흉은 체성(滯星)으로 우둔 유약한 인물이 나온다. 금성(金星)의 청은 관성(官星)으로 부귀하고 충직한 인물이 나오며, 탁은 무성(武星)으로 권세와 이름을 떨칠 인물이 나오고, 흉은 여성(厲星)으로 요사스럽거나 패하여 멸망한다. 수성의 청은 수성(秀星)으로 문장이 뛰어나거나 귀인이 나오며, 탁은 유성(柔星)으로 유약한 인물이나 소인배가 나오고, 흉은 탕성(蕩星)으로 음란 방탕 간사한 인물이 나오며 병이 많다.

오행(五行) [상서]에서는 "첫째가 물(水)이고, 둘째가 불(火)이고, 셋째가 나무(木)이고, 넷째가 쇠(金)이고, 다섯째가 흙(土)이다. 물은 아래로 젖어들고, 불은 위로 타오르며, 나무는 휘어지거나 곧은 것이고, 쇠는 마음대로 구부릴 수 있고, 토는 곡식을 생산한다. 아래로 젖어드는 물은 짠맛을 띠고, 위로 타오르는 불은 쓴맛을 띠며, 휘어지거나 곧은 나무는 신맛을 띠고, 마음대로 구부러지는 쇠는 매운맛을 띠고, 곡식을 생산하는 흙은 단맛을 띤다" 하였고, [여씨춘추]에서는 "흙의 기운이 승하니 황색이고, 나무의 기운이 승하니 청색이며, 금의 기운이 승하니 흰색이고, 화의 기운이 승하니 적색이며, 수의 기운이 승하니 흑색이다" 하였으며, [명산론]에서는 "인간의 청탁과 미추, 빈부와 귀천, 요절과 장수, 자손의 많고 적음이 이것에 매여 있다. 그러므로 동쪽 지방 사람들은 어질고, 남쪽 지방 사람들은 지혜가 있고, 서쪽 지방 사람들은 의리가 있고, 북쪽 지방 사람들은 용감하고, 중부 지방 사람들은 신의가 있어 각 지방마다 사람의 품성에 차이가 있다" 하였다. 이러한 여러 가지 특질을 오행으로 나눠보면 다음과 같다.

또한 [춘추번로]에서는 "목화토금수 다섯 원소가 서로 만날 때 상생(相生) 상극(相剋) 관계를 형성하는데, 오행상생은 목생화 화생토 토생금 금생수 수생목(木生火 火生土 土生金 金生水 水生木; 나무는 불을 낳고, 불은 흙을 낳고, 흙은 쇠를 낳고, 쇠는 물을 낳고, 물은 나무를 낳는다)이고, 오행상극은 목극토 토극수 수극화 화극금 금극목(木克土 土克水 水克火 火克金 金克木 ; 나무는 흙을 이기고, 흙은 물을 이기고, 물은 불을 이기고, 불은 쇠를 이기고, 쇠는 나무를 이긴다)이다" 하였다.

五行	木	火	土	金	水
오성(山)	직립	뾰족	평평	엎어놓은종	흐르는 물결
五方	동	남	중앙	서	북
五季	봄	여름	사계절	가을	겨울
五常	仁	禮	信	義	智
五味	신맛	쓴맛	단맛	매운맛	짠맛
五數	3, 8	2, 7	5, 0	4, 9	1, 6
五色	靑	赤	黃	白	黑
五神	靑龍	朱雀	皇帝	白虎	玄武
五臟	간, 담	심, 소장	비, 위	폐, 대장	신, 방광
五音	角	微	宮	商	羽
五聲	呼	笑	歌	哭	呻
五氣	怒	喜	思	悲	恐

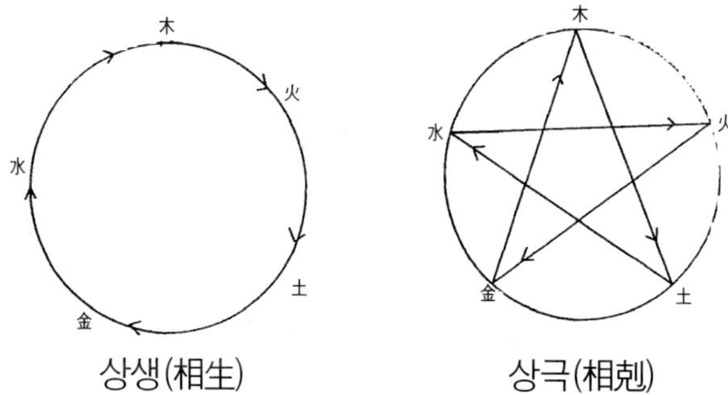

요감(饒減) [발미론]에서는 "요감이란 길고 짧음을 말한다" 하였으니 청룡과 백호의 길고 짧음을 말한다. 또한 "청룡이 먼저 이르면(길면) 혈은 왼쪽에 있고, 백호가 먼저 이르면(길면) 혈은 오른쪽에 있다" 하여 음양의 조화를 고려하여 혈을 잡는 것을 말한다.

용결혈 5국(龍結穴五局) 혈맺음을 살필 때 물을 기준으로 하여 5개 유형으로 분류한 것이다. ① 조수국(朝水局)은 물이 스스로 혈 쪽으로 와서 마치 문안인사를 하는 형세이다 ② 횡수국(橫水局)은 물이 가로로 둘러싸서 이루어진 혈의 형세로 좌우를 가리지 않는다 ③ 거수국(據水局)은 혈 앞에 여러 물들이 모여 호수를 이루는 형세로, 크게 출세하거나 부자가 나온다 ④ 거수국(去水局) 물이 혈 앞에서 흘러 나가는 형세로 수구가 벌어지지 않고 막혀 있어야 하며, 혈이 맺히더라도 재물을 모으기는 어렵고, 무덤을 쓰고서도 고향을 떠나야 출세하게 된다 ⑤ 무수국(無水局)은 혈 앞에 물이 전혀 보이지 않는 형세로, 혈이 높은 곳에 있어 물이 없으므로 잘 쓰지 않는 경향이 있으나 산골에서는 장풍을 귀하게 여기기 때문에 물이 보이지 않아도 된다.

용진혈정(龍眞穴正) 용(산줄기)이 살아 있고 혈이 바르다는 뜻으로, 사수(砂水)에 지나치게 구애되지 않고 혈을 바르게 정한다는 뜻.

우필성(右弼星) 구성(九星)의 하나이며 오성으로는 금성에 속한다. [감룡경]에서는 "본래 그 정형이 없고 다른 팔성(八星)의 높낮이에 따라 그 형체가 생겨나므로 은요성(隱曜星)이라고도 한다" 하였고, [지리신법]에서는 "좌보우필은 좌우에서 보필하는 것으로 임금을 보좌하는 것과 같다. 좌보와 우필의 방위에 산이 빼어나거나, 뾰족하거나, 길거나 크고, 물이 오고감이 있으면 높은 벼슬아치가 나오고, 그보다 못하면 승려나 도사의 무리가 나온다" 하였다.

이두수(裏頭水) 내룡이 약하여 흐르는 물이 내룡까지 침범하는 것을 말한다.

이장(移葬) 무덤을 옮기는 일로 개장(改葬), 천장(遷葬), 면례(緬禮)라고도 한다. [인자수지]에서는 이장을 함부로 해서는 안 된다는 경계와 함께 "이장을 해야 할 5가지 경우로 ① 무덤이 가라앉을 때 ② 무덤 위 풀들이 말라죽을 때 ③ 집안에 음탕한 일이 생기거나 소년이 죽고 고아나 과부가 생길 때 ④ 남녀가 패역부도하거나 형벌 전염병 등의 우환이 있을 때 ⑤ 사람이 죽고 가산이 없어지고 재판이 계속될 때"를 꼽았으며, "이장을 해선 안 될 3가지 경우로 ① 신령스런 짐승이나 생기 어린 물건이 있을 때 ② 자줏빛 등나무가 관을 얽고 있을 때 ③ 혈에 서기가 어려 있고 광중의 상태가 좋을 때"를 꼽았다.

인산(印山) [명산론]에서는 "절반은 돌이고 절반은 흙이면서, 둥글고 깨끗하며 수려하기가 마치 물속에 비친 달과 같으면 도장산(印山)이라 부른다" 하였는데 [이기론]에서는 "도장 모양의 산이라 하더라도 특정한 바위나 지점에 있어야 길하다면서, 진(震)방은 벼슬이 한직이 되고, 오(午)방은 눈병이 생기고, 인(寅) 갑(甲)방은 술사로서 명성을 날리고, 사(巳)방과 경(庚) 유(酉) 신(辛) 술(戌)방은 귀한 인물을 배출하고, 물 위에 있을 때는 문장으로 이름을 날리며, 산마루에 있을 때는 좋지 못하다" 하였다.

장신합삭(藏神合朔) 완벽한 땅에 완벽한 장택을 말한다. [장서] 귀혈편에서는 "사람의 혼을 감춘다는 것은 땅의 기가 광중에 모이는 것을 말하며, 연월일시가 합당하다는 말은 장사지내는 시간이 좋은 시간임을 말하는 것이니, 즉 기가 잘 갈무리될 수 있는 땅에다가 장사지낼 시간까지 좋다는 의미이다.

장기친(葬其親) 친부모를 장사지냄.

조묘(祖墓) 선조의 묘.

조산(朝山) [인자수지]에서는 "혈 앞의 산을 말하는데, 가깝고 작은 것을 일러 안산이라 하고, 멀리 있고 높은 것을 조산이라 한다"면서 "조산이란 마주하여 알현하는 산이다. 마치 손님이 주인을 보는 것이나, 신하가 임금을 보는 것이나, 자녀가 부모를 봉양하는 것이나, 아내가 남편을 대하는 것처럼 정감이 있어야 한다"고 하였다.

조산(祖山) 태조산(太祖山)에서 소조산(小祖山 · 주산)까지 혈 뒤로 이어지는 모든 산을 말한다.

좌보성(左輔星) 구성(九星)의 하나로서 오성으로는 토성에 속한다. [감룡경]에서는 "두건과 같은 모습이다. 제비둥지와 같은 모양의 혈을 맺는데, 높은 산일 경우 괘등혈, 낮은 곳일 경우 비둘기둥지혈을 만들 수 있다" 하였고, [지리신법]에서는 "좌보우필은 좌우에서 보필하는 것으로 임금을 보좌하는 것과 같다. 좌보와 우필의 방위에 산이 빼어나거나, 뾰족하거나, 길거나 크고, 물이 오고감이 있으면 높은 벼슬아치가 나오고, 그보다 못하면 승려나 도사의 무리가 나온다" 하였다.

주산(主山) 태조산에서 뻗어 내려온 산줄기 가운데 혈의 바로 뒤에 있는 산으로, 후산(後山)이라고도 하고 소조산이라고도 한다.

지사(地師) 간룡과 심혈을 통하여 혈을 찾아주고 장법을 챙겨주는 사람을 뜻하는 말로 명사(明師), 현사(賢師) 현인(賢人) 선사(先師) 지관(地官) 풍수(風水) 등으로 불린다.

지인상관론(地人相關論) 땅과 그 위에 사는 사람이 불가분의 관계를 맺고 있다는 주장으로, [명산론]에서는 "산이 비옥하면 사람이 살이 찌고, 산이 척박하면 사람이 굶주리고, 산이 맑으면 사람이 깨끗하고, 산이 부서지면 사람들에게 불행이 생기고, 산이 멈추어 기가 모이면 사람들이 모이고, 산이 직진하여 기가 모이지 않으면 사람들이 떠나고, 산이 크면 사람들이 용감하고, 산이 작으면 사람이 작고, 산이 밝으면 사람이 지혜롭고, 산이 어두우면 사람이 미련하며, 산이 부드러우면 효자가 나오고, 산이 등을 돌리고 있으면 사기꾼이 나온다" 하였다.

진룡(眞龍) 장엄한 자태의 조종산에서 출발한 산맥이 장막을 펼친 듯한 중심으로 뻗어 내리면서 간간이 솟구친 작은 봉우리들 또한 수려하고 등성이와 골짜기의 굴곡이 분명하여 살아 있는 듯 생동하는 산줄기를 말한다.

진혈(眞穴) 기(氣)가 온전히 모이는 가장 좋은 장소. [청오경]에서는

"생기를 모으지 못하는 혈은 뼈가 썩고, 생기가 이르지 못하는 혈은 살아 있는 사람이 모두 죽으며, 생기가 날아가고 새는 혈은 관곽이 뒤집어지거나 삭아버리고, 생기가 돌아서거나 막힌 혈은 차가운 샘물이 맺혀 흐르니, 그것들을 두려워하라" 하였다.

친산(親山) 부모의 산소.

탐랑성(貪狼星) 구성(九星)의 하나로서 오성으로는 목성에 속한다. [감룡경]에서는 "갑작스럽게 몸을 일으켜 죽순이 나오는 것과 같은 봉우리로 좋은 것 5가지와 나쁜 것 7가지로 나눈다"면서 좋은 것 5가지로는 첨(尖) 원(圓) 평(平) 직(直) 소(小)를, 나쁜 것 7가지는 의(欹) 사(斜) 측(側) 엄(嚴) 도(到) 파(破) 공(空)을 꼽았다.

토산석혈(土山石穴) 괴혈의 하나로 [설심부]에서는 "흙으로만 된 곳에서 돌이 있어 혈을 삼을 경우, 그 혈속은 따뜻함과 윤택함과 젊고 예쁨이 있어야 하고 선명해야 한다. 흙속의 돌이라지만 이때의 돌은 단단한 돌이 아니고 호미로 파면 팔 수 있을 정도의 비석비토(非石非土)여야 한다" 하였다.

투지60룡(透地六十龍) 주산에서 혈에 이르기까지, 특히 혈 뒤의 용의 좌향을 측정하여 좋은 기운이 흐르는 기맥과 나쁜 기운이 흐르는 기맥을 구분하고, 이를 바탕으로 혈을 재는 것인데, 방위를 6도씩 60개로 나누어 보는 것이다. 그러나 시대와 장소에 따라 방위각은 자꾸 변하는 것이고, 최소한 3~7도씩은 오차를 보이기 때문에 방위를 투지60룡으로 세분하여 측정하는 것은 과학적인 근거가 없다는 주장도 있다.

파군성(破軍星) 구성(九星)의 하나로서 오성으로는 금성에 속한다. [감룡경]에서는 "바람에 휘날리는 깃발이 꼬리를 나부끼는 모양으로서 가장 흉한 것은 끝이 뾰족하면서도 부서져 있는 것인데, 혈을 맺으면 삼지창 모양의 혈을 맺는다" 하였으며, [지리신법]에서는 "명이 끊긴 것, 죽은 용, 죽임의 빛이라고도 하는데, 형벌과 겁탈, 나쁜 질병을 주관한다. 득수처나 파구처에 파군이 범하면 재앙이 생긴다” 하였다.

　팔요풍(八曜風) 팔풍(八風) 혹은 황천살(黃泉煞)의 변용인데, [황제 내경]의 영추편에서는 “여덟 방향에서 불어오는 바람이 사람을 상하게 하는 경우를 말한다. 남에서 불어오는 바람을 대약풍(大弱風)이라고 하는데, 안으로는 심(心)에 머물고 밖으로는 맥(脈)에 머물게 되며, 열을 내는 것을 주관한다. 서남에서 불어오는 것을 모풍(謨風)이라 하는데, 안으로는 비(脾)에 머물고 밖으로는 피부에 머물며, 약하게 하는 것을 주관한다. 서에서 불어오는 바람을 강풍(剛風)이라고 하는데, 안으로는 폐에 머물고 밖으로는 피부에 머물며, 말리는 것을 주관한다. 서북에서 불어오는 바람을 절풍(折風)이라 하는데, 안으로는 소장에 머물고 밖으로는 수태양맥(手太陽脈)에 머물며, 만일 맥기(脈氣)가 끊어지면 갑자기 죽는 경우가 많다. 북에서 불어오는 바람을 대강풍(大剛風)이라고 하는데, 안으로는 신(腎)에 머물고 밖으로는 뼈와 근육에 머물며, 춥게 만드는 것을 주관한다. 동북에서 불어오는 바람을 흉풍이라고 하는데, 안으로는 대장에 머물고 밖으로는 양 겨드랑이와 관절에 머문다. 동에서 불어오는 바람을 앵아풍(櫻兒風)이라고 하는데, 안으로는 위에 머물고 밖으로는 살에 머물며, 몸을 무겁게 하는 것을 주관한다” 하여 특정한 방향으로 부는 바람이 길흉화복에 영향을 끼친다고 했다.

　풍수(風水) [청오경]의 “음과 양이 서로 합해지고 하늘과 땅이 서로 통하면, 내기(內氣)는 생명을 싹 틔우고 외기는 그 형체를 이룬다. 내기와 외기가 서로 의지하는 곳에 풍수는 절로 이루어진다”는 말에서 처음 나타났는데, “명당에 조상 묘를 써서 발복하기를 바라는 것”이라고 요약할 수도 있다. [장서]에서는 “기는 바람을 타면 흩어지고, 물에 닿으면 머문다. 옛사람들은 기를 모아 흩어지지 않게 하고, 기를 흐르게 하다가 멈춤이 있게 하였으니, 그런 까닭에 그것을 풍수라 하였다” 하였으며, [인자수지]에서는 "장례를 모시는 자는 생기를 타야 한다(葬者乘生氣也). 생기는 바람을 만나면 흩어지고, 또 땅속을 흐르면 물에 가로막혀 멈추게 된다. 그러므로 생기를 타기 위해서는 먼저 생기를 모아서 쌓아야 하는데, 그러자면 바람을 비장하는 일과 땅을 경계 짓는 물을 얻는 것이 근본이다" 하였다.

하락리수(河洛理數) 하도낙서(河圖洛書)의 낙서(洛書)와 같은 숫자의 배열로서 거북(龜)의 상(象)을 취한 것이니, 9를 이고 1을 밟고 있으며, 좌(左)는 3, 우(右)는 7이요, 2와 4가 어깨가 되고 6과 8이 발이 된다. 하도(河圖)와 낙서(洛書)는 상, 수, 이(象, 數, 理)로 이루어진 것으로 음양오행(陰陽五行)의 이치를 다 담고 있으며, 불변수(不變數)는 15로서 구궁수(九宮數)와 같다.

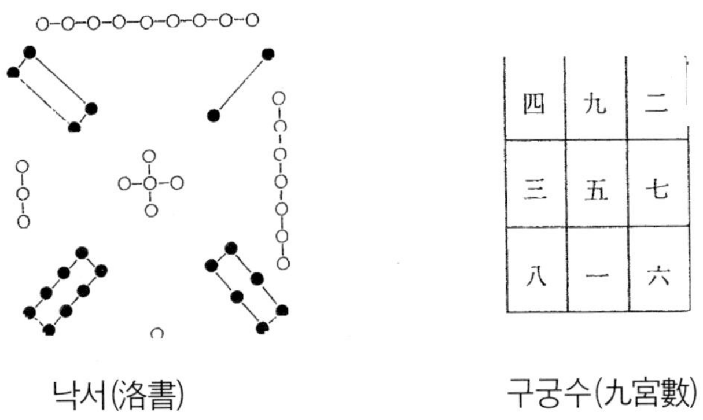

낙서(洛書)　　　　　　구궁수(九宮數)

한문(捍門) 수구 사이에 두 산이 서로 마주보고 있으면서 마치 문을 지키고 있는 것처럼 수구를 막아주면서도 동시에 지켜주는 것을 말한다. 화표(華表), 북진(北辰)과 같은 기능을 갖는다.

행지(行止) 산줄기가 달려가는 것을 행, 멈추는 것을 지라고 한다. [청오경]에서는 "기는 바람을 타면 흩어지고 맥은 물을 만나면 머무는 것이라야 부귀의 명당이다" 하였고, [장서]에서는 "용은 맥을 만나면 멈춘다” 하였으며, [설심부]에서는 “여러 산이 멈추는 곳이 진혈이며, 여러 물들이 합치는 곳이 명당이다” 하였다.

혈(穴) [지리정종]에서는 “산줄기를 따라 흐르는 땅의 기운이나 생기가 물을 만나 더 이상 흐르지 못하면 뭉치게 되는데, 이때 전후좌우 주변의 산들이 이렇게 뭉친 기운을 흩어지지 않게 하면 그곳이 혈이다” 했으니 그곳에 묘를 쓴다.

혈성(穴星) [천원구략]에서는 “입수하는 내룡이 혈을 일으키는 것”이라 했으며, [인자수지]에서는 “혈의 모습을 말하는 것으로 정체(正體), 측뇌(側腦), 평면(平面) 3가지로 나뉘는데 이를 혈성삼대격(穴星三大格)이라 하고 이를 다시 오성(五星)에 따라 나눈다” 하였으니, 혈을 일으키는 곳의 모양을 뜻한다.

혈식(血食) 천추(千秋)에 국민의 숭앙을 받아 국가적 행사로 제사를 받는 인물.

화표(華表) [인자수지]에서는 “수구 사이에 하나의 기이한 봉우리가 높이 솟아 있는 것으로 양쪽으로 물이 흐르거나 수구를 옆으로 높게 막아주는 것을 말한다” 하였으니, 수구가 벌어지는 것을 막아주고, 물의 흐름을 완화시키며, 외부로부터 바람을 막아줌으로써 명당과 혈의 기를 갈무리해 주는 기능을 갖는다. 북진(北辰), 한문(捍門)과 같은 기능을 갖는다.

훈(暈) 혈의 중심을 보면 둥그스름한 무리가 미묘하면서도 은은하게 비치는 것을 말하는데, 원훈(圓暈) 혹은 태극훈(太極暈)이라고도 한다.

玉龍禪師
踏山歌

玉龍子踏山歌 上

此是玉龍之世孤僧道詵訣而后人無學反訳故意有數會

新羅國末僧國師
全南靈岩鳩林人
姓曰崔名曰道詵
玉龍曰其號也

我年이十五歲에
地理書을閱覽하니
理致도알수없고
先生을찾으려고
七日을齊戒하고
山에도누이설어
唐나라드러가서
張一行을따나보니
一朝에豁覺하야
四十九年글읽것을
造物이시기하야
本國으로도라올제
前허믈을도라보니
이제야일겟구나
明堂正穴맛겟마는
江山도아름답더라
東方의八道山川
白頭山仙女楊에
仙娥集을배왓구나
歷々히도라보니
늬라서아라볼고
바로사려올지음에
湖南五十世리고을
恩津을넘어지새스니
山川도터우죵라

두르다 光景하고 心神이 散亂하야 七十七年 우리 母親을

卦를 어더 解得하니 病患이 危重거늘

도장으로 써려와서

ㄱ살로 써려가서 天崩之痛 맛본 后에 君中土穴 이것이라

飛龍抱卵裁穴하니 伝之無窮 바랫더니

不孝를 못 免하고

한늘이 믜워하고

鬼神이 作害하야 破傷之物 되니

三年을 못 지내서 絶痛하고 絶病하리

放花을 上벗 넘내야 아닌고도 쓸데없고 그 后에

吉地를 어을지데

順天績德하여서 村后에 어芽하고

光陽玉龍寺

光陽雲山 넘어가서 일홈을 玉龍寺라

寺門밖에 내려안고 放花을 上새 八字야

遊江山 하리로다

三年을 지내 后에 數間庵子 지어서

하늘이 나를 벌제 厚薄이 었것만는

그리지 薄福한가

엇지하여 내신 勢가 平生事를 도라보니 其人 살음으로 생게싸서

그치지 薄福한가 敵虐한 일 였것만는 運気 어이 그려 힛가

가슴이 답답하야서 地理라 하는 것이 孔子 같은 天聖人도

무를 大이 全혀 없다 禍福이 두 가지라 및 못 오며 滅亡하고

營旦叟가로이惡헌이도 求키도어럽거니와 吉凶禍福도가지로
밋잡쓰매辟을ᄂᆞᆫ다 아니求키더럽다 부끄럽게操心하소
내마음에病되거이 爲親求山하는날에 死慾을내지말고
私慾밖에다시없거니 富貴를生覺마소 体魄書生覺하야
私慾이라하는것이 放花ᄂᆞᆫ上사람들이라 春夏秋冬金時節에
之身敗家하는이라 내말을仔細듯소 힘을드려求山하니
暫時라도있이말고 飢者見食渴者赴飲 求山하는이마음을
一心專力하엿어라 사람마다하거니와 좀처럼못하리라
近來人心을펴보니 積功있는저사람을 財物두고자랑헌들
제가먹저아노고 冷笑하고誹謗하니 鉄石ᄀᆞᆫ은이내情
誠意一字斟酌할제 하늘이사람낼제 近來에地師들이
財物보고毁絶한가 昌뭉愚가다들소냐 害를뭉가血気로서
사람마다보는法이 義의그릇보며 一字不知無識으로
穴잡기와갈으니라 滅亡之禍나느니라 安全하다永葬하야
能久破고吉凶論을 穴을앉다자랑하야 千金으로幣帛삐고 無罪히저身骨이

災蔍ㅎ야 못免하게 地理라 한거시 理致로 通脈하고

그 子孫便히 ㅎ 人作 每識하고 붓을대여 先生께 눈을연어

山을 勝復ㅎ야 然后에 術客이게 毒호 病이ㅎ 工사람들에게

避凶就吉한 거시라 言賊默賊 두가지라 두가지 病을 存細其

丈筆이 너너하고 先生에게 배운말은 理致로 分釋하면

마음이 溫全하야 耳目聰明연后에 殺人禍민 免하리라

天地間 陰陽 二氣 胞胎라 하는거시 分別하기어렵거든

四十九体 變形하고 三子ㄴ 宮客기달라 無識ㄹ저 消明이

무엇을 아ㄹ라고 先生맛난后에 次之眞假破水吉凶

自稱明眼하는 子가 大小綱領明와 두고 쓸으이인然后에

大小運 默斷酌하고 어렵기고곳은 大抵라 우리浩은

興亡盛衰 기려써서 이오리어려운가 仙輩와 같은

口傳心授하니하면 疑心이날 ᄃ새여 次을 이다비록하니

百年을 工夫하되 無識을 못免하리 제맛하나 못쓰고서

이러면 이부끄러니 그러나 마음이 몸이 保全家户하려만

運數없니 엇이로다 愛愁이없엇으며 私愁이눈을덜고

連數가 非常하니 말하여 쓸때 없다

湖南에 數多次을 쓰기이쓰지만은 大小間에 쓰자하면 어찌기도써 慾心이

새物件을 물라보고 許多한이 써恨은 私慾이 쓸주이라 細々히 말하자면

精神이 想莫하고 우리先生늘 친대 善惡人心取擇

가슴이 더억것다 朝鮮山川 吉凶地와 그主人殺이 맥이라

入道를 둘러뭇을 十條通脉 떠러그을 五坮山 白雲庵과

穴을 삿람바이 없가 어느곳에 傳한소作 地異山 靑鶴洞에

點々이 奇妙하서 龍穴破角 떠러 君通脉이라 한들

그곳에 갑추리라 알기도 쉽지라와 口傳心授이 써여든

千萬을 지써가도 見君에 有識君子 알기도 알려니와

이러보리 없으리라 이내소래 드러보며 龍穴도 斟酌하리

身勢打令하자저 十條陷地 갑추써서 上못알고 信커드며

念々히 中에 이글 製어 非傳勿傳 부듸하소 殃禍밋기 쉬우리라

方操잇는 눈이어셔 山家通脉을라 노高古上에 理致

穴을 보듯하거만은 殺人滅亡하리로다 滅亡経이 이것이리

感世하는 저사람아 古今에 떳떳은 書冊 無識흔 文俗사람

이것으로 次을 볼가 묻득젖아 없은지라 이철로 遵行하니

어찌흔수 없거니와 理致과 하는것이 天下山을 다가볼

부대 操心하소 一以貫之흔 然后에 毫厘不差하니

胞胎九星드 가지가 이런것을 밋기드 實은것을 어렵얻며

雲實이 相雜하니 滅亡하기 暫間이요 不中不遠한지라

九天變圖十二教은 눈으로 볼아서는 擇日中에 孤氣澄

奪造化之莎術이라 제먹과 아라볼가 三家五行이 만이

어된뜨고 인민딸가 부대 操心하야 年長

君父如에 못하나니 銘恩不忘하여서라 獨居室中甚深하

竹杖으로 벗을삼아

古은 山川九景하니

不遠間이 兩大穴은 近日人이 ... 엇으리라

火姓主人이 分明하니라 　華睹山의 子孫이라

欠歎不已할ㅅ人 東으로 十里武公鑾坐 文武로 人生할것이오

靈岩으로 ... 가니 掛弓素이되엿구나 位至三品하리라

主人姓名알자하면 月出山下花檻穴은 東便에 絶馬赴敵

本山恒卦仔細보고 天基로되엿구나 飛去飛来洛陽中에

蝦坐가 東에잇어 穴허에 올라잇에 明朝亂적하늘이

仙人이 음을奏다 가기를잇엇더니 雨水가急하거늘

잡바들 全여모라 山下로 새려오니 自身老翁奔走

걸음을再促하여 一間斗屋가시門에 上老人죽어드려

비避할議論하니 内房에安置모서 飲食이素淡하고

저老人이마저드려 夕飯을지어주니 山菜가精潔하라

主人姓名丁러보니 年長七十저老이 詑蛇聚会기라저

慎老人이丁寧하야 無子女偕老커늘 用之三月初發하야

나의暗고病잇걸을 三月内에喪事하고 三月内에入胎하면

帝陽으로灸金하니 二人日再娶하야 連生三子하리로다

靈嚴

大抵라 의 元法은 起舌하야 뿜어내여 奪造化之妙機이라

九天變化繁 十二宮을 開体生因 열젼이요 제 마다 이요

本土로 깃려가니 至極히 謝讓하고

放馬間에 五月이라 主人 老翁 말을 듣고 痼疾을 村樣으로 依舊하니

九天에 가신 父母 終日토록 드려가니 마을로 드려가니

瞻掃封築 堂뿐이로다 마을로 드려가니

暫時留連이려니와 外戚에 한 老人이 바로 써 려가려하니 至極히 請하거늘 寶劍 出運 가지니

人心이 大變하야 거기서 留連하며

數日을 지낸 后에 親山守護 扶托하고 先生 敎訓 잊지 말고

靑鶴洞 드려가서 十條 血脈이 내 노래

東方盛衰長 日后에 이 石門을 八道의 名處이요

石門에 새여서라 成士論이 친호라 노래 끝에 불로 號令

同父母兄弟라도 俠禍는 姬舍하고 우리나라 人民되야

그를 又제 伝치말라 神機 漏洩되나니라 精誠으로 求하며

첫째는 爲親이요 다른 일으 求하야

둘째는 第一이라 아니되면 그만이되 잘못하면 亡家하리

世上사람은 잇거든 주거 父母 世葬德으로 이인이 ... 기
死山하기쉬운고로 子孫은 富乏하며 사람마다힘을듣
我東地理綱領을 白頭山을따라서 麻天嶺어넘어서
水火星이依毖하리 돌을세워表宗하고 五坮山내려오니
白雲庵모든精神 張道士의일을보니
興天地로僧은亡하리 뜻심키가음이없다
그르치일많꺼시와 前嫌을값자한들 어데가서말할소냐
年來잇所見으로
남의손에소기여서

玉兎子踏山歌 下

眞草不同腐로다

上所謂十條通脉이 今理氣家有十條通
내로래라한것이此也 脉訣此亦至起所術耳

總論

地理書千萬卷을 世上이다人脉즈매
다보되花顕隱尾하야 봇칠얼고溫陽하며
世上사람은 다좋타하고 執中치못하고 눈이보자어지렴고
千金주니마다할고 各은그띗을맬하니 마음이다疑惑하야

半途而廢하고나니 山名根本根源을 二十四位를 자따가지고

可嘆스이로다 全然히바 某三位이 가장을들이고

日月択日法

甲子旬中　丁卯巳　辛未戌
甲戌旬中　乙亥寅　辛巳午時
甲申旬中　庚寅酉　癸巳子
甲午旬中　丙申辰　辛丑未時
甲辰旬中　甲辰丑　己酉亥
甲寅旬中　甲戌午辰　壬戌午時

馬上擇日法

正月　初九日　二十一日
二月　十五日　二十二日
三月　初四日　十九日
四月　初九日　十二日
五月　十一日　二十一日
六月　初四日　十五日
七月　初六日　十六日
八月　十三日　二十九日
九月　十一日　二十三日
十月　十二日　二十四日
十一月　初七日　十六日
十二月　十二日　二十六日

龍勢

宗形容을 가보니

山脈과 穴面은 全히 竹杖집고 芝鞋신고 아지못하거늘 江山을 두루 偏踏하야 雲霄를 고하서々 某外形 ...

第一祖宗 太祖山에 千枝萬葉을 ...어가니 기러기 第次에 벌이기를 ...

…이 구름에 오르는듯 丹鳳이 江南에 버려는듯 一千派로 가는 形容

大將이 行軍하야 간는듯 楊柳바람에 푸위는듯 날々이 밀望소나

太祖山下之玄屬曲으로 特別히 이러서니 小祖山이오

가다가 過峽이 못치고 이것이 小祖山下一峰特立

子峰下文一峰 높앗으니 祖子孫三世이아닌가 出身三節이佳峯이오

이것이 孫峰이로다 先生의 일은 말솜 却起伏이 剝換이라

胎息孕育이라하고 都是 보다 一理로다 異斷因胎換骨脫胎라

蛛絲馬歸라하엿으니 山을 謂之 遜하라하고 이것이 보다는 롱이니

때미가 허불을 벗고 곱도

음기 흣한 딸이라

局勢

山이 무리며이가

結咽못을 놀지못하

一作穴이면 結咽을 昭然이라

어찌 局氣를 明朗이라까, 美物이 結果를 할라면

이것이 包中이오

度局이 廣潤하사

分別하기 어려

群鷄幷行하는 中에

精神

이것이 집이로다

四方으로 둘러보고

芳草 푸른 가운데

精神하사 웃듬이니라

自驚하사가 精神이오

鶴하나가 精神이오

楊柳千絲를 드러지매

男兒모읍가운대는 어린兒孩가운대는

꾀끼끼하나가 精神이요
美色하나니 精神이요
乳母하나니 精神이요

頭髮이 復浩蕩하대 어름절은 夜三更에 精神이요
배못대기가 精神이요
灯火하나니 精神이요
脉하나니 精神이요

精神의 다름이니라
脉이라 하는것은 元氣하난것이라
元氣이라 하는것은

峯하나가 精神이라

脈氣

脈氣오否ㅣ이라
可找하야 仔細보니
玉女의 織綿할제
陰脈陽脈 分別하고
老翁睡眠 꾸벅
기름도 丁寧이요
부젼한것이
이도 또한 丁寧이라

入首穴坂

여러사람첩을 모와
一時에 物力하야
平地에 머러떠지늣듯
眞送直菱이아닌가
四方으로 돌라뵈엿

四方이다 尖利커든
眞正하대 첫아뵈고
四方이다 陰惡커든
肉肥하대 첫아뵈고
四方이다 錯亂커든
고운곳을 첫아뵈고
四方이다 健壮커든
四方이다 沉陰커든
明朗하대 첫아뵈고
四方이다 不薄커든
肥厚하대 첫아뵈고

巒頭過峽

龍脉을차자仔細아 일어는데가을나보고

是以로穴ㄷ는法이 龍脉이次ㄷ起立則 峰巒이仰頭커든 仰하데가오ㄴ나보고

垂頭하데칮아보고 無草木家잇아보고 土山에는石穴이라

四山이되도자짓거든 四方草木이茂盛컨ㄷ 是故山君은土穴

石脉만 찾아보고 꼬부라지데칮아보고 노흐ㄴ데가칮아보고

四方枝ㄷ떳거든 四方이다가커ㄷ가 四方이土山이면

巒頭가밑에질峰 巒頭가垂頭伏則 기우러진데칮아보고 그밑에가칮아보고

然이玄武垂頭之情 過峽이라한ㄴ것이 是故로過峽이길며 龍이밑이다라가고

조곰이나일을소作 有龍穴集否現이라 龍이밑이다라가고

過峽破脚善者을잔 過峽이非掩風이 穴도龍席가周密하고 穴도또ㄹ露風이라

밀이가지못하나니 穴도龍가周密하고

過峽短名能도또ㄹ 過峽起便이不足分 峽之五右形容을

露風하면 力殘하고 過峽起便이不足分

花風하며 有力하다 峽도또ㄹ一般이라 穴이또ㄹ못ㄸ나니

乾漱으로過峽하며 陰脊으로過峽하며 尾亂으로過峽하며

穴도또ㄹ흔믈이므 瘦脊한데結咽하고 둘일끠데作穴하고

구렁으로 過峽하면 池湖로 過峽하며 陽坂으로 過峽하며

진틀밑에 첫아묘 前有池湖 穴作이라 平坦한데 첫아 其소

正辭으로 過峽하면 過峽直來 横去하며 過峽斜來 正去하며

다리세에 穴을 맺고 穴도 直來 横結하고 穴도 斜來 亦然이라

大抵 過峽목이 이인이 조흐믈 쇼가 大父母之形氣脈

迎送 龍脈진하면 是故로 先師言 말이 此所謂也라

穴面

얼굴이 생기 右에 穴面이라 하는것이 四象이라 하는것을

耳目口鼻 나타나고 窩鉗乳突 四象일데 作名의게 比할진데

鉗도가은 데間隔이 穴도일은지데 窩가 五右에 牛角

없으면 헛것이요 窩鉗乳突穴面이라 없으면 헛것이요

乳도 兩脈에 蟬翼이 突도밑에 葬口가 없으면 헛것이요

第一은 暈角이라 한흫 花飛避殺이라 開口하며 乘金이요

天下之穴 開口하니 乘金되며 証右多

穴은 封穴篇에 人脉으로 일을진데

穴狀

銅人圖와 같으니라 動脈中陷甲脉異와

果行訖作於一席之地 中心에出脉하야
入首脉氣가仔細히別(하)...

精神特立屏 送之護衛自然이라 止息코爲예...

隱ㄴ太極둥身잇고 下有合衿分明하고 避水防砂分明하고

起震遍褥分明하고 下砂收ㅊ分明하고 分ㅈ脊上分明하고

蟹眼解步分明할 如坐房中分明하고

不偏不倚分明하고 案山으로君을삼니라

案山

夫婦相対하는것理致 開面有情異指衆山을 그中에君臣相対

統低之義分明하다 天然이挼朝하니 未乾氣熱과...青敗

主山이며峰이면

一峰에一代로다 七八代及禄이아니가 朝山으로ㅂㅅ을진대

七八峯이ㄴ러ㅅ니 小地ㄴ不過二三峰

一峰이며孤單獨秀는 五峯이ㄴ러서니 ㅈ峰이며対空하고 三峰이면対中峰하고

進峯이며兄弟登科요 五子登科이아니야

案山이分離하야 情意가相関없으니

向此向彼하거ㄷ면 이것은朝山이아닐록

冒悉코龍盡기는

脉氣

覓旒脉과交後脉과

脉...아占次키는

百에三을셋이되岴도 千에하나三을도다 王字는人君脉이오

蘆花脈과 蘆鞭脈은 梅花갓이 희脈이니 梧桐과 芍藥脈음

父子兄弟同榜이오 壯元郎이 爲相이오 忠臣七子나二子나

起棹脈과 捲簾脈은 天地脈과 渡舟脈음 豊背脈에 曲背과나

雲雨后妃나 七子나 大富장者가 나七子나 楊柳脈下無着과

雷火脈下滅族하니 脈이라하니 七子이 草中에 明珠라

그아니 分別할것가 아니가에 階丘라 佈中에 米而子孫

隱微潛元脈은 龍虎七子기 쒸기기나 羅星月出이라 崇山口에여써써

明堂山에여져안나 羅星排排 崇山口에여써써

天圓地方되엿나니 三千粉黛八百烟花 大將出屯野에 三軍이 聽令하고

先師의名은 말이 種을 列立이라하고

王者駕出時에 百官山可以遠看이며 陽本陰作이가나고 直立積受기가나

咸隨가都是一理라 陰末陽作이가나고

積本直受기가나고 山女配合이가나고 陽陰交媾기가나

左脊右受기가나고 砧過灸긔가나고 左旋右發기가나고

容九過重긔가나고 萬壑送情긔가나고 靜中之動긔가난

口望銀긔가나고 不失元氣긔가난 動中之靜긔가난

念々男界源되가보고
送脉湾微되가보고
元氣直長잘을띄고
內窟外廣되가보고
官鬼禽曜居堂으면
去賤貧窮在此로다

入首短圓되가보고
扶助扶耳되가보고
慶花流結되가보고
剛送之圓잘을띄고
內侍低而外高되고
局勢잘을띄고
禽主ᄂᆞ富가되고
曜主ᄂᆞ貴가되니

捍門

龜蛇捍門ᄂᆞ天荒之地, 北辰捍門ᄂᆞ王侯之地, 在是陰惡特異하
蛇捍門ᄂᆞ公候之地, 華表捍門ᄂᆞ山林之地, 必辰捍門ᄂᆞ形容은
名에禽獸伏ᄂᆞ主宦, 神童壯元之貴로다

如獅子如蹲伏하고 岑岡兩遍에對峙雲五ᄂᆞ
如將軍如舞蹈하야 이것이必辰이라
穴에셔峙嶺이뭐니 遂名을어이하리

華表라하ᄂᆞ것은
名号이特立하니 龜蛇라하ᄂᆞ것이
蜒巳라云ᄒᆞᆫ것은八九重捍門은
戶門을막어잇고 起使砂角으로뭐고
起頭ᄂᆞ閣機이요
門戶를산되보니

屈曲하고起頭ᄂᆞ搭欄 發福長久이아가
將相之門이되고 富人之門下요
机와倉庫峰은 玉印星이잇으면
車馬旗皷이거고 去之門下이아가
羅星은말할진대

門碑와 같은 것이니라

陰陽歌를 들어보자

陰陽

高起한 者는 陰이오
陰伏한 者는 陽이오

坐生起이 높은 것은 陰이오 山과 峰은 陰이오

强急한 者는 陰이오
平已하면 陽이오

肥厚柔順者 陽이니라 平地는 陽이오

龍現하면 次이오 隱하고
陽坡에 陰脈이 있으면 次이오 傾危하면 次이 穴 做고

龍隱하면 次이오 現하고
陰脊에 陽을 띄면 穴이오 平圓하면 穴이오라

龍壯하면 穴을 挫하고 泰山龍은 枝作 穴이오 山谷에는 陽坡이오

龍短하면 穴을 大하고 平地龍은 突上結穴 平次에는 得陰이라

陰陽理氣 띄로 起지며 天地에 一萬物이

陽變爲陰이오 變爲陽 都是 陰陽이라

五行

五行이라 하는 것이 相生이며 配合이오

金木水火土 五星이라 陰陽二氣之子孫이라 相克되면 仇讐요

金星下土星은 逆生이오五 木星下金星은 順克이라 遂克이며 이가

坐頭星辰을 보니以 土星下人金星은 順生이오五 金星下土星은 생이며

陰陽二氣와 또 喜動하며 陰이 되고 山之形容은 陰陽之氣이

掌上天地이여서 以가 靜하면 陽이오라 人形날이가 陰이오니라

山形도 五行이잇고

人面에도 五岳이라

兩眉는 介字되고
山氣之遠之結

曹貼之左右는 天太乙玄野之穴之鋸가되고
次之下隨ㅎ이가되고

上唇은 穴之簷이되고
次之下隨ㅎ이가되고
觀骨은 山之巃嵸이되고

鼻海川之二三쯧이
法令은 穴之蟬翼이되고
人之額은 山之遠応되고

耳는 山之挾立挾耳되고
城郭은 山之羅星되고
齒는 山之永城門

人之額은 山之遠応되고
口는 山之口가되고
人有古故ᄆᆞᆯ을ᄒᆞ니

山은 石이羅星이오 人은 手足을ᄂᆞᆯ어庀오
山之枝脚을ᄲᅢ아行ᄒᆞ니
淨潔ᄒᆞ게ᄒᆞ여잇고

오ᄌᆞᆯ을ᄆᆞᆽ이게ᄒᆞ엿고
怒氣를正無氣ᄒᆞ여이리ᄆᆞᆯ을ᄃᆞ러보면
사람外에ᄯᅩ잇ᄂᆞ니

山은 廉이脈이
自然穴을맛ᄂᆞ니라
사람命이ᄆᆞᆯ外에ᄯᅩ잇ᄂᆞ니

次礼에ᄀᆞᆫ裁穴되리는
砙소수에쉬ᄋᆞ잇ᄂᆞᆫ고
針의子기ᄅᆞᆯ못ᄒᆞ면

殿閤宮의鍼灸ᄒᆞ니
成壞ᄒᆞᆫ擧動이라
誤穀命人ᄒᆞ엿ᄂᆞ니ᄋᆞ

次卦ᄂᆞᆯ잇못卦면
脉을보고裁作ᄒᆞ여제
扶生棄死分別ᄒᆞ고

伭ᄋᆞ로敎ᄌᆞ아서ᄂᆞ가
純陰純陽分別ᄒᆞ야
寒金相水炎土ᄅᆞᆯ

仔細히 分야하고
窩鉗乳突되엿으며
窩中에는 突흔한대 파며 鉗中童角에 入金養줄
陽中肥陰이아서가 이뜨 亂得陰이라
乳中깊여 드러구러지데 突에라가 凹陷흔대
是故로 乳突은 陰이라
窩塘하며 赤肥陽이라 陽刈 裁穴하고
窩鉗은 앞이 파고 毫釐之差 되겨르며 脉氣 드러 파며
乳突은 깊으며 파소 一指芥散 되느니라 舍흔 脉氣 깊이 파고
脉氣가 平厚하며 脉氣 끋드러 겨러가 山谷은 깊이 파고
기이 섬제 窩塘하고 平洋은 앞이 파고
山中平脉 左右가 軒仰흔즉 平野 送迌 되겨르며 元氣止處 林泉흔
補土用之嫌을 마소 窒用之嫌이며 理炭用之嫌이며
吞吐沉浮하는 法이 疑心이 없느니라
脉不難棺이 不難 脉하니 脉氣中에 永火不犯죽 乾來火에 하며 깊이 파되 凹이 파며
九滿塘中에 이하라 穴이 파되 깊이 파며 龍爲家而作穴이오 穴當隱而不現이오
遂觀露胎가 近觀無흔 穴爲女而正居흔다 居正中而自然흔다

九星

是亦女의 內外之理라 九星中庸之大體며 山之祖宗從貿發이오

破軍之山之角脚이오

文曲은 吮席行身이오

貪狼은 武曲左甫右

廉貞이○遠落處介字로

貪狼馬武曲左甫右

金狼이○聚爲穴作乳

武曲星이爲孕頭引며

南弼이玄武로

作穴燕巢玉灯掛壁요

馬이頓星引며

穴作窩하고

穴作鋪하고

文曲星이爲○며

掌心作穴하야잇고

破軍星下引거든

戈具予이아닌가

破軍星下引며直長爲○

梅花落地同巢하야

全身石으로

破絶하니爲吉이오

之玄屈曲가라가

山中에花風이오

原高星下에는

曲○歡祖하얏구나

平次에○得호○

穴듯젓지못하니

野地突頂引거든

千龍支龍잇지며

山容無○成穴하며

遊○吉○見가보고

山益○面집≦≦묘

外陽迎賜到가보고

崩山高堆舍利묘

山○○凰乓到거든

盆頭形穴이거든

小地殘穴이아닌가

自然穴을얻나니라

穴中之運直下達上五

吉星到處多窪○하고

吉星到處遂名이라未盡之氣自上達下○

運氣

逆氣며 어가는 法이 物形이오 畵를 알고

一年三歩이아신가 畵를 알으면 楞을 알고 邊을 알으면 分野알

物形이오 畵를 알으면 葬을 알으면 楞을 알고 邊을 알으면 分野알

分野알고 運宿알며 運宿이라

天小年運안 二라

窩鉗乳突을 分하며

金木水火土 相克뿐

鈄之正不하야 未脈이 急하거든

老者는 山之肉이오
嫩者는 山之血이오
草木은 山之毛髮이오
屛者는 山之骨이오

觀山하며 彷徨하니
脈이 늦게 오거드
此位로서 오오고
此血位로 實소 全無하고

倒敎歌

陰陽을 兒돈산되되고
加減進退하야
立一標準하고

交違죄게 此三거서
前親後하고 扶右拱
앞으로 案峰되고
뒤으로 主峰되고

送星十途을 골게실며
直長血倒하야
累源을 빗듯대

仰掌天心이아신가
唇氈은 빗듯 有彙이며
橫結하였고

逆星十途없는데는
彙中에 빗듯재꺼그리고
樂山을 빗듯대

窩는 橫作하였으면
平更 生되였으면
辛戌癸母乙辰으

귀빗지앨 빗듯대고
空마지대 빗듯대고
本脈이 즛여에하라

大星으로作穴하면 左脈은 生脈을

盤動한데 뻗듯대고 잘신뎌서하여라

結咽

結咽목을질러서피고

石으로結咽則穴亦石하니 穴도또한土厚하게 石櫛灸을分別하소

結咽목이오土厚하면 주령을질러봐서

結咽보와穴을칯소 結咽이左로도면 右便에가穴이나고

結咽바로가穴空밭 結咽이右로도면 左便에가穴이나니

이도또한蟹步로다 東氣한는 胎줄이라 실찌면不吉이라

結咽이라하늣것이 胎줄이간흔수록좋효 그럿고豆도果實이

꼴두리가샹느리야 꼴두리가無灵하면 낫플추대가샹느리야 소리가크게쓴다

零落하지아니할고 퍼러지기쉬운이라 소리가크게쓴다

穴이胎줄을못잡으면, 胎줄을잘감췌야 胎줄이부서위지면

얻지穴이라稱하리오 穴이라稱하나니 運氣가衰盆이라

胎줄보이고지(ㄴ)穴이겸은놈이나니라 山之背腹보르거던

无后多出뿐아니라 可憐타저后生들 穴之로棠어이알니

受風防風으로거든
純陰純陽되거드며
胎息孕育이뭇되야

直假區別어찌알가
生男生女이아니가
父母山下發脉曰胎요

結咽曰息이오
穴暈曰育이니
山開曰明水會曰堂

赤山頭曰孕이오
是爲当局이로다
岩兼所謂明堂乎

水之五星

屈曲하면水星이오

分八하며火星이라

平次에之玄而清이오
此所謂水之五星이라
平次엔三血結이라

蓄水儲堂曰結이라
水未朝而招賊하고
水聚堂而福厚요

子孫榮華望遠이라
繞穴而氣聚金이오
纏玄武되거드면福有厚요

尙生旺水有生旺하야
小溪之玄曰生水오
水深하면福有厚요

山曲하면九曲이오
大江平滿曰旺水오
承潤하면福小輕이라

山直이면水直이라
山飛名走되거드면
瀦水尺血되거드면

減族亡家이던가
覆宗絶死한다

千萬里가는山도
水口가막혓으면
水口散乱되거드면

明신억세면逆水吉局
順水도發福한다
逆水하여도終哀한다

連의하여로 後衰하니 明堂은 平闊해야하고
三門이 廣濶者 郁好하니 門戶는 香으로 足록조타

物形

金星下에 鳥形이오
土星下에 獸形이고
水火星下 人物잇고

各以類推之非、

人物

仙人舞袖이아니며
撫琴擊鼓배렷으니
玉女散花이아니며
玉女端坐이아니며
武公端坐이아니며
放矢掛弓배렷으니
垂絲游魚이거든
漁翁垂釣이어가
喜鵲搆桐배렷으니
飛鳥敂巢이아니며
腐尸体를 놀왓으니
飛鴉啄尸이아신가

粉同明鏡 좃타하니
物形 分別하는 法이
그것도 알고
蛇形이아니가

天井을 능왓으니
仙如洗衣이아신가

飛鳥

묘른 鳥形 金星
알에 龍지머

華表를 供했으니
白鶴敂巢이아며
平波落雁이아니며

龍蛇

堆禾砂를 놋앗ᄯᆞ니
紛ᄃ 飛鳥이 아니며
游魚砂를 놋앗ᄯᆞ니
白鷺規魚이 아니며
蜈蛤砂를 놋앗ᄯᆞ니
金鷄叩翼이 아니며
뫼에 郊山 놋앗ᄯᆞ니
金鷄抱卵이 아니며

無足屈曲ᄒᆞ얏ᅌᆞ면
生蛇出草이 아니며
盤蛇戲珠이 아니며
雲霧弄珠 노ᄒᆞᆺᄯᆞ니 是長蛇
陷峻ᄒᆞ면 이 되고
健雉ᄒᆞ며 尖圓ᄒᆞ고
牽連回環 散앗ᅌᆞ니
絕蛇物形을 水星이
말ᅌᆡ 뜬데
飛龍行雨이 아니며
兩脚이 ᄒᆞ니
不畏砂水가 라ᄂᆞ니
出草蛇가 左右砂
蒼蛇出雲이 아니며
蛇弓이 相聚ᄒᆞ고
鳥弓이 相集이라

走獸

土星에 物形
牲特 左右
金鞍至勤이 아니며
渴馬飲水이 아니며
肉堆砂가 左ᄒᆞᆼᄒᆞ니
猛虎出林이 아니며
臥牛形이 아니며
羅網體가 左ᄒᆞᆼᄒᆞ니
倉峰窺山 左ᄒᆞᆼᄒᆞ며
眠狗形이 아니며
月形이 左ᄒᆞᆼᄒᆞ니
走獐逢網이라

長口起砂가 在前하니

伏獅가 在前하니

老鼠가 在前하니

金龜曳尾이이니며

合襟庫峰이 左右하며

老虎下田이이니가

伏獅形이이시니가

伏猫弄鼠이이니며

穴在后足하얏으니

穴在舟間하얏으니

犀牛渡江이이니며

上山牛가이이시니가

穴在膝上하얏으니

老牛下山이이니며

蒡牛渡江이이시니가

土星이 相対하니

擧頭露風되얏으니後

行牛望草이이니며

穴在眉間하얏으니

相戦牛가이이시니가

天馬嘶風이이니며

渇馬飲泉이이이니가

高屛底되얏으니

玄高屛底되얏으니

蛇形

蛇形爲穴左耳門되

出草蛇가이이시니가

走馬八欄이이시니며

穴在頭上하얏으니며

上山蛇가이이시니가

穴是門하야

鳥形人物并

生蛇逐蛙이이니며

上山蛇가이이시니며

弓形이니穴左足門하야

枝頭懸簷하얏으니며

高山出像되얏으니며

鶴巢形이이니가

飛禽琢木이이니며

鴬巢가이이니며

鵲巢形이이니가

付辟土横擦되얏으니

木星下蓮花帳明라

帝坐帳이이니

上帝奉朝이이니가

燕巢形이이이니가

蓮花出水이이니며

上帝奉朝이이니가

濃天水星의 帳이되였으니
飛龍上天이 아니며
御屏帳이 되였으니
美人端坐이 아니며
鼇魚上漸이 아니뇨
五星帳을 비되였으니
雲中半月이 아니며
玉冊砂이 되였으니
仙人讀書이 아니며
火星帳이 되였으니
浦浪帳을 비되였으니
漁翁散網이 아니며
伏金星에 半回面니라
都是佛像이 아니뇨
銀河帳이 되였으니
眞珠投地이 아니신가
千形萬像物非要態
一筆로 郭記호라

得破

水法으로써 爲夫婦라
坐爲婦 破爲夫라
辰戌丑未 坐庚破요
水法은 筆로 爲夫破爲婦라
乾坤艮巽 四維破라
寅申巳亥 忘長子破라
子午卯酉 次子破라

人所易見이 아니라
人所不見이 故로 改라
始見者爲得이오
不見者爲破라

夫婦相樂之時에난
夫婦婚姻之時니라

離壬丙戊卯 二十二字之
先天爲陽이오
後天爲陽이오

諸活은 [illegible]

理氣는 淨陰淨陽이라
乾甲坤乙坎癸申辰
二十四位言字中에
艮丙巽辛震庚亥未陽
坐山에 陽得陽破요
陽坐陰得陰破卦요
先丁巳丑은 爲陰太
陰坐陰得陰破卦요
乾甲坤乙 天地正位요

水火不相射拾이라
雷風相搏拾이오
此所謂山家青囊이에
淨陰淨陽이로다

雙山三合

乾山에甲得丁破卦오
乾甲丁亥卯未木局
亥山에卯未破卦오
坤山에重坎乙破卦오
坤乙壬申庚水局
申山에子辰破卦오
巽山에庚得癸破卦오
巽庚癸巳酉丑金局
巳山에酉丑破卦오
艮山에丙得辛破卦오
艮丙辛寅午戌火局
寅山에午戌破卦오
此所謂五行祖宗의
效山三合이로다

隔八生律

乾甲丁亥卯未에는
孟山에英得丁破卦오
子山에巳未破卦오
艮丁庚亥辰午와
乙庚乾辰巳亥는
天干은嗔天干이오
坤辛卯申戌과
所謂隔八公律相生이오
計八數六하나니
地支는嗔地支字오
都在於子掌中
揆文上이로다

砂脚

砂角이肥鈍하면
峰巒이尖秀하니
金木水火土星이
瘠者가비쏘瘠이오
美觀列로吉星이라

兌峰이 高聳하니 牝鷄司晨하리로다
庚公兌方이 高秀하니 代代官爵勝勢로다
庚兌峰이 低禿하면 散之四方子孫이오
辛戌方長谷하면 代代鰥寡가 나는구나
乾甲山英辛永未면 工見塘中에 木根이라
乾亥峰이 豐秀하면 乾亥峰이 規山하면
新婦소[?]이하며
坤方慮乙水午風이면 双盲人이 나는구나

兌丁方이 高屹하니 賢人君子라 되오다
庚兌方이 傾谷하면 再娶하기 十第이오
山九同行直去하면 子孫이 [?]되고
乾坎風坤申風이 沖射하면 鰥寡가 나고
坤乙山에 震庚亥未水 未면 木根이 [?]
乾亥峰이 并秀하며
嘗禍有遍[?]하거든
申峰이 웃독하면 盲人을 어이하며

兌巳丑方이 空亡하니 寡婦가 連[?]나는구나
庚公兌惡君襄妻하고 寅方惡石席惡이 [?]
辛戌風射脇하며 狂風自苦가 되고
嘉[?]城郭되기 三며 壽이가 代乙나고
壬坎風巳[?]하면 毛廉木根이 滿棺
乾亥方이 窺山하면 栗山直[?]細谷永[?]
難旅俱觀吳兒하고 땅[?]뭇사가 나고
良兌方에 立峰이면 이도 亦是一般이라

□方이 □衰하면 壬坎艮巽疊亡하면 子方深井吹가나면

竆홈無窮하리로다 多子孫을하엿구나 代々忠孝가나고

子方에 走馬砂는 子方細路失物하고 坎癸風과 乙辰風을

代々道伯이 나는구나 主山揚路不吉이라 대질ᄂ며

子女寅方窺山하면 子午坤酉가 尖秀하면 癸丑方惡戶이오며

宦災死亡이나느니라 三台位가 代々나고 失性狂人이나느니라

丑行龍이 理氣者는 丑艮方이 長合이면 卯乙巽이 相対하면

我本身이 郁利로다 淫行敗家가 나느니라 그見子孫淫行하고

揪裙砂가 棄이되면 子午兒가 相沖하면 乾兌方에 有井하면

少女淫行이 跳走하고 代々淫行이나느니라 淫行이나서 諸疾亂다

作穴卯爲次兒水未면 乾兒方에 有井하면 넘어오는 急乱尾오

淫女二三이나는구나

丙峰이 窺山하면 子孫中에 大賊이나고

午方規峰더욱실타 賊名을 어찌 免할소냐

子午窺山塗賊이라 賊患을 못免하고

丁方이 窺山하면 女中君子가나고

盜賊失物당ㄹ구나

午未申이 規山하면 丑艮風이 射脇하며

狂凡消骨이되고

良峰이 高秀하면 代々孝子忠이나고

良兌方에 日傘砂는
葬一年之殺人이라
良坤이 尖起하면
男女甚鬪하는구나
良坤이 空虛하면

唇前이 缺陷하면
山根低越見하면
子孫貧困일이로다
卯方에 規山하면
病及貧寒이 可知요

孫多止코 寒하고
水破天干 低山하면
飢寒을 못免하고
靑龍內에 走破하면
子孫이 乞食免치 못하느니
龍長尾低하거드면
文章代出하고 寒하고

空申이 朶朝堂하면
瘟瘟코 不畏하리라
連해서 喪事가나고
乙辰卯에 長谷이면
后世人이 臺亡하고
乙辰方이 高亢하면

宁卯方이 空虛하면
乙辰方이 規山하면
乙辰方이 暴惡砂는
工艾子孫賤하느니
언청이가 나고
連辰裂이 나느니

乾坎風이 冲射하면
乙辰方이 相對되면
蟲簾이 入棺하고
唇前砂外裂 衰破해고
이로 죽이 一般이라

英巳가 外冲射하면
坎癸庚辰山兌丁巳丑案离壬突戈山艮丙乂未
爲患을 못免하니
九滿塘中이니 못하느니나
蟲簾이 自生하느니

英巳辛方에 蛇龍砂는
英巳辛方이 規山하면
爲火簾을 못免하느니
英辛이 조응하면
孫不晚死結項이라
得外財하느니나
文章方士富貴하고

癸辛이低陷하며、
戌亥方에深井이며
온몸脈이破傷되며

子孫이夭死들吳免하리
子孫이短命하느니라
孫不壽命이하며

作穴中爲穴得이면
細谷直流凶하며
巳丙峰이尖秀하며

長子夭折吳免하라
兒不至於冤感이라
少年登科하리로다

婦人占帖이堂은하고
丙午方이秀하며尖하며
丙午方에天馬体는

丙午方이走馬破는
大科及第外代己나니라
淸芝人이나느니라

天馬塔上秀人峰은
午良峰이高秀하며
丙午凰直并하며

代己로大科가나느니라
科甲이長派孫에나고
狂風火廉이無數地

火爲人이나느니라

狂風火廉어이하리
兄弟間에不和하고
兄弟間에義絶亂다

坤申巳이冲射하면
午亥가散英하기들
龍席가相俯하며

坤申方이尖起하면
丙丁峰이高秀하며
坤方에走馬破는

子孫이爭訟을하느니라
壯元及第가나느니라
白衣圣旨나리로다

未坤方에有井이며
兩人이連三代가나고
大凰瘡이나느니라

未坤方이高秀하며
寡婦寡者가나고
未坤惡石豐豐ᄃ하며

牛頭石猪頭石도
坤申方이長谷하며
坤申方이豊高하며

老必寡가同居하고
昊人君子가나고

坤申砜이回吹하면
바람이따라火廉으르고 白骨이露出되는도다
狂風으로主廉이无數하니
불르면呈請하며 龍風避殺되나라

案山

天宰案이三公이오 三台...
文章이蕃國을떨며
鳳筆案이翰林이라 公卿大夫가나니
玉帝文畫案이되며
語詔砜가案이되면
屢諾上에花開하며 男婚公主하나니라
一字無識도科集하고
丹詔砜가案이되면
假稱皇帝가나고
一字文星案이되면
代任文王가나고
四金廉가案이되면
公卿大夫가나니
哭金廉가案이되며 尖秀하며
玉帝文金魚案이되며
四强方메如僧이면(石)
孫不棄於不業이라
醉物砜案이되면
酒亡横厄이나니
玉帝文金魚案이되며
密將入相하나니
玉珪砜가案이되면
白衣宰相이나며
鵂峰이秀茂案則
顧中封君되겟이오
交刃砜가案이되면
代任殺人命나니
無方가나案이되며
似家敗産하게되고
顧狐砜가案이되면
美物通奸하기쉽고
掛榜砜가案이되며
大小科가代나고
睡脚砜가案이되면
수풍다리나는구나
銀甁盞酒案이되면
案山越見名山하나
博物君子가나고
石崇이가나는구나

一根雙峰案이되면
雙童이가나는구나

水口螺星이돼도
이도亦是一般이라

案山에流泉不息은
子孫尿病나리로다

索山이撓走하면
當代宰相이나는구나

暴惡砂가案이되면
代는窄官이나고

素山이倚斜하면
惡鬼百結風終了와

小溪水는逆水하되
惡獸물어죽게되고

획개눈이절노노라

大江水는逆水하되
棒刀砂가左右하면
넘의손에맞아죽고

技釣砂가案이되면
넘의칼에맞어죽네

案山이分難하면
薄書子孫하는구나

天梯砂가高하면
峨嵋砂가左右하면
代드로王妃가나고

尖圓向上司거드면
明宰相이나는구나

生挺世之學士로다

御輅董駕上몰으면
穴坊石이뜯든하고妖든하
니보타기에호미나고
穴坊에돌이있으며
웅성거리고妖정거리ᅡ

宰相이나는구나
穴坊이如玉盤하니
金盤玉箸格이로다
穴坊도다물이
흥성스어ᅡ노았으니

그모子孫胸腹痛에
穴坊餘曜長大하면
代드로脚氣가나고
白石이傾側되거드면
절음방이가나고

밤낯으로앓는구나

妖하라그別壙中
蜘蛛蜻蛉모여드ᄂ다
代드로脚氣가나고

灸苪에 眞兩眉를 눌ㅁ고, 灸下에 寇砂는
子孫이 枷鎖를 當하고 囚刑人이 자조나니라

隆胎砂가 □寂이 되면 山潦野色水는 塘中에
왕불읕이 나는구나 / 낙뜬쇠우 강껍질이오 묘ㄱ삐여 주게되고

置指砂가 案이 되면 新頭砂가 案이 되며
六指가 나는구나 / 鳳聲夭慨니라

靈積砂가 案이 되면 / 片은 ㄹ저 濕하는
邊露風을 뜻못免하고

滄波遙遙越見하며 獻花砂가 案이 되면
工ㅁ子孫函하구나 / 鳳流女子가 나는구나

葫芦砂가 案이 되면 子孫이 藥東을 차고

卓旗下에 大將이 나고 寶釖挾에 御史가 나고
左右에 亂髮砂는 滿身風을 뜻못免하고

文筆下에 文主가 나고 卧牛挾에 巨富가 나

五右砂角이 分合하니 合襟하고 가는 믈은
龍席가 偽占하며 傲物輕人이 나는구나

金魚오가ㅁ나나 千里를 가도 돌믈이

雄州巨牧이 都執國敎 / 龍席에 佩印砂는
代云ㄹ圖臣이 나고 / 龍席에 刀筍砂는 數章將而奔走ㄹ다
龍席短而次長하며

龍席間에 推車가 되면 / 龍席에 脫山沈는
子孫이 雉鄕을 차ㄴ구나 / 子孫樻死 못免하고
龍席가 騰折이 되며 子孫ㅎ릇 無數하고

龍外에 七峰이서잇으면
文武科甲이흔히나고　廢孫이巖蔭하고
龍頭에 雙巖이잇으면
代는로 龍門에들고
主山밧에 巖이잇으면
穴后에 飛岩이며
灾後에 仰尾가되면
代는로 龍門에들고
代는로 力士가나고　좋은벼슬나는구나
掀足疾이
太祖가 牛形으로묘이면
五方凡이 直沖하면
主山에 路…
病身이 連代서나고
子孫에 病身이흔하구나
子孫에 癩瘡…
石帽鐵帽가잇거든
岩石外에 安葬하면
大將이 나리잇다
食祿人이 흔히나구나
四庫低凹…
反榨覆屍가…
坐에 仙橋巖는
坐에 月峰이잇으면
代는로 術士가나고
佩印官이 連出하고
代는로 守令이나고
水呂內有巖이며
坐에 月峰이잇으면
白虎內有巖이며
白虎內에 無砂하면
小宗孫이 不盛이라
王侯之地가이라가
長派孫이 不盛하고
白虎上에 盡石놓였으면
代는 물이가는硯角
三리서가면ㄷ
代는로 巳午方으로
九代忠臣이나는구나
鴋偉가 打胸하면
子孫靑孀을 免刊슈다
過去氣을 小拒하면
黃虫이가 滿枝이라
狂風蛇薦無數也

穴深圖

切

乾甲山　貪狼星

一尺巨門在下
二尺貪狼在下
五尺武曲在下
八尺文曲在下

坤乙山　祿存星

三尺文曲在下
五尺巨門在下
六尺貪狼在下
九尺武曲在下

英辛山　文曲星

一尺文曲在下
三尺巨門在下
四尺貪狼在下
七尺武曲在下

艮丙山　破軍星

三尺武曲在下
六尺文曲在下
七尺巨門在下
九尺貪狼在下

坎癸申辰山　巨門文星

一尺武曲在下
四尺文曲在下
六尺巨門在下
七尺貪狼在下

離壬寅戌山　廉貞星

二尺武曲在下
五尺文曲在下
七尺巨門在下
八尺貪狼在下

震庚亥未山　武曲星

二尺文曲在下
四尺巨門在下
五尺貪狼在下
八尺武曲在下

兌丁巳丑山　左輔山

一尺貪狼在下
四尺武曲在下
七尺文曲在下
九尺巨門在下

● 작가약력

영목(靈目) 김성수(金聖洙)는 1935년 전남 구례군 화엄사 아랫마을에서 태어나 건국대학교 정경학부 경제과를 졸업, 전매청(현 KT&G)에서 근무하다가 건설부로 옮겨 재경직 주요 업무를 담당하였음. 뜻한 바 있어 공직에서 나와 법인을 설립, 사업에 정진하였음.

이후 유명 사찰과 수많은 큰스님들과 풍수지리계의 명사들을 찾아 사사했으며 참선에 몰입하던 중 1998년 안국선원 수불(修不)스님으로부터 불명(靈目)을 받음.

공자(孔子)2536년 성균관전학(成均館典學)에 임명됨.

현재 태현통상주식회사 회장과 명당심혈연구소(名堂尋穴研究所 ; 02-737-7181) 소장을 맡고 있음.

● ● ●

名堂명당

초판1쇄 발행 2006년 7월 10일
초판2쇄 발행 2008년 11월 11일
초판3쇄 발행 2010년 11월 22일
초판4쇄 발행 2012년 2월 25일
초판5쇄 발행 2013년 6월 15일

저   자 김 성 수
발 행 인 서 정 환
편 집 인 백 시 종
주   간 채 문 수
편 집 장 강 병 석
편   집 권 은 경 · 윤 수 진 · 이 영 하
펴 낸 곳 신 아 출 판 사

출판등록 1984년 8월 17일 제28호
주   소 서울시 종로구 익선동 30-6
         운현신화타워 305호
전   화 (02) 3675-5633
팩   스 (02) 3675-5635
E - mail   qmyes@hanmail.net

값 15,000원

ISBN 89-5925-139-9 93980

파본은 본사나 구입한 서점에서 교환해드립니다.